더 깊은
믿음 으로의
여정

The Critical Journey
by Janet O. Hagberg and Robert A. Guelich

하나님을 생각할 때
당신의 가슴과 마음에
가장 먼저 떠오르는 것이
당신에게 가장 중요한 것이다.

- 토저(A. W. Tozer)

Contents

머리말

    나는 「더 깊은 믿음으로의 여정The Critical Journey」 개정판을 쓰게 된 것을 기쁘게 생각한다. 개정 증보판은 미국에서 영적 깊이에 대한 관심이 부활하고, 내면의 여정에 빛을 비추는 책들에 대한 관심이 높아지는 시기에 나왔다. 하나님께서는 1980년대 후반, 밥Bob과 함께 이 책의 초판을 쓰도록 씨앗을 심으셨고, 그가 세상을 떠난 지 10년이 지난 지금도 우리의 그 열매로 독자들이 유익을 얻도록 인도하신다. 밥의 미망인인 조이스 굴리히Joyce Guelich는 여전히 이 책에 대한 나의 작업을 보고 또 듣는 것을 기뻐한다.

    내가 글을 쓰려고 앉았을 때(아직도 나는 초고를 쓸 때 만년필과 종이를 사용한다) 세 가지가 뚜렷해졌다. 이 세 가지 깨달음에 대해 하나하나 설명하려 한다.

    우리가 설명했던 믿음의 여정에 관한 진리는 여전히 사실이다. 15년 전에 우리가 묘사했던 믿음의 단계는 수정할 필요가 없다. 우리가 설명했던 믿음의 여정은 사람들의 반응, 친구나 동료들의 관찰, 영성 지도사로서 우리 자신의 경험의 결과에 의해 원래의 완전함이 확인되었다. 사람들은 각 단계마다 모두 조금씩은 다른 경험을 하지만, 나는 벽과 그 이후의 두 단계에 대해서 부가 설명하고 더 명확히 한 것을 제외하고는 다른 어느 단계를 더하거나 빼지 않았다. 다른 저자들은 신앙의 단계를 다르게 설명하고, 여정의 다른 면을 강조하거나 한 단계 혹은 다른 단계에서 더 깊은 체험 과정을 강조하는데, 이 모두 다 훌륭한 일이다. 궁극적으로 모든 저자들이 동일하게 하나님께 더 가까이 다가가는 쪽으로 향하는 것으로 보인다.

새로운 독자층들이 믿음의 여정에 대해서 상당한 관심을 갖고 있다. 최근에 많은 주류 복음주의 개신교회들이 신학적으로 어떤 교회는 더 보수적이고, 어떤 교회는 더 자유적이며, 어떤 교회는 온건파지만 모두 하나님과 더 친밀함을 느끼는 길, 즉 믿음의 내면의 여정에 대해서 더 배우고자 하는 갈망을 표현하고 있다. 영성을 주제로 한 컨퍼런스들이 열리고, 신학교들은 영성 형성에 관한 강의를 개설하며, 더 많은 사람들이 영성 지도를 추구하고 있다. 많은 사람들이 이 책에서 다른 책에서와 마찬가지로 처음으로 내면의 세계와 벽을 탐험할 수 있고, 그 탐험을 위한 지도를 제공해주는 것을 발견한다. 이것은 마치 영혼의 각성같이 느껴지며 매우 고무적인 것이다.

함께 일하는 것이 더 좋은 결과나 경험을 가져온다. 「더 깊은 믿음으로의 여정」 재출간 후 몇 년 동안 나는 단계 형식의 적용을 확장하며 더 깊어지도록 도운 여러 사람들과 함께 가르칠 수 있는 기회를 가졌다. 그리고 새로운 것을 시도하도록 우리를 초청한 분들을 만났다. 나는 콜로니얼 교회 Colonial Church 의 게리 클린스폰Gary Klingsporn 목사님과 그의 아내 데브라Debra Klingsporn 에게 감사한다. 그들은 밥과 함께 나를 교회 안에 새로 설립된 영성 센터의 일부 과정으로 믿음의 첫 단계에 대해 가르치도록 초청해주었다. 게리 목사님은 사람들이 각자 믿음의 여정 가운데 각 단계마다 어떤 경험과 자원을 필요로 하는지 물어보셨고, 그것이 내게 큰 도움이 되었다. 로빈 게트맨Robin Getman 은 나와 함께 여러 번 가르쳤으며, 원래의 자료에 교회, 사역, 청지기직을 포함하도록 확장하는 것을 도와주었다.

영성 지도를 위한 기독 센터 Christos Center 의 교수진과의 만남은 이 책을 다시 쓰기 위한 지혜를 더해주었다. 나는 팻 헨드릭스Pat Hendricks, 톰 알렌 Tom Allen, 존 액커맨John Ackerman, 딕 벡맨Dick Beckman 의 매우 귀한 의견 그리고 목사님들과 영성 지도사를 위한 교과 과정에 이 책을 사용해준 것에 대해 감사드린다. 팻 헨드릭스도 자신이 영성 지도사로, 또 영성 지도사 훈련

교사로 일하면서 사람들에게 질문한 내용을 제공해주었다. 영성 훈련에 관한 10장에서 그녀가 제공해준 질문을 사용했으며, 그녀의 통찰력에 감사한다. 존 액커맨은 질문과 응답을 다룬 14장을 위한 질문을 제기해주었다. 리랜 해리스Lelan Harris는 영성 형성 전문가로서 깊은 지식에서부터 나온 그의 지혜로 이 책의 깊이를 더해주었다. 수잔 먼데일Susan Mundale은 내가 20여 개의 아이디어를 테스트한 성 캐더린St. Catherine 대학의 학부 과정에서 정기적으로 강의해줄 것을 부탁했다. 그리고 「더 깊은 믿음으로의 여정」 초판을 출간한 이후 나 자신의 영적인 길에 진실할 수 있도록 지켜준 케이 밴더 볼트Kay Vander Vort에게도 감사를 표한다.

또한 일찍 이 책의 내용을 추구했거나 우리가 그들과 함께 새로운 영역을 감행할 수 있도록 동의한 사람들에게도 감사하기를 원한다. 풀러 신학교Fuller Seminary와 베델 신학교Bethel Seminary는 여러 해 동안 이 책을 사용했다. 여러 다른 신학교들도 최근 그들의 교과 과정에 이 책을 포함시켰다. 또한 미네아폴리스Minneapolis에 있는 베들레헴 루터란Bethlehem Lutheran 교회의 팸 폴슨Pam Paulson이 지도자 훈련 과정에서 믿음의 단계를 사역과 교회에 적용할 수 있도록 초청해준 것에 대해 감사하며, 미국 복음주의 루터란Evangelical Lutheran 교회와 그곳 청지기 지도자들이 전국 청지기 훈련 컨퍼런스에서 이 책의 내용을 청지기직에 적용할 수 있도록 허락해준 것에 대해 감사한다.

마지막으로 이 증보판을 미리 읽어준 독자들에게 감사한다. 그들의 통찰력과 질문은 이 책의 내용을 명확하게 하고 또 깊이 있게 하도록 도와주었다. 이 책은 그들의 지혜 때문에 더 풍부해졌다. 톰 엘렌, 브루스 더마레스트Bruce Demarest, 리랜 해리스, 팻 헨드릭스, 게리 클링스폰, 재키 스콕Jacquie Skog 그리고 바바라 스프래들리Barbara Spradley가 바로 그들이다.

이 증보판은 믿음의 단계나 그 단계의 연속성과 관련해서는 고쳐야 할 필요를 느끼지 못했으므로 근본적인 수정을 하지 않았으나 위에 언급한 중요한 자료들을 첨가했다.

단 한 가지, 개념상 믿음의 단계 모델을 '높은 단계가 더 나은 단계'라는 의미를 내포할 수 있는 직선형보다는 원형으로 간주했다. 원형 모델은 하나님께서 중심에 계시고 원 둘레에 있는 각 단계의 사람들이 동등하게 사랑받고 돌봄을 받는 모델이다. 나는 원형 모델이 우리가 추구하는 삶의 여정에 대한 묘사에 훨씬 더 잘 맞고, 사람들이 믿음의 여정을 경험하기를 원하는 방법에 더 가깝다는 것을 발견했다. 1단계에 있는 사람들과 6단계에 있는 사람들은 벽에 있는 사람들과 마찬가지로 동등하게 하나님께 접근할 수 있다. 단지 우리는 각 단계마다 하나님께로 향하는 길을 다르게 살아갈 뿐이다. 6단계에서 우리는 하나님과 친밀한 가운데 있다. 1단계에서는 친근하기보다는 하나님께 경외심을 느낀다. 그리고 벽 한가운데 있을 때 우리는 친근감이라는 단어와는 어울리지 않는 감정을 느낀다. 칼 융(Carl Jung)은 취리히에 있는 그의 집 앞 문에 이 중대한 믿음의 여정을 알맞게 표현한 멋있는 인용문을 걸어 놓았다. "초대하든지 말든지 하나님께서는 현존하신다."

이 개정 증보판은 10장에서 14장까지 다섯 장을 할애하여 믿음의 단계들을 사람들과 단체들에 적용할 수 있는, 실용적이고 개념적인 아이디어를 새롭게 제시했다. 10장은 어떻게 이 책의 내용들이 영성 형성이나 영적 심화 과정에 적용될 수 있는지, 좀더 구체적으로 말하면 믿음의 각 단계와 벽에 있는 사람들을 돕기 위해 무엇을 필요로 하는지를 설명한다.

11장은 믿음의 단계의 아이디어를 교회와 사역과 목회자들에게 적용한다. 믿음의 각 단계에서 교인들은 어떻게 보이는지, 목사님, 신부님 그리고 지도자의 역할은 무엇인지, 또 각 단계에서 우리가 교인들에게 무엇을 기대할 수 있는지에 관한 것이다.

청지기직은 많은 교회에서 큰 문제이며, 믿음의 단계와 능력의 단계에도 관계된다. 12장은 각 능력의 단계에서 청지기직은 어떻게 보이는지 그리고 어떻게 믿음과 청지기직에서 성장하도록 격려할 수 있는지를 설명한다. 또한 무엇이 사람들로 하여금 그들의 시간, 자원, 삶에 대해 인색하지 않도록 동기를 부여하는지 말한다.

13장은 벽에 대한 더 충분한 이해와 왜 벽은 두려우면서도 바람직하며, 그토록 대단하게 놀라운 장소인지 설명하는 데 할애했다. 밥과 나는 우리의 믿음의 여정을 요약했던 이 책의 초판을 쓴 이후로 더 깊게 벽을 경험했다. 그 벽에서 보낸 시간의 결과로 나 자신의 믿음의 여정이 어떻게 크게 성장했는지를 썼다. 나는 살아오는 동안 의미 깊은 경험과 더불어 참담한 경험들을 다 겪었다. 그 모든 경험들은 마치 그것 없이는 살 수 없을 것처럼 느끼던 것들에 덜 집착하게 하고, 하나님께 더 친밀감을 갖도록 나를 인도했다. 현재 내 삶은 내가 기대했던 바나 계획했던 바와는 전혀 다르지만 전보다 훨씬 더 나은 삶이다. 나는 "하나님께서 무엇을 원하실까" 하며 두려워하던 자리에서 떠나 "결과가 어떻든지 간에 저를 하나님께 가까이 다가가게 해주세요"라고 기도할 수 있게 되었다.

마지막으로 이 자료를 사용하거나 읽은 사람들의 질문에 기초하여 질의와 응답에 관한 짧은 장을 썼다.

나는 밥과 함께 이 책을 쓰고 내 자신의 삶 속에 다가오는 믿음의 단계들, 특별히 '벽'에서 겪은 경험은 계속되는 영성 지도와 함께 내 삶의 가장 변화를 가져온 경험 가운데 일부라고 진심으로 말할 수 있다. 나의 영적 멘토인 아빌라의 테레사Teresa of Avila 가 말했듯이 "모든 것이 하나님의 선물이다"라고 믿게 되었다.

대부분의 장들은 당신의 개인적 삶이나 사역에서 복사하여 사용할 수 있도록 요약과 연습을 갖추고 있다. 알맞게 출처를 밝히고 자유롭게 복사하여 사용하기를 바란다. 이 자료들은 내 웹사이트 www.janethagberg.com에서도 구할 수 있다. 이 웹사이트에는 이 책의 내용을 사용한 세미나 일정과 책의 내용과 연관된 환등기용OHP 자료 또는 파워 포인트 자료가 포함되어 있다.

또한 이 책과 어울리는 자가 채점용 점검표인 영적생활 측정 도구Spiritual Life Inventory를 개발했다. 영적생활 측정 도구는 개인이나 단체가 사용할 수 있으며, 내 웹사이트나 www.personalpowerproducts.com을 통해 구입할 수 있다. 영적생활 측정 도구는 믿음의 6단계와 벽을 측정하며, 사람들이 각 단계에 얼마나 가깝게 연관되어 있는지 알게 해준다. 나는 이 측정 도구의 결과를 수집하고 있으며, 당신이 내 연구를 위해 당신의 영적 생활을 채점한 페이지를 보내준다면 감사하겠다.

아무쪼록 이 증보판을 즐기기를 바라고, 이 책이 믿음의 여정중인 당신에게 큰 힘을 북돋아주기를 바란다.

2004년 여름
자넷 해그버그

서문

영적 여행은 단순하면서도 동시에 매우 복잡하다. 이 책을 쓰는 동안 영적 여행에 대한 우리의 경의감은 더 깊어갔다. 영성이 지닌 단순함과 복잡함의 모순은 이해하기 어렵고, 실제로 '살아볼 때만' 이해가 가능하다. 그러기에 영적 여행은 심오하며 매우 중요한 것이다. 영성은 삶 그 자체다. 가장 중요한 '믿음의 여정'의 핵심은 각 개인의 영적 여행이며, 하나님에 대한 삶의 변화를 가져오는 우리의 응답이다.

당신의 여정의 출발점에 따라 이 책은 다음에 언급하는 한 가지 혹은 전체 문제들을 다루게 될 것이다.

삶의 의미와 온전함을 찾으려는 갈등 | 많은 사람들이 자신의 삶과 직업에서 상당한 성취감과 만족을 경험한다. 그러나 시간이 흐르면서 서서히 그 성공에 대한 환멸을 느낀다. 어떤 사람들은 자신의 삶에 더 깊은 의미를 주는 다른 무엇이 없는지 궁금해하며 더 큰 성취, 더 균형 있는 삶 혹은 자신을 초월한 무엇을 추구한다. 자신감에 찬 그들은 종종 그런 갈등의 핵심이 직업에 연결된 단순한 것 이상의 영적인 것임을 인식하지 못한다. 삶의 의미, 균형, 온전함을 향한 갈망은 우리 삶의 방향과 의미를 제시할 수 있는 초월적인 존재와의 관계가 필요함을 나타낸다. 파스칼B. Pascal은 "우리 모두는 하나님만이 채우실 수 있는 하나님께서 만들어 놓으신 빈 공간을 지니고 있다"라고 표현했다. 틀에 박힌 종교적 편견은 이런 영적인 갈망을 해소시

키기보다는 오히려 더 방해가 될 수 있다. 이 책은 영적 여행이 종교적 틀을 요구하지 않으며, 그 자체로 심오하고 만족을 주는 여행임을 보여줄 것이다. 사실상 삶의 의미를 추구하는 사람은 결국 영적 여행의 길로 인도받게 되어 있다.

중년기의 가치관과 정체성 위기 | 중년의 위기를 다루는 많은 책들이 있지만 대부분의 사람들은 여전히 중년의 위기 앞에서 놀라며, 중년의 해를 거듭할수록 점점 더 고통 속에 빠진다. 중년의 위기에는 여러 요소들이 있으며 개인마다 다르게 나타난다. 그러나 자주 영적인 필요가 중년의 위기를 지나는 데 있어서 중요한 요소가 된다. 어떤 사람들은 중년의 위기를 지나며 인생이 그렇게 힘들다고 생각해본 적이 결코 없었기 때문에 믿음을 잃게된다. 그들은 하나님을 위기의 중년들을 도울 힘이 없으신 분, 또는 고통을 주시는 분으로 매도한다. 반면에 어떤 사람들은 중년의 위기를 겪으면서 자신이 혼자 삶을 처리해 나가기에 얼마나 연약한 존재인가를 깨닫고 처음으로 하나님을 찾기 시작한다. 또 다른 사람들은 중년의 위기를 통해 마치 먼 나라에서 집으로 돌아오듯 잠자던 신앙에서 하나님께로 돌아오기도 한다. 우리는 중년의 위기가 인생의 여정에 동요를 가져오는 것을 관찰했다. 중년의 위기는 영적인 여행이 진정으로 무엇을 의미하는지 고려하거나 재고할 수 있는 가장 좋은 시기다.

영적 여행에 대한 질문 | 많은 사람들이 유년기 이후 단순한 믿음을 지니고 있다가 어른이 되면서 믿음에 대해 진지하게 생각한다. 믿음이 깊어지기를 바라며 믿음이 성장하는 방법을 배우고 싶어한다. 그와 동시에 우리 사회의 어떤 종파의 종교적 열정은 "나와 같은 믿음을 가졌다고 하는 사람들의 믿음과 행위가 어떻게 나와 이렇게 다를 수 있을까? 내가 잘못된 것인

가? 그들이 속고 있는 것인가? 내가 바뀌어야 하나? 그들은 내가 갖고 있지 않은 다른 것을 갖고 있는 것일까?" 등과 같은 질문들을 하게 만든다. 이런 관심들은 전통적인 교회 밖의 사람들뿐 아니라 교회 안의 신자들 사이에서도 일어나고 있다.

이 책에서는 믿음의 여정, 즉 영적 여정에 관심 있는 사람들에게 신앙 여정의 국면, 단계, 멈추는 장소들, 전환기에 대해서 설명하고자 한다. 이 설명을 통해 믿음의 여정에 호기심이 있는 사람들은 현재 자신의 위치를 발견하는 것에 도움을 받을 뿐 아니라 다른 사람들이 처한 믿음의 상황도 식별하게 될 것이다. 우리가 신앙 여정을 걷기로 선택한다면 그 길은 평생에 걸친 것이다. 여정이 길수록 더 많은 뉘앙스를 띠게 될 것이며 더 넓은 경험의 세계로 우리를 인도할 것이다. 영적 여정은 여행을 하듯이 한 단계, 한 단계 진행되어 나갈 것이다.

자아 실현의 추구 | 현대에는 자아 실현의 추구와 온전함으로 자신의 삶의 이유를 대변하는 사람들이 있다. 그들은 상담, 교육, 심리학, 심령술, 투시, 휴양, 철학, 건강, 영양, 일 등에 몰두함으로써 새롭고 더 높은 수준의 자각과 궁극적인 초월을 추구한다. 그들은 자신이 달성할 수 있는 최대의 존재가 되기를 원한다. 즉, 최대의 가능성을 추구하는 것이다. 어떤 사람들은 내면에서부터 "나의 목적은 무엇인가? 왜 나는 인간의 한계를 넘고자 애쓰고 있는가? 인간이 된다는 것은 무엇을 의미하는가?"라는 중요한 질문을 던지기 시작한다. 그들에게는 이 책이 매우 다른 영적 여행을 시작하거나 더 깊은 삶의 변화를 경험하기 위한 자아의 벽을 허무는 다음 단계로 이끄는 안내서가 될 것이다. 인생의 가장 중요한 점은 있는 그대로 우리의 인간됨을 용납하고 사랑하는 것이다.

초기 종교 경험의 치유 | 우리는 영성이나 종교에 대한 언급이 너무 고통스럽고 슬픈 기억을 불러와서 믿음의 여정을 생각할 수조차 없는 수많은 사람들을 만났다. 그들은 스스로를 착하고 원칙을 따르는 사람으로 종종 묘사하며, 때로는 하나님에 대한 믿음이 있다고 말하기도 한다. 그러나 그들은 종교 교육, 믿음의 동료들, 가정, 목회자나 신부 등 교회로부터 너무 많은 상처를 받아서 고통스럽고 심한 흉터를 지니고 있다. 조금이라도 교회와 관련된 것이나 종교적인 언급은 그들에게 죄의식, 수치, 분노, 당혹감, 두려움 그리고 적대감을 불러일으킨다. 그들은 자신의 삶에 무엇인가 부족하다는 것을 알고, 또 그 부족함이 영적인 굶주림에 기인한다는 것도 알지만 옛날의 부정적인 기억으로부터 어떻게 벗어나야 할지를 모르고 있다. 우리는 이 책에서 신앙의 오해가 어떻게 발생하며 신앙의 초기 단계에서 정체되는 것이 어떻게 장기간의 고통을 가져올 수 있는지를 지적함으로써 중요한 치유의 기회를 제공하기 바란다.

우리는 믿음의 여정을 설명하기 전에 독자들이 이 책에서 어떤 유익을 기대해야 할지를 분명히 설명할 것이다.

이 책을 쓰는 목적은 두 가지다. 첫째, 믿음의 여정중 어느 곳을 지나왔으며, 어디에 처해 있는지 발견할 수 있도록 도와줌으로써 자신의 믿음의 여정에 대한 이해를 돕고자 한다. 둘째, 믿음의 여정에서 자신과 비슷하거나 다른 시기에 있는 다른 사람들을 인정하고 받아들일 수 있도록 한다.

이 책은 영적 여정이 정확하게 언제, 어떻게 진행되는지를 말하지는 않으며, 영적 성숙에 대한 공식을 제공하지도 않는다. 그러나 영적 여정의 다양한 단계를 묘사하며 사람들이 그 단계들에 있을 때 어떻게 생각하고 행동하는지를 설명한다. 또한 각 단계에서 앞으로 전진하든지 혹은 정지하는 전환점과 위기를 설명하고 질문들과 다른 활동들을 통해 각 단계를 경험하는 방법을 제시할 것이다.

우리 두 사람의 신앙 경험이(몇 번 곁길로 간 적도 있었지만) 전통적 장로교에 뿌리를 내리고 있으므로 우리는 이 책에서 기독교인으로서의 경험만을 말할 것이다. 다른 형태의 영성이 존재하지 않는다는 의미가 아니라 다른 영성을 논할 만큼 충분히 알고 있지 않기 때문이다. 이 책을 읽는 많은 사람들은 영성을 '자신을 넘어선 초월적 존재의 초월적 힘Higher Power' 이라고 부를 것이다. 우리는 그 초월적인 존재를 하나님이라고 믿는다. 우리는 성경을 하나님이 사람에게 주신 계시로 받아들이고, 중요한 믿음의 여정을 설명할 때 성경의 많은 예화를 사용할 것이다.

이 책은 엄밀한 의미에서 '신학적' 이지 않다. 하나님께서나 예수님께서 어떤 일을 하셨고, 또한 어떤 일을 하고 계신지의 입장에서 믿음의 여정을 말하지 않는다. 대부분의 기독교 신앙은 당연히 하나님께서 누구시며, 어떤 일을 행하셨고, 그것이 우리와 세상에 주는 의미가 무엇인지에 집중한다. 시작부터 우리들은 하나님을 우리 모두를 사랑으로 초청하는 분이라고 가정한다. 우리를 향한 하나님의 목적은 사람들이 그분과 개인적 관계를 갖고, 우리들이 서로 건강하고 온전한 관계를 맺는 것이라고 믿는다. 우리는 하나님께서 항상 모든 사람을 향하여 동일하게 가까이 계시며 모든 사람을 사랑하고 용서하신다는 성경의 메시지를 믿는다. 또한 하나님께서 참으로 인내하시는 분이라는 것도 믿는다. 그러나 우리는 이 책에서 하나님에 대한 인간의 반응에 초점을 맞추고자 한다. 이 책은 하나님께서 인간의 삶 속에서 행하시는 일에 대한 반응으로서 인간의 믿음 생활의 여정, 즉 믿음의 굴곡, 진보와 퇴보, 움직임과 정지, 하나님을 떠난 경험, 우리의 독선에 관한 것이다. 모든 여정은 비슷한 동시에 다르다. 이 책에 묘사한 것이 당신의 여정에 맞지 않을 때 당신의 여정이 잘못되었다고 생각할 수도 있고, 우리가 잘못 설명하고 있다고 생각할 수도 있다. 그러나 사람들은 상당히 예측 가능한 일들을 행하기 때문에 어떤 면에서 모든 신앙의 여정은 유사하다고 볼 수 있다. 우리의 신앙 여정 초기 단계는 다른 사람들과 매우 비슷하며 우리의 '무너지는' 경험도 상당히 비슷할 수 있다. 그러나 동시에 각 개인의 여정은 개인의 형편에 따라 남들이 흉내낼 수 없는 독특함이 있다. 이 책을 정확한 지침서보다는 신앙의 안내서로 생각하고 읽을 때, 이 책의 의미가 당신의 영혼 속에 더 잘 스며들 것이다. 이 여정은 현실적이며, 하나님의 여정인 동시에 당신 자신의 것이다.

영적, 종교적, 믿음, 여정, 하나님이라는 단어들이 대부분의 사람들에게 매우 다르고도 강한 반응을 불러일으키는 것을 잘 알고 있다. 이런 경건한 주제들을 다루는 일이 어렵다는 것도 안다. 우리는 믿음의 여정에 관한 책을 쓰면서 다음과 같은 세 부류의 사람들을 모두 고려하고자 노력했다. 첫째, 자신들을 영적인 사람이라고 생각하지만 위에서 말한 종교적인 단어들을 전혀 사용하지 않는 사람들, 둘째, 보수적인 신앙 전통을 지키는 사람들, 셋째, 자유주의 신앙을 지닌 사람들이다. 이와 같이 다양한 층의 사람들을 대상으로 책을 썼으므로 때로는 본의 아니게 각 그룹 간에 이질감을 느낄 수도 있다. 그러나 인내심을 가지고 계속 읽어 나감으로써 믿음의 여정 그 자체가 당신 각자의 마음을 끌기를 원한다.

이 책을 전개하면서 우리는 먼저 1, 2장에서 영적, 영성, 믿음, 여정과 같은 단어와 비유들을 설명하고, 믿음의 단계 모델과 우리 자신의 여정을 소개할 것이다. 3-9장에서는 7장의 '벽'의 경험을 포함한 믿음의 여정의 각 단계를 자세히 설명할 것이며, 짧은 후기로 끝낼 것이다.

책의 구성을 보면, 믿음의 단계에 대한 처음 여섯 장은 각 단계에 있는 몇몇 사람의 믿음의 경험을 묘사한 인용문으로 시작되어 각 단계의 본질과 더 구체적인 특성을 설명할 것이다. 그런데 우리의 일상 생활에서 각 단계의 구분이 확실치 않고 서로 중복되는 부분이 있으므로 어쩌면 단계별로 구분하는 것이 너무 인위적인 것처럼 생각될 수도 있다. 설명의 필요상 각 단계를 구분한 것이므로 혼란스럽지 않기를 바란다.

각 단계의 특성을 설명하면서 실제로 이런 특성들이 한 사람의 삶의 어느 시점에서 어떻게 나타나는가를 보여주기 위해 성경의 인물들을 예로 들었다. 그러나 누가 그 단계에 있는지를 나타내거나, 예로 든 성경의 인물이 반드시 한 단계만을 특정 짓는다는 의미는 아니다. 예를 들면, 사도 바울의 삶으로 모든 단계의 특성을 설명할 수도 있지만, 그의 생애에서 어느 한 기간만을 예로 들어 특정 단계를 설명했다. 성경 인물을 예로 들어 설명한 것에 대한 우리의 견해 자체가 믿음의 여정 가운데 우리들이 어디쯤 와 있는지를 말해주는지도 모른다. 어떤 독자들은 우리가 성경을 사용했다는 사실 때문에 이 책을 읽는 것을 중단할 수도 있고, 또한 어떤 이들은 성경을 너무 조금만 인용하지 않았는가라고 생각할 수도 있다. 각 단계가 삶의 여러 시기에 어떻게 작용하는지 설명하기 위해서 우리는 우리 자신과 다른 사람들의 믿음의 여정을 예로 사용할 것이다.

각 단계에 대한 설명 후, 사람들이 각 단계에서 멈추거나 갇혀버릴 때 일어나는 행동을 설명하고, 어떻게 사람들이 한 단계에서 그 다음 단계로 옮겨가는지 그리고 그 움직임을 방해하는 장애물이 무엇인지 설명할 것이다.

믿음의 단계를 설명한 각 장의 마지막 부분에 있는 '믿음의 단계 경험하기'는 다른 부분과 상당히 다르다. 믿음의 단계를 이해하기 위해서 이 부분을 반드시 읽을 필요는 없다. 각 단계의 지적인 이해뿐 아니라 경험적 이해를 원하거나 수련회, 워크숍 등에서 이 책의 자료들을 사용하기 원하는 사람들을 위해 이 부분을 썼다. '믿음의 단계 경험하기'는 당신이 각 단계에서 완성하지 못한 개인적인 일들을 끝낼 수 있도록 도와줄 것이다. 새로운 조명이 필요하다고 생각하는 어떤 문제들을 다시 돌아보거나 실행할 수 있도록 도와줄 것이다. 당신과 다른 단계에 있는 사람들, 즉 당신이 알고 있거나 사랑하는 사람을 더 충분히 이해할 수 있도록 해주거나, 당신의 여정중 전환기에서 다음 단계로 더 완전히 이동하도록 도와줄 수도 있다. 이 책의 일부분에서 밥과 나는 독자들이 개인적인 일기를 사용하는 방법과 깊은 기도의 체험과 상상력에 익숙할 것이라고 가정한 채 글을 썼다. 만약 이러한 것들이 당신에게 익숙지 않고 실행 불가능하다면 이런 방법을 실천할 것을 제안한 단계에서 다른 방법으로 그 단계를 경험할 것을 추천한다.

각 장마다 믿음의 단계에 관한 내용 요약으로 마무리했다. 이 요약은 각 단계의 특징을 간단하게 보여주므로 당신이 원한다면 그 내용을 복사해서 사용해도 좋다.

The Critical
Journey

1장

믿음의 여정
계획하기

영성

　'영성'이라는 말은 아마도 우리 시대에 가장 잘못 이해되고, 잘못 사용되는 단어 가운데 하나일 것이다. 영성이라는 단어 자체는 여러 종류의 기억, 생각, 두려움 그리고 기쁨과 연결된 복합적인 반응을 불러일으킨다. 대부분의 사람들은 영성이라는 단어에 어떤 방법으로든 연관되어 있다. 교회 안의 어떤 사람들은 영성이라는 단어를 당연한 것으로 받아들이고, 다른 어떤 사람들은 엄밀하게 정의를 내리며, 또 어떤 사람들은 아예 생각하지도 않는다. 교회 밖의 사람들에게는 영성이 삶의 의미를 찾으려는 힘과 갈망을 의미한다. 우리는 많은 세상 사람들이 영성의 개념에 열정적으로 끌리는 것에 놀란다. 그런데 우리와 대화를 나눈 교육계, 산업계, 비영리 단체의 대부분의 사람들은 자신의 '영성'이 종교와는 아무런 상관이 없음을 분명히 했다. 그들은 자신들이 교회 혹은 조직적인 종교 단체와 동일시되는 것을 절대로 바라지 않았다.

이런 반응은 전혀 새로운 것이 아니다. 기독교 신비론자이며 작가인 에블린 언더힐Evelyn Underhill 은 「영의 삶과 현재의 삶The Life of the Spirit and the Life of Today, (1922년)」이라는 책에서 제1차 세계대전 때 전선에서 싸우던 군인들이 종교적 기관과 거의 완전히 격리되어 있으면서도 대단히 자연적인 종교를 가졌었다고 기술했다. 그녀는 그 책에서 비록 역사적으로 성과가 있다고 입증되지는 않았지만, 많은 사람들이 비밀스럽고 개인적인 경건 생활이면 충분하다고 느낀다고 말했다. 그녀는 "매우 개인적인 현실에 대한 발견과 삶의 변화 이후에 가장 자연스러운 행동의 열매는 언제나 동료 인간들을 향한 것, 즉 동료로부터 배우고, 동료와 연합하며, 돕고, 그들과의 유대를 재확인하는 것이다"라고 얘기했는데, 그 말은 현재까지도 통용되고 있다.

어떤 한 개인이 교회를 멀리하는 이유를 찾아보면, 보통 어린 시절 종교적인 양육 가운데 남아 있는 해결되지 않은 깊은 상처나 불만족에 기인하는 경우가 많다. 때로는 권위주의적이며, 광신적이고, 위선적이며, 용서가 없는 현대 교회의 이미지로부터 기인하기도 한다. 관계를 향한 영적인 목마름에도 불구하고 하나님이나 종교적인 영역에 연결된 가슴 아픈 이미지나 경험으로 돌아가는 것이 어떤 사람들에게는 너무 두렵고, 신앙을 가져보려는 어떤 사람들에게는 마음에 들지 않는 것이 되기도 한다. 이런 사람들은 믿음으로만 받아들일 수 있는 현실을 지적으로는 받아들일 수 없다는 이유로 교회를 비난한다. 그들은 "증명할 수 없는 것을 믿는 것은 개인의 사고가 연약함을 의미한다"라고 말한다.

그러나 어린 시절에 겪은 종교적 경험의 치유가 일어날 때가 바로 온전함을 깨닫기 위한 영적 여정 가운데 한 시점이 된다. 이 치유는 사람과 전통적인 종교 이미지, 상징물 그리고 언어의 변화를 필요로 한다. 이런 변화는 전통을 새로 경험하도록 허용하며, 영성에 대한 새로운 이해를 가져옴으로써 온전함에 이르게 한다. 우리는 6-8장에서 이런 변화에 대해 더 논의할 것이다.

이 책을 쓴 관점에서 우리는 영성이란 결국 하나님께 삶으로써 반응하는 방법이라고 말하기로 했다. 이 개인적인 변화의 의미를 온전히 발견하기 전에는 온전함을 향한 갈등은 해결되지 않은 채로 남을 것이다. 어거스틴 Augustine 은 그의 참회록 첫 문단에 이렇게 기술했다. "하나님께서는 우리를 창조하시되 자신과의 관계를 위하여 창조하셨으며, 우리가 하나님 안에서 안식을 찾기 전까지는 우리의 마음은 쉼이 없다."

믿음

믿음의 여정에 있는 사람들에게 '믿음' 이란 단어의 사용은 무엇을 의미하는 것일까?

만약 어떤 사람이 당신에게 "당신은 믿음이 있습니까?"라고 묻는다면 당신의 대답은 "네", "아니오" 혹은 "때에 따라서요" 가운데 하나일 것이다. 그 질문은 우리가 믿음이 무엇인지 알고 있고, 또 믿음을 소유하거나 소유하지 않을 수 있다는 것을 전제로 한다. 우리는 또한 믿음이 많다거나 적다, 믿음을 찾았다거나 잃었다는 표현을 쓰기도 한다. 사실상 우리는 믿음을 명사나 어떤 대상, 우리가 소유할 수 있는 것으로 종종 사용한다.

만약 어떤 사람이 당신에게 "당신이 믿는 종교는 무엇입니까? 라고 묻는다면 당신은 각자 '개신교인', '천주교인', '유대교인', '기독교인' 혹은 '이슬람교인' 이라고 대답할 것이다. 이 대답은 서로를 구분하는 신조의 형태를 내포한다. 이런 의미로 사용되는 믿음은 자주 성경, 권위자, 전통, 종교적 행위에 의해 결정되며, 우리가 어떻게 살아가는가를 묘사한다. 이때는 믿음이란 단어를 우리가 믿고, 그것에 의해 살아가는 원리를 묘사하는 형용사로 사용하는 것이다.

　그러나 믿음의 여정에서 믿음이라는 단어를 사용할 때 우리는 이 단어를 명사나 형용사로 사용하지 않는다. 믿음은 우리와 하나님과의 관계에 생명력을 주거나 그것을 움직여가는 역동적인 힘이며, 행동을 나타내는 동사다. 믿음이라는 말에 대한 우리의 반응은, 한편으로는 하나님께서 하나님이시며, 다른 한편으로는 우리 각 사람이 특별한 존재라는 인간의 인식이다. 이것은 곧 우리가 우리의 삶 속에서 하나님을 하나님으로 인정하고 받아들일 때 비로소 우리 자신이 가장 인간적일 수 있다는 인식이다. 우리는 믿음의 여정이라는 여러 단계를 지나면서 다양한 방법으로 하나님을 인식한다. 그러므로 동사로서의 믿음은 분석할 수 있는 정적인 대상이 아니며, 우리를 종교적으로 다른 사람들과 구분하거나 하나님 편에 둘 수 있는 자격을 주는 그 무엇도 아니다.

　믿음을 여정이라는 면에서 본다면, 이것은 단순히 하나님으로 하여금 우리의 삶을 인도하시도록 하는, 다시 말하면 하나님께서 하나님 되시도록 하는 과정이다. 우리가 의도적으로 우리의 모든 생각, 말, 행동을 하나님께서 인도하시도록 선택할수록 우리의 믿음의 여정은 하나님께로부터 더 많은 영향을 받을 것이다. 나중에 알게 되겠지만, 이 믿음의 여정에는 여러 국면 혹은 단계가 있다. 어떤 사람은 한 단계에 끝없이 머무를 것이고, 다른 어떤 사람은 한 단계에 집착하기도 할 것이다. 그러나 하나님께서는 하나님의 존재를 우리로 하여금 삶 속에서 끊임없이 느끼고 반응하도록 우리를 부르신다. 영적 여정 또는 믿음의 여정은 우선 하나님께서 누구신가를 인식하는 개인적 선택이며, 더 나아가서 하나님께서 우리 삶의 모든 면을 통제하시도록 그분을 초청하는 것이다. 일단 믿음의 여정에 들어서면 우리의 삶 가운데 하나님을 모시는 것은 신앙의 도착점보다는 계속적인 성장 과정에 영향을 준다.

모든 사람이 우리가 정의하는 대로 믿음의 여정을 받아들이지는 않는다. 어떤 이유에서든 그런 이들의 삶에는 하나님께서 거하실 자리가 없다. 어떤 사람들은 거의 관심이 없으므로 믿음의 여정을 아예 시작해보지도 않는다. 그들은 하나님의 부르심을 결코 듣지 못하고, 공허함을 느끼지도 않으며, 그들의 존재 너머 계신 분을 찾지도 않는다. 또 어떤 사람들은 믿음의 여정을 시작한 것처럼 보이다가 환멸을 느끼고 포기하기도 한다. 이 책은 그런 사람들을 위한 책은 아니며, 자신들의 삶 속에서 하나님을 더 깨닫기 원하는 영적 갈망을 가진 사람들을 위해 쓰여진 책이다.

여정

우리는 믿음 생활의 경험을 설명하기 위해 여정의 비유를 선택했다. '여정'은 과정, 행동, 움직임, 변화, 경험, 멈춤과 시작, 다양성, 단조로움과 뜻밖의 기대를 포함한다. 여정은 A라는 장소에서 B라는 장소로 이동하는 짧은 여행 이상을 의미한다. 즉 여정은 출발지와 목적지 사이의 여러 장소들과 시간이 중요한 여행보다 더 긴 과정이다. 여행이 주로 도착지에 초점을 맞춘다면 여정은 전체적인 과정에 그 의미를 둔다. 여정은 정체된 것이 아닌 역동적인 것이다. 여정중에는 곁길을 가기도 하고, 지나온 곳을 다시 방문할 수도 있으며, 모르는 곳을 과감하게 가기도 한다. 우리의 관점과 여정의 시기에 따라 우리의 경험이 달라지므로 여정은 반복될 수가 없다. 당신이 여정을 생각할 때 어떤 아이디어들이 떠오르는가? 우리는 다음과 같은 것들이 떠오른다.

- 정확한 시간표가 없는 긴 여행

- 계획을 세우고 준비함
- 다양한 경험을 위한 짐 꾸리기
- 만일의 경우에 대비한 여분의 짐 싸기
- 지도, 나침반, 안내서
- 여행 도중 방문할 사람들
- 교통 수단
- 시간, 에너지, 경비 계산
- 숙박 장소
- 동반자

우리가 흔히 여정을 묘사할 때 사용하는 단어나 생각들이 믿음의 여정을 생각할 때도 도움이 된다. 많은 사람들은 여정을 여행과 대조적 의미에서 목적지를 볼 수 없는 막연한 것으로 경험한다.

그들은 어디론가 떠나는 것을 위해 떠나며, 그 과정을 중요하게 생각한다. 또 어떤 사람들은 무엇인가를 성취하기 원해서 목적지에 도달하기를 좋아한다. 그들은 가장 짧고 신속한 경로가 어느 것인지를 알기 원하며, 잘 표시해둔다. 또한 불확실한 것을 견디지 못하며 관광을 위한 지연이나 휴게소, 우회 등을 참지 못한다. 어떤 사람들은 영적 여정을 위해 필요한 것보다 훨씬 더 많은 짐을 챙기기도 한다. 자기가 아는 사람들하고만 여행하기를 원하는가 하면, 새로운 사람을 만나기를 좋아하는 사람들도 있다.

인생에서 경험하는 휴가나 여행 중 두드러지는 특성들은 일반적으로 믿음의 여정중 나타나는 특징으로서 우리의 여정에 도움이 되는 동시에 방해가 되기도 한다. 예를 들면, 우리는 때로 분명한 도착지가 없다는 것을 알 때 매우 좌절할 것이다. 그러나 그것이 반대로 우리에게 최고의 배움이 될 것이다. 혹은 이전에 알던 사람을 방문하거나 재방문하기 위해 멈추기를 원할지도 모르지만, 그들이 우리를 만날 수 없기 때문에 계속 여행을 해야 할 수도 있다. 이처럼 믿음의 여정도 다른 여느 여정과 마찬가지다. 우리의 믿음의 여정은 우리를 향한 하나님의 초청에 응답하는 과정이며 경로다.

믿음의 단계

우리는 믿음의 여정의 모델로서 단계 이론을 사용하기로 했다. 그러나 단계 이론이 믿음의 여정을 설명할 수 있는 유일한 방법은 결코 아니다. 믿음의 여정중에 분명히 신비로운 일들이 일어나며, 단계 이론은 그것을 부인하지 않는다. 여러 가지 이유에서 단계 이론에 대한 이의가 많다는 것을 알지만, 단계 이론에 이의를 제기하는 사람들도 여정의 단계 이론 설명에서 의미를 발견할 수 있기를 바란다.

믿음이 단계들을 거쳐 움직여간다는 생각은 교회 내에서 오래 전부터 있어 왔다. 어거스틴Augustine, 리보의 엘레드Aelred of Rievaulx, 노르위치의 줄리안Julian of Norwich, 십자가의 요한John of the Cross, 아빌라의 테레사Teresa of Avila, 아시시의 프란시스Francis of Assisi, 이그나티우스 로욜라Ignatius Loyola와 같은 선진들 가운데 여러 사람은 내면의 여정과 외면의 여정에 대해 말했다. 1800년대 중반 소렌 키에르케고르Sören Kierkegaard는 '인생 길의 단계'에 대해 묵상했으며, 1920년대에는 에블린 언더힐이 믿음의 단계에 대해 설명했다. 현대의 저자로는 신학과 발달심리학을 연결시키는 작업을 하는 학자 제임스 파울러James Fowler가 있으며, 그의 광범위한 연구는 믿음의 일곱 단계에 집중되었다. 제럴드 허드Gerald Heard는 깊은 기도의 여러 단계를 그리고 엘리자베스 오코너Elizabeth O'Connor는 믿음의 여정을 연구했다. 최근에 정신과 의사이며 심리치료사인 스코트 팩Scott Peck은 심리학과 영성을 통합하려는 의도 아래 믿음의 4단계를 설명했다. 아마도 조만간, 믿음의 여정에 대한 많은 저자들과 신앙인들의 의견이 일치하지는 않는다 하더라도 최소한의 평행선을 이룰 것으로 보인다.

믿음의 여정의 단계는 구체적으로 어떤 것일까? 우리는 이 책에서 6단계를 제시한다.

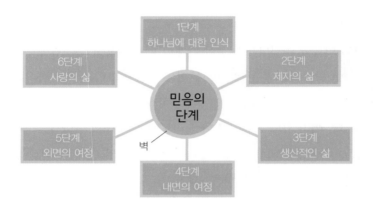

당신이 궁금해할 질문에 대답하기 위해서는 믿음의 단계에 대한 설명이 필수적이다. 단, 토의와 이해를 위해 사용되는 다른 어느 모델과 마찬가지로 우리가 제시하는 모델도 믿음의 역동적 과정을 완전하게 설명할 수는 없다는 것을 기억하기 바란다.

유동적이며 누적되는 단계

믿음의 여정의 단계는 매우 유동적이다. 정기적으로 각 단계 사이를 전후로 이동하기도 하며, 같은 시간에 한 가지 이상의 단계에 동시에 거할 수도 있다. 여섯 가지 단계는 믿음의 여정이 진행되는 보편적 순서를 말하는 것뿐이다. 예를 들면, 1단계를 경험하지 않고 3단계부터 시작하지는 않으며, 가운데 단계들을 모두 생략한 채 1단계에서 6단계로 움직일 수 없다. 1단계에서 3단계 사이를 몇 년간에 걸쳐서 왔다 갔다 하다가 어느 때가 되면 4단계로 움직일 수도 있다. 그런 경우에 각 단계들은 이전 단계 위에 누적되므로 네 단계를 모두 경험하는 것이다. 각 단계는 그 이전 단계를 근거로 하여 형성된다. 믿음의 전통, 즉 특별한 믿음 없이 자랐는지, 불가지론자인지, 보수적, 복음적, 자유주의, 또는 전통을 중히 여기는 교회에서 자랐는지에 따라 각 단계를 다르게 경험할 것이다. 각 단계의 어떤 특징에는 매우 강한 동일감을 가질 것이며, 또 다른 특징들에는 전혀 동일감을 갖지 못할 것이다. 우리는 가능한 한 다양한 믿음의 여정을 포함시키기 위해 넓은 범주의 예화를 사용했다.

연속 모델의 계속되는 문제는 단계가 높을수록 더 좋은 것으로 생각한다는 것이다. 결과적으로 더 높은 단계에 있는 사람이 더 낫다고 여기는 실수를 범한다. 그러나 믿음의 여정에서는 단계가 높다고 해서 더 좋은 것은 아니다. 우리의 삶을 한번 살펴보자. 보통 아동기, 청소년기, 청년기, 중년기, 장년기, 노년기를 경험한다. 각 시기는 발달 단계상 그 이전의 시기를 기초로 형성되지만, 성인이 되었다고 해서 본질적으로 어렸을 때보다 더 나은 사람이 되는 것은 아니다. 어린 시절보다 우리의 지식이 증가되고, 더 많은 고난을 겪으며, 기술과 능력을 더 많이 사용하고, 더 큰 책임감을 느끼는 것은 사실이다. 그리고 우리는 항상 어린아이 같은 특성을 지니고 있기는 하지만 어른으로 성장해나가기를 바란다. 우리가 나이가 들어감에도 정서적으로 어린아이로 남아 있다면 불리한 결과가 따를 것이다. 그러나 우리는 준비 기간, 학습 기간으로서의 아동기를 필요로 한다. 이와 유사하게 우리는 믿음의 단계들을 한 단계가 다른 단계보다 '더 낫다'라고 분류하기보다는 연속적이며 누적되는 것으로 간주한다.

주거지와 재방문

우리 각자는 삶의 여러 시기에, 심지어는 일주일이라는 짧은 시간 안에도 믿음의 여정의 모든 단계의 특징들을 자신에게서 발견할 수 있다. 우리는 믿음의 각 단계를 왔다갔다 한다. 믿음의 단계의 유동성을 예를 들어서 설명하자면, 1단계에서 2단계로 옮겨간 후에 1단계와 2단계 사이를 여러 번 오갈 수 있으며, 동시에 두 단계에 속해 있을 수도 있다. 3단계와 4단계를 경험한 후에는 1단계부터 4단계까지를 동시에 경험하면서 유동적으로 왔다갔다 할 수도 있다. 또한 4단계 이후의 '벽'을 실제로 통과하기 전까지 여러 번 벽에 부딪힐 수도 있다. 그러나 우리 각자에게는 믿음 생활의 특징이 잘 드러나고 가장 많은 시간을 보내는 믿음의 주거지가 있다. 어떤 사람들은 동시에 두 주거지를 같은 강도로 경험하기도 한다. 만약 당신이 주거지를 발견할 수 없다면 한 단계에서 그 다음 단계로 가는 전환기에 처해 있는 경우인데, 그런 전환기 때는 어느 단계에서도 편안함을 느낄 수 없다.

또한 예를 들어서 주거지로서 3단계에 도달했을 때, 그 경험이 좋든 나쁘든 간에 어떤 극적인 경험 때문에 다시 이전 단계로 돌아갈 수도 있다. 사람들이 때때로 이미 거쳐 갔던 단계로 되돌아가는 것은 일반적이다. 그러나 처음 그 단계를 경험했던 것보다는 더 개인적이며 더 깊은 경험을 하게 되는데, 이는 마치 우리가 한 번 방문했던 장소를 다른 각도에서 보기 위하여 다시 방문하는 것과 같다. 하나님을 향해 처음으로 느끼는 경외심은 하나님과의 오랜 관계 가운데 느끼는 경외심과는 전혀 다른 것이다. 그런 의미에서 단계 모델은 나선형과 같아서 우리가 각 단계로 다시 돌아갈 때마다 더 깊은 경험을 하게 된다.

새장: 믿음의 정체

믿음을 여정으로 비유한다는 것은 아무리 느리더라도 움직이고 있다는 것을 의미한다. 즉 중도에 쉴 수도 있고, 친구나 관광을 위해 잠시 동안 멈출 수도 있지만 여전히 여행 중인 것이다. 그러나 우리는 지금 이해와 더불어 실제 삶이 필요한 여정의 또 다른 경험을 시작해야 한다. 우리들은 자연스럽게 방문하고 관광하며 배우기 위해 잠시 멈추는 것이 아니라, 어느 한 단계에 정지해서 건강하지 못한 방법으로 요지부동할 수 있다. 이는 마치 진흙에 빠진 채로 앉아 있는 것과 같다. 사람들이 여정중 특정한 장소에서 정체되는 이유는 움직이는 것보다 가만히 있는 것이 더 편하기 때문이다. 움직인다는 것이 너무 두려울 수도 있다. 시간이 지나면서 가만히 앉아 있는 것은 편안함에서 정체로 바뀌게 된다. 너무 오래 정체되어 있다 보면 무의식중에 함정에 빠지는데, 일반적으로 우리는 자신이 정체되어 있다는 것을 생각하지 못하게 된다. 하지만 다른 사람들 눈에는 우리의 정체가 명백하게 보이며, 그 단계가 믿음의 여정 가운데 자유가 없는 새장이 되어 우리를 가두어버리는 것이다.

정체 상태일 때 우리의 믿음은 더 이상 성장하지 않는다. 믿음이 무감각해지거나 굳어지기까지 한다. 때로 정체 상태는 미지의 것을 대면해야 한다는 두려움에서 비롯되기도 한다. 다른 경우는 우리가 조절할 수 없는 개인적인 위기나 직장에서의 위기를 만난 결과에서 온다. 때로는 질병이나 죽음이 우리로 하여금 버림받은 느낌을 갖게 해서 정체 상태로 몰고 갈 수도 있다. 어린 시절의 부정적인 사건이나 관계에 대한 기억들을 대면해야 하는 두려움 때문에 정체되기도 한다. 심지어는 하나님의 무조건적인 사랑을 대면하기가 두려워서 정체될 수도 있다. 왜냐하면 하나님의 무조건적인 사랑을 받아들인다는 것은 우리의 운명이나 하나님을 우리 스스로 조정할 수 없음을 시인하는 것이기 때문이다. 그 이유가 무엇이든 간에 어느 한 단계에 정체될 수 있다는 것은 현실이다. 그러나 우리가 그 사실을 인식하고 있는 한 정체 상태에 빠질 위험은 적어진다.

우리들에게는 자신의 삶을 위해 하나님의 뜻을 더 깊이 추구하고자 하는 자연스러운 경향이 있는데, 정체되는 것은 어떤 단계에서나 그 과정을 방해한다. 어떤 사람들은 인생의 초기에 정체 상태에 빠져 계속 머물고 있다. 그들은 자신의 상태를 인식하지도 못한 채, 자신들이 어느 곳에 처해 있는지에 대해서 매우 방어적이므로 다른 사람들이 곁에 머무르기가 어렵다. 그러나 그들도 하나님의 손안에 있으므로 그들과 그들의 믿음의 여정을 긍휼의 마음으로 대하는 것이 정체되지 않은 주위 사람들이 취할 수 있는 최선의 용서의 방법이다. 새장에 갇혀 있거나 갇혔던 경험이 있는 모든 사람은 그 경험에서 무엇인가를 얻는다. 우리가 새장의 경험에서 무엇을 얻을 것인가를 깨달을 때까지 그리고 무엇을 기꺼이 포기할 것인가를 알 때까지 혹은 여정중에 다른 길을 발견할 때까지 우리의 여정은 성숙할 수 없다. 믿음의 단계가 새장이 될 수 있음을 볼 수 있다면, 우리는 다른 사람을 더 잘 이해할 수 있을 것이다.

건강하지 못함, 부정적인 행동, 아픔을 주거나 이기적인 행동 그리고 무의식의 행동이 정체되었음을 뜻하는 것은 아니다. 우리 모두는 불완전한 인간이다. 여정에 오르는 가장 중요한 의미는 하나님께서 우리의 불완전함에도 불구하고 우리를 사랑하셨으므로 우리도 불완전한 우리 자신을 사랑하는 것을 배우는 것이다. 그러므로 각 사람의 여정에는 현명한 행동과 어리석은 행동, 건강한 행동과 건강하지 못한 행동이 섞여 있다. 그것은 정상적이다. 예를 들면, 1단계에서는 불안해보일 수도 있고, 4단계에서는 이기적으로 보일 수도 있으며, 5단계에서는 순진해보일 수도 있고, 3단계에서는 지나치게 자신감에 차 있을 수도 있다. 이런 특성들은 각 단계의 고유한 것이지만 그런 행동들이 너무 지나치거나, 자신과 다른 사람들이 어떻게 행동해야 하는지에 대해 너무 집착한다면 그것은 새장에 갇혀 있음을 의미하는 확실한 표시다. 정체되어 있는 상태의 또 다른 표시는 믿음의 어느 단계에서든지 항상 자신이 옳아야 한다고 느끼거나 자신의 옳음을 주위 사람들에게 설득시키는 것이다. 이들은 자신의 올바름을 믿음의 여정 그 자체보다 더 중요하게 여긴다. 자유주의, 뉴에이지, 복음주의, 자연주의를 막론하고 항상 옳아야 한다는 생각은 우리를 숨 막히게 한다. 그 어떤 종류의 강박 관념도 인간 관계 측면에서 자신의 역할에 집중할 수 없도록 하듯이 항상 옳아야 한다는 생각이 우리로 하여금 열린 마음을 갖지 못하도록 한다. 집착이나 스스로 의로운 태도를 인식하고, 이런 태도에 맞서며 치유를 허용할 때에만 우리는 다른 단계로 움직일 수 있다.

대조적으로 여정중 어떤 사람들은 다른 사람들 눈에 이상한 행동을 하는 것으로 보이기도 한다. 그들 스스로는 자신들이 여전히 믿음을 추구하며 움직이고 있다는 사실을 깨닫지 못할 수도 있다. 그들은 사실상 자신들이 전환기에 처해 있을 때 정체되어 있다고 생각한다. 이런 측면에서 정체된다는 것은 여정을 위한 친구나 상담자와 함께 가장 잘 해결해 나갈 수 있는 복잡한 문제다. 우리는 대다수의 사람들에게 자신의 삶 속에서 하나님을 하나님 되시도록 하는 부요함과 충만함을 더 추구하고자 하는 자연적인 갈망이 있다고 믿는다.

외면의 단계와 내면의 단계

앞의 세 단계에서 우리의 믿음이나 영성은 교회, 어떤 영성 지도사, 책 또는 일련의 원칙 같은 외적인 기준으로 쉽게 표현된다. 동의하는 기준이 어느 것이든 간에 우리는 자신의 행동에 그 기준을 반영하거나 시도할 것이다. 이어지는 4단계부터 6단계까지는 믿음과 영성에 대한 또 다른 차원에서의 재발견을 필요로 하는, 이루어지기 쉽지 않은 개인의 변화와 재현의 시기다. 이 시기는 영적, 심리적인 내적 치유의 단계로서 무어라 규정지을 수 없는 여정의 기간이다. 내면적 단계에서는 모든 것이 서로 연결되어 있다. 이 단계들은 개인마다 독특하기 때문에 일반적인 설명이 매우 어렵다. 이 시기의 여정은 영적인 온전함을 향한 내면의 여정을 표현한다.

다른 단계에 대한 이해

이 책을 쓰는 중요한 이유 가운데 하나는 사람들로 하여금 다른 사람의 여정을 이해하고 그들의 여정을 존중하도록 하기 위함이다. 그런 이유에서 우리는 자신의 주거지뿐 아니라 다른 단계들도 이해하는 것이 필수적이라고 생각한다. 그러나 그 이해에는 어려움이 따른다. 단계 이론에 의하면 우리는 자신이 경험한 단계만을 이해할 수 있고, 또 우리가 처해 있는 바로 그 다음 단계에 대해서는 지식적으로 이해할 수 있으나 두 단계 더 앞선 단계에 있는 사람들의 생활에 대해서는 완전하게 이해할 수 없다. 우리보다 한 단계 이상 앞선 단계에 있는 사람들의 특성을 묘사하는 글을 읽을 수는 있으나 그들과 함께 생활하고, 일하며, 함께 모임을 갖는 것은 우리를 당황하게 하고 심지어 좌절시키기까지 한다. 이는 앞에서 언급한 인생의 비유에서 마치 십대 청소년이 성인의 삶을 이해하기 어렵고, 중년의 사람이 노년기의 삶을 이해하기 힘든 것과 같다. 우리 자신이 그 단계에 이르기 전까지는 그 단계를 이해하는 데 어려움이 있다.

예를 들면, 자신이 옳다는 것을 확신하며 강한 소속감을 갖는 제자의 삶(2단계)을 사는 사람은, 의심하며 심지어는 믿음을 잃어버린 것처럼 보이는 내면의 여정(4단계)에 있는 사람에 대해 강건하지 않고, 신실하지 않으며, 자발적인 마음도 없고, 어쩌면 예수님을 믿지 않는 사람이라고 생각할 수도 있다. 즉 2단계에 있는 사람들은 자신들의 여정에서 느끼는 안정감 때문에 내면의 여정(4단계)에 있는 사람들이 갖는 의구심을 이해하는 일이 어려운 것이다. 제2단계에 있는 사람들이 혼돈과 불만족, 불확실함의 소용돌이 속에 던져지고, 그러한 자신들의 행동을 의아해하는 다른 사람들을 경험할 때

에야 비로소 자신들이 이전에 내면의 여정 단계의 사람들을 어떻게 생각했는지 깨달을 것이다. 반면에 내면의 여정(4단계)에 있는 사람들은 너무 틀에 박힌 것 같은 대답을 하는 제자의 삶(2단계)에 있는 사람들을 대할 때, 자신들이 2단계에 있을 때 느꼈던 안정감을 기억하며 존중하는 대신 오히려 비판하는 눈으로 볼 수도 있는데, 이는 2단계의 특성을 이해하지 못해서라기보다는 4단계의 특성인 보편적인 불안감 때문이다.

위기: 이동의 시기

우리는 당면하는 대다수의 위기를 피할 수 없으며, 피하지도 말아야 한다. 사실상 위기는 믿음의 여정에서, 심지어 새장에 갇혀 정체되어 있을 때에도 변화의 에너지를 제공한다. 가까운 사람의 죽음은 우리에게 삶의 의미에 대해 질문을 던지게 한다. 우리가 지니고 있던 견해가 부적당해질 수 있다. 그래서 더 깊은 질문을 하게 된다. 기쁜 경험도 우리로 하여금 더 앞으로 나아가게 하는데, 예를 들어 믿음의 배경이 다른 사람과 결혼할 경우 자신의 믿음의 경험을 돌아보게 된다. 또 자녀를 낳게 되면 우리 자신의 어린 시절 믿음의 경험을 다시 돌아보게 된다.

위기는 우리로 하여금 균형을 잃게 하고, 두려움을 느끼게 할 수도 있으며, 무방비 상태로 상처를 받게 할 수도 있고, 변화를 가져올 수도 있다. 영적 여정에서도 위기는 우리로 하여금 자신에 대해 다시 생각하는 계기를 제공한다. 위기는 우리를 겁이 나서 두렵게 하거나 연약한 위치로 몰아넣는다. 위기에 처할 때 너무 저항하거나 마음이 상한다면 우리는 정체 상태에 빠질 수도 있다. 그러나 위기로 우리를 다듬도록 허용하고, 위기를 보듬어 어려운 대로 함께 공존할 수 있다면, 영적으로 성장할 것이며, 결국은 믿음의 여정의 다음 단계 혹은 나선형 방향으로 이동해갈 것이다. 가장 연약할 때 우리는 배움과 신앙의 발전을 이룰 수 있는 최선의 기회를 가질 것이다.

즉 고통의 한가운데 약속이 있는 것이다.

앞에서 사람들이 어떻게 이미 거쳐온 단계들로 다시 이동할 수 있는 것인지 영적 단계의 누적되는 특성을 들어 설명했다. 각 단계는 보통 다른 선행되는 단계 위에 형성되지만, 이미 지나온 단계들로 쉽게 다시 돌아갈 수도 있다. 어떤 경우에는 공동체의 필요성을 새롭게 느끼거나 또는 하나님을 향한 경외심을 더 깊이 느껴서 다시 이전 단계로 돌아가기를 선택한다. 또한 삶의 여러 가지 사건, 위기, 변화에 의해서 이미 경험한 단계로 되돌아가기도 한다. 이미 지나온 단계들은 익숙하기 때문에 우리는 이전 단계로 돌아가는 것이 어떤 것인지 잘 안다. 그러나 현재의 경험을 넘어서 알지 못하는 곳으로 이동하고 있다고 느낄 때는 훨씬 더 어렵다.

자칫 우리는 자신이 해야 할 일들을 하고, 영적으로 바른 사람들과 대화하며, 그 일에 집중하면 그 다음 단계로 나갈 수 있다고 다른 사람들을 그릇 인도하기가 쉽다. 하지만 그것은 진실이 아니다. 믿음의 여정은 개인적인 여정으로서 그 각각의 단계는 신비하며 거룩한 곳이다. 한 단계에서 다음 단계로의 이동은 우리의 삶을 향하신 하나님의 은혜에 반응하는 시기에 달려 있다. 하나님께서는 우리 스스로 믿음의 단계를 향해 움직이도록 하지 않으시고, 하나님의 은혜로 움직일 수 있도록 인도하신다. 이 책에서는 믿음의 이동을 설명할 때 사람들이 어떻게 자신의 삶 속에서 그 이동을 경험했는지를 설명할 것이다. 당신의 경험이 그들의 경험과 비슷할 수도 있고 다를 수도 있다.

다른 단계로 이동할 때 두 번째로 고려할 것은 우리가 스스로 이동할 수 있는 것인가 하는 것이다. 다른 단계로 움직일 때 다른 사람의 도움을 필요로 할까? 우리의 관찰과 경험에 의하면 단계에 따라 다르지만, 일반적으로 믿음의 단계 이동은 다른 사람의 도움이 필요하다. 각 이동은 종종 믿음의 공동체, 친구, 소그룹, 가족, 목회자, 영성 지도사, 상담자, 치유자 등 누군가의 도움을 필요로 한다. 1단계에서 2단계로의 이동 같은 어떤 믿음의 단계로의 움직임은 다른 사람의 도움이 꼭 필요하다. 2단계의 특징이 신앙 생활과 관련해서 단체의 승인을 얻는 것과 소속감이므로 2단계로 옮겨가려면 다른 사람의 도움이 필수적이다. 또한 4단계에서 5단계로의 이동은 믿음의 벽을 통과하도록 영적, 심리적 배경이 풍부한 사람으로부터 도움을 받을 때 가장 잘 이루어진다. 그러나 2단계에서 3단계로, 3단계에서 4단계로 그리고 5단계에서 6단계로의 이동은 다른 사람이 개입되기는 하지만 다른 사람의 도움이 없이도 스스로 이룰 수 있는 이동이다.

각 단계 간의 이동에 대해 세 번째로 고려할 점은 이동에 따르는 대가다. 여정의 단계에 대해서 읽고 나면 당신은 이동하는 것이 더 좋아 보이고, 믿음의 여정의 길로 더 나아가게 하기 때문에 다음 단계로 이동하기를 원할 것이다. 많은 사람, 특별히 2, 3단계에 있는 사람들에게 이런 이동에 대한 바람은 자연스러운 것이다. 그러나 모든 이동에는 대가가 따른다. 어떤 한 단계에서 다른 단계로의 이동은 언제나 혼동을 초래한다. 두 단계 사이의 중간 지대에 처하게 되는 경험은 우리를 들뜨게도 하지만 지치게도 한다. 아무것도 확실하지 않으며, 앞에 놓인 모든 것들이 막연하기 때문이다. 종종 이동은 외로움을 의미하며, 매우 당혹스러운 경험일 수도 있다. 이 변화의 과정이 어떤 이들에게는 사랑과 돌봄을 불러일으키기도 하지만, 또 다른 이들에게는 두려움과 타인에 대한 불신을 가져오기도 한다. 이동의 과정은 변화를 의미한다. 그 변화는 언제나 삶의 변화이므로 우리가 변화를 환영한다고 할지라도 변화에는 심한 감정의 기복이 따르게 된다.

마지막으로 삶 가운데 스스로 조정할 수 없는 사건이나 경험이 종종 믿음의 여정의 이동을 자극하는 계기가 된다. 건강의 위기, 인간 관계의 어려움, 우리가 본받고자 하는 사람들, 교사, 개인적인 한계 상황, 자신에 대한 회의, 상처, 다른 사람의 필요에 대한 부응, 새로운 방법으로 하나님을 경험함, 자신의 삶을 다른 사람과 나눔, 인간 관계의 상실, 죽음, 경건의 시간, 이전에 소중하게 생각했던 진리를 잃어버림, 하나님을 향한 갈망 등을 경험할 때 다른 단계로 움직여가는 것이다. 그러나 여정 가운데 이런 것들을 경험하는 바로 그때에 우리는 선택할 수 있는데, 즉 변화를 두려워하지 않고 앞으로 뛰어들든지, 아니면 우리 감정을 숨기고 뒤를 향한 채 당면한 문제들을 무시할 수도 있다. 이런 시기는 우리의 삶 속에서 결정적인 시간이 될 수 있다.

유사점과 이동

어떤 단계들 사이에는 매우 유사한 점이 많아서 자신이 어느 단계에 처해 있는지 알고자 할 때 쉽게 혼동될 수 있다. 그러므로 서로 유사한 단계들의 주요 차이점들을 설명하고자 한다.

1단계와 4단계는 쉽게 구분할 수 없다. 두 단계의 공통되는 중요한 문제는 자존감이다. 1단계의 사람들은 자신이 무가치한 존재라는 느낌으로 갈등하며, 4단계의 사람들은 자신이 무자격의 존재라는 느낌으로 고민한다. 두 단계의 유사성 때문에 우리는 1단계에 있을 때 자주 우리가 4단계에 있는 것처럼 생각하고, 우리가 4단계에 있을 때 우리의 주거지가 1단계인 것처럼 느낀다.

2단계와 5단계도 쉽게 혼동된다. 두 단계의 중요한 문제는 포기하는 것이다. 2단계에서 우리는 알고 이해하는 것을 포기하지만, 5단계에서는 우리가 알 수 없는 것을 포기하고 하나님의 주권에 맡긴다. 우리는 자칫 2단계에 있으면서 마치 5단계에 있는 것처럼 생각하고, 거꾸로 5단계에 있으면서 2단계에 있는 것처럼 혼동한다.

3단계와 6단계도 쉽게 혼동되는데, 그 중요한 문제는 나누는 것이다. 3단계에서 우리는 가지고 있는 것들을 나눈다. 그러나 6단계에서는 소유하고 있는지 몰랐던 것을 나누며, 포기할 수 없다고 생각한 것까지도 나눈다. 즉, 6단계에서는 우리 자신을 포기한다. 3단계에서는 자신의 나누는 행동을 마치 6단계에 있는 것처럼 착각하는 반면, 6단계에서는 자신의 나누는 행동을 의식조차 하지 않는다.

여정을 통해 경험하는 중요한 움직임들은 당시에는 충분히 깨닫지 못하는 다른 수준에서 경험하기 때문에 미묘하고 신비스럽기까지 하다. 그러나 믿음의 여정에서 공통되는 몇 가지 움직임이 있다. 첫째, 우리는 우리 자신을 용서하고 용납하며, 그 용납을 기초로 자신과 타인을 조건 없이 사랑하게 된다. 둘째, 우리 자신을 우주의 중심으로 생각하는 것으로부터 하나님을 우주의 중심으로 생각하게 되며, 그런 과정에서 다른 사람들을 섬기게 된다. 셋째, 하나님과 사람들로부터 받는 것만 생각하다가 하나님께 구하는 법을 배우며, 결국에는 하나님과 다른 사람들에게 온전히 주는 삶으로 변화한다. 다른 관점에서 말하면 우리는 두려움에서 확신으로, 확신에서 혼돈으로 그리고 혼돈에서 평화로 움직이게 된다.

이런 움직임들은 믿음의 성숙을 위해 매우 중요한 움직임들이며, 이런 움직임들이 어떻게 우리의 삶 속에서 나타나는가 하는 것은 개인의 기질이 각자 다르듯이 모두 다르다.

---• 용어들 •---

• 영성 – 하나님을 향해 반응하는 방법
• 믿음 – 하나님께서 우리의 삶을 인도하시도록 내려놓는 것
• 여정 – 과정이 목적지만큼 중요한 광대한 여행

---• '믿음의 여정' 단계들 •---

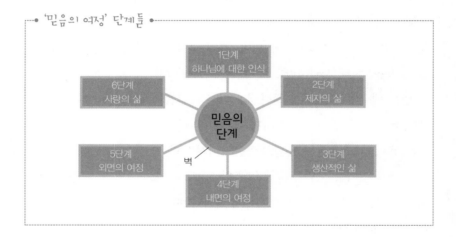

---• 단계의 개념들 •---

• 유동적이며 누적되는 단계
• 주거지와 재방문
• 새장: 믿음의 정체
• 외면의 단계와 내면의 단계
• 다른 단계에 대한 이해
• 위기: 이동의 시기
• 유사점과 이동

2장

믿음으로 떠나는
여정의 특징

우리 모두는 각자의 선택에 따라 믿음의 여정에 오를 수도 있고 그러지 않을 수도 있다. 이 책을 쓰면서 우리는 우리 자신들의 영적 여정을 돌아보았으며, 우리들과 다른 사람들의 여정에 대해 더 온전한 인식을 갖게 되었다. 우리는 치유를 경험했으며, 믿음의 여정을 사랑하게 되었다. 우리는 여정의 모든 과정과 그 과정을 통해 역사하시는 놀라운 하나님의 사랑과 은혜에 감격했다.

이제 여기서는 우리들 자신의 믿음의 여정의 기복을 규정지으며 분석하거나 방어하지 않고 나누려 한다. 이후의 장에서는 믿음의 여정의 특별한 점들을 더 자세히 설명할 것이다. 우리 자신의 여정을 소개하는 목적은 당신이 우리의 여정에 참여함으로써 이 책을 읽어나가는 동안 당신 자신의 여정을 돌아보기 원함이다. 당신의 믿음의 경험은 물론 우리들의 경험과 매우다를 테지만 의외로 유사점도 있을 것이다.

자넷의 여정

내 믿음의 여정은 때로는 무섭기도 하고 신나기도 한 수많은 기복을 지닌 롤러코스터에 비유할 수 있을 것이다. "내 믿음이 내 삶을 망쳤다"는 말로 요약될 수 있는 나의 믿음의 여정은 크게 네 부분으로 나뉘는데, 그 말이 무슨 의미인지는 나중에 설명하겠다.

1부: 초기의 순진함 │ 나의 초기의 믿음의 경험은 자연스러운 것이었다. 나는 배운 대로 실천하고자 열심히 노력하는 매우 종교적인 가정에서 양육 받았다. 우리는 항상 루터교회에 출석했으며, 매우 활동적인 교인이었다. 나는 성가대원으로 찬양하고, 피아노 반주를 하며, 야광 분필로 써가며 열심히 하시는 목사님의 설교를 듣고, 선교사에 관한 슬라이드를 보는 등 교회의 한 구성원인 것에 만족했다. 아주 어릴 때부터 교회 일에 많이 참여했으며, 청소년 시절에는 수련회나 중등부 집회 때 여러 번 '구원의 결단'을 했다.

그 기간 동안 나는 강한 소속감을 느꼈고, 교회 일에 적극적으로 참여하며 활동함으로써 비교적 이른 나이에 지도자 자리에 서게 되었다. 또한 학교와 공부하는 것을 좋아하는 학구파로서 주어지는 지식을 마치 스펀지처럼 받아들였다. 나는 어린 시절, 25초 만에 성경 목록을 모두 외울 수 있는 꼬마로 유명했다. 또 수많은 성경 구절과 찬송가를 배웠다. 그런데 어린 시절 가장 문제가 되었던 점은 우리 교회의 신앙이 매우 엄격하고, 보수적이며, 융통성이 없다는 것이었다. 옳고 그름이 매사에 분명했고, 행동의 규정이 엄격했다. 죄와 십자가를 강조했고, 강조하면 할수록 내 안에는 그 이상의 죄의식과 수치심이 덩달아 지워졌다.

신앙에 관해 아예 질문할 수 없었는데, 그것이 내게는 딜레마가 되었다.

중학교 시절, 죄에 관해 고민하던 기억이 난다. 어느 날 죄는 '하나님의 뜻에 어긋나는 모든 것'이라는 말을 들은 후 나는 우리가 큰 구덩이에 빠지는 것도 하나님의 뜻인지 물었다. 대답은 아니라는 것이었고, 나는 '그러면 왜 구덩이에 빠지는 것은 죄가 아닌지' 되물었다. 늘 대답은 똑같았다. '주의 은혜가 족하다'는 엄격한 대답이었다. 그 대답은 나를 상당히 혼동시켰는데, '은혜'가 무엇을 의미하는지 알 수 없었기 때문이다.

그래서 나는 어려서부터 믿음의 공동체에서 소속감을 느낄 뿐 아니라 지도자의 위치에서 성장했지만, 동시에 수많은 신앙의 의문을 품고 있었다. 나는 춤을 추지도, 영화를 보지도, 담배를 피우지도 않았다. 또 우리 교회와 신앙 노선을 같이하는 사립 기독교 고등학교에 다녔다. 다행히 어머니는 교회와 달리 나의 성장과 자존감, 신앙적 질문들에 대해 관심을 가지고 격려해주셨다. 부모님은 삶으로 믿음이 무엇인지를 직접 보여주셨다. 청소년 시절 나의 믿음의 경험은 18세 때 전도팀의 팀원이 됨으로써 절정을 이루었다. 우리 팀의 목표는 우리가 살던 주의 여러 곳을 다니면서 찬양과 말씀으로 믿음을 간증하는 것이었는데, 그 경험이 내 믿음의 최고봉이었다.

2부: 믿음의 위기 │ 믿음에 매우 중요한 변화가 생길 만큼 성숙했을 때 나는 대학에 갔고, 그동안 눌러 왔던 모든 신앙의 질문들이 터져나오기 시작했다. 나는 믿음의 순결함을 잃었고, 그때까지 단순하게 믿었던 모든 것이 사라졌다. 요나가 정말 물고기 뱃속에 들어갔던 것은 아니라고 들었으며, 성경에는 정말 모순이 많아 보였다. 모세가 구약 성경의 첫 다섯 권을 쓴 저자가 아니었다. 나는 망가져버렸다. 나는 많이 울었으며, 대학 1년 동안 몸무게가 약 9kg이나 늘었다. 반면 믿음에 관한 학문적 접근을 좋아하게 되었다. 의문들과 내면의 논쟁은 십 년 동안 계속되었다. 나는 믿음을 아주 저버리지는 않았고(비록 나 자신을 '불가지론자'라고 부르기는 했어도) 믿음과 지적으로 투쟁했다.

나는 지적으로 스스로 만족했으며, 반항적이었고, 나 자신의 교육과 성장에 골똘했다. 또한 내가 대학교와 대학원에 다니던 1960년대 후반은 '하나님은 죽었다' 는 사상과 월남전에 대한 반전 운동이 대학가를 휩쓸던 시기였으므로 나는 당연히 그 시기의 분위기에 맞는 생각을 갖고 있었다. 나와 친구들은 과연 하나님께서 계시는지, 만약 계시다면 도대체 월남전에 대해서 무엇을 하고 계신 것인지를 토의하느라 많은 시간을 보냈다. 나의 믿음에 영향을 준 다른 요인은 대학 졸업 후 개신교 목사의 아들과 결혼한 것이었다. 우리는 결혼 초기의 대부분을 교회에 반대하며 지냈다. 우리는 유니테리안Unitarian 교회를 가끔 방문한 것을 제외하고는 십 년 동안 거의 교회에 출석하지 않았다.

그 기간 동안 친정어머니께서 55세를 일기로 갑자기 돌아가셨다. 나는 슬픔과 비탄에 잠겨 매우 외로웠다. 가족, 친구들, 친척들이 도움을 주었지만, 내게는 어머니의 죽음을 통해 어쩔 수 없이 부상한 영적 문제들을 도와줄 믿음의 공동체가 필요했다. 나는 삶과 죽음의 의미, 가치관, 정체성에 대해 심각하게 고민했다. 아직 어렸던 그 시기에 나는 외로움에 빠져 영적으로 끔찍한 시간을 보냈다.

나는 석사 학위를 받기 위해 공부하고 있던 심리학과 사회사업 분야에서 갈등에 대한 해답을 찾고자 했다. 그 결과 인본주의 심리학, 창조성, 심리적 경험, 동양 철학, 명상, 의식의 여러 차원, 뉴에이지 인식 등을 탐색하게 되었다. 그때는 새로운 존재와 사고의 발견을 시도하는 소용돌이에 휘말린 듯한 시기였다. 내 학업의 일부로 여러 형태의 상담을 경험했는데, 하나님께서는 그 성장의 경험을 사용하셔서 내가 정신적인 건강을 찾을 수 있도록 하셨다. 사회적으로 나는 성공하고 있었다. 몇 년 동안 대학 교수로 있었으며, 내 개인 사업을 시작하기 위해 학교를 사직했다. 모든 것이 다 순조로워 보였다. 나는 성공했고, 그 상황에 만족했다. 물론 그 때가 내게는 뜻하지 않은 일이 일어날 수 있는 가장 위험한 때였다.

3부: 인생의 위기 | 새로운 사업을 시작하여 잦은 여행과 책 쓰기에 한창 바쁠 때 삶의 바닥에 구멍이 나기 시작했다. 그 위기는 결혼 생활의 실패였다. 결혼 생활 십년 만에 나는 이혼했으며, 그 결과 나는 무너져버렸다. 나는 실패한 것이었다. 소파에 몇 시간 동안이나 혼자 앉아 내 속이 다 도려내어진 것같이 느끼던 때가 기억난다. 몇 달 동안을 간신히 버텨내면서 인생의 의미를 둘 수 있는, 성공보다 나은 무엇이 있을지도 모른다는 생각을 하기 시작했다. 나는 하나님에 대한 생각을 많이 했으며, 일기의 상당 부분을 하나님에 관해 쓰는 데 할애했다.

많이 어색했지만 나는 다시 교회에 나가기 시작했으며, 청소년기의 반복을 피하기 위해 지적인 분위기의 교회를 주로 찾아다녔다. 그 결과 지성을 갖춘 교회는 찾을 수 있었으나, 감성적인 부분까지 갖춘 교회는 거의 찾을 수 없었다. 그러다가 우연히 지성과 감성을 다 갖춘 교회에 발을 디디게 되었는데, 그 교회에는 나처럼 간절하게 믿음을 찾는 사람들이 많았다. 내가 그 교회에서 만난 사람들은 진실해 보였으며, 현실적인 질문을 했고, 진실한 삶을 살았으며, 판에 박힌 대답을 하지 않았다.

나는 내 실패에도 불구하고, 나를 사랑하고 돌보아주는 그 교회 사람들에게 점차 마음을 돌리기 시작했다. 교회에 마음을 붙이고 조용히 자신을 돌아봄으로써 치유가 이루어졌다. 나는 하나님께서 이혼의 아픔을 이겨내게 하실 때, 내가 다니던 교회의 사랑과 돌봄의 역할도 한 몫을 했다고 믿는다. 다시 자존감을 회복하기 시작했으며, 교회와 더 넓은 지역 사회에서 좋은 일을 하고 업적을 이루었다. 나는 다시 성공적으로 살았으며 그러한 삶에 열중했다. 내가 사업에서 성공적으로 사용했던 재능을 교회에서 사용할 수 있다는 것이 기뻤다. 다시 믿음의 공동체의 일원이 되었으며, 내 삶이 통제되고 있다는 느낌을 회복한 것이다. 돌아보면 이때가 또 다른 교훈을 받기에 적합한 시기였다.

4부: 심화 | 나는 매우 멋있는 정상에 올라 있었다. 항해도 하고, 성경을 연구하고, 자문 역할을 하고, 연설도 하고, 재혼을 하고, 재혼을 통해 얻게 된 아이들의 엄마가 되고, 또 다른 한 권의 책을 썼다. 삶이 풍성했다. 그러나 무엇인가 불완전하고, 깊이가 없으며, 너무 부족함이 없다고 느꼈다. 다음에 다가올 일이 무엇인지, 삶의 목적은 무엇인지, 어떻게 하면 내 믿음이 더 돈독해질 수 있을지 알고 싶었다. 성장하고 싶었으나 그 방법을 몰랐다. 내가 아는 세 사람이 각각 영성 지도사인 어느 여자분과 대화해 보라고 권했다.

영성 지도사가 무엇인지 알지도 못한 채 나는 그녀를 만나러 갔다. 믿음의 경험을 깊게 하고 내 삶을 향한 하나님의 인도함을 받기 위해 개신교 전통으로서는 낯선 영성 지도 프로그램에 들어갔다. 그러나 지적 성향이 강한 나는 그 프로그램에 대해 매우 회의적이었다. 시작할 때부터 내가 그 경험을 좋아할는지 전혀 알 수가 없었다. 내 영성 지도사는 천주교인이었는데, 루터교인인 내가 천주교인에게 지도를 받는다는 것은 나를 낮추는 것이었다. 또한 나는 '지도'라는 단어에 움찔했다(어느 지도자가 지도를 받고 싶을까). 더군다나 그 여자분은 하루에 한 시간씩의 영적 훈련을 할 것을 요청했으며, '기도Prayer'와 같은 고루하고 불편한 단어를 사용했다.

내 믿음이 나의 모든 근사한 계획을 바꾸어놓는다는 의미에서 이제 나의 믿음은 내 삶을 망치고 있었다. 나는 열심히 일해왔으며, 세상의 기준으로 성공하기 위해 노력했다. 나는 사업이나 교회에서 성공했고, 그것이 내게는 매우 근사하게 보였으나 궁극적인 만족은 그러한 성공에서 찾을 수 없었다. 진정한 만족은 하나님께 순종할 때 찾아왔다. 나는 여전히 글을 쓰고, 연설하며, 가르치는 일을 귀하게 여기지만 그런 것들이 이전처럼 내 존재의 핵심이라고 생각하지는 않는다.

내 믿음을 깊게 한다는 것은 내 삶을 변화시키는 것을 의미했다. 내게는 다른 선택의 여지가 없었다. 이런 변화의 예로 영성 지도를 받던 첫해의 내 삶의 목표는 현명한 지도자가 되는 것이었다. 그 이듬해에는 현명해지는 것이었고, 셋째 해에는 아무 목표 없이 영혼의 어두운 밤을 경험했다. 그 다음 해에는 그저 필요로 하는 사람이 되는 것이었다. 다섯째 해 이후로는 단순히 사랑의 사람이 되는 것이 목표였다. 내가 하는 일이 많이 바뀐 것이 아니라 나 자신이 변화되었다. 일하는 방법도 바뀌었는데, 성취 지향적이고 진취적인 성격인 나에게 그것은 매우 획기적이며 계속 진행되는 기적이었다.

나는 영성 지도가 평생에 걸친 노력이라는 것을 믿는다. 매일의 기도 훈련이 나로 하여금 더 진지한 삶을 살도록 가르치고 있다. 나는 포기하는 것, 인도함을 받는 것, 용서하는 것, 사랑하는 것, 기다리는 것, 또 섬기는 것을 배우고 있다. 내 안에는 더 많은 평안과 즐거움, 기꺼이 근심거리에 대처하려는 마음과 나 자신을 직시하는 마음이 있고, 두려움이 줄어들었다. 영성 지도와 다른 상담을 통해 이전에는 인식조차 하지 못했던 영적, 정서적인 고통의 깊은 내적 치유가 이루어진 것을 느낀다. 영성 지도는 어린 시절의 종교적 오해를 의미 있는 현실로 바꾸어주었다. 나의 미래를 알 수 없지만, 그런 불확실함 가운데서도 평안할 수 있음을 배우고 있다. 나는 감옥에 수감된 여인들을 향한 특별한 개인적인 연결성과 사랑을 느낀다는 것을 안다. 또한 내가 글을 쓰고, 연설하며, 사람들의 이야기를 듣고, 노는 것을 좋아한다는 것도 안다. 나는 사랑이 무엇인지 조금씩 배워가고 있고, 내 인생의 이 시점에서 하나님께서 나를 빚으시도록 하나님께 내 자신을 맡긴다. 내게는 이것이 기념비적인 삶의 경험이다(내 이야기는 13장에서 계속된다).

밥의 여정

내 믿음의 여정은 대학 입학 이전, 대학 시절, 졸업 이후의 세 중요한 시기로 나누어진다. 도표를 그린다면 나의 믿음의 여정은 마치 물결 무늬의 연속을 이루다가 급작스러운 불규칙함과 뾰족한 높낮이를 보이는 심전도와 같아 보일 것이다.

1부: 대학 시절 이전 | 나는 경건한 기독교 가정의 네 자녀 가운데 맏이였다. 내가 한 살이 채 되기 전에 나의 부친은 사업체를 정리하고, 침례교 목사로서 목회를 하러 유명한 탄광 지대인 웨스트 버지니아 주의 찰스톤 남쪽으로 가셨다. 그 지역에는 맨손으로 독사를 집어들고 신유를 행하는 '광신자'들이나 산간 종교를 제외하고는 거의 교회가 없었다. 그들과 비교할 때 아버지의 목회는 급진적이고, 자유주의적이었다. 그러나 다른 모든 기준에서 나는 매우 보수적인, '성경을 믿고 가르치는' 교회와 가정에서 자라났다.

우리는 기독교인이 되는 데 개인적인 회심을 필수적인 것으로 여기는 전통적인 '회심주의자'였다. 어린 시절 기억에 나는 회심을 경험하기에 적합한 것들을 추구하고 행했다. 나는 '내 삶을 주께 드리는' 수많은 초청에 응했는데, 대체 그 모든 초청 가운데 어느 초청이 유효했던 것인지 잘 모르겠다. 기독교 가정에서 태어나서 자란 나는 안타깝게도 삶의 방식이나 감정에 있어서 극적인 회심의 경험을 겪어보지 못했다. 중학교 상급 학년 때 교회에 나가지 않는 친구들과 기독교 가정이라는 서로 어긋나는 두 가지 삶의 기준을 따라 살면서 문제에 부딪쳤다. 그 당시 나는 최선을 다해 하나님께 내 삶을 주관해주실 것을 다시 한번 기도했다.

자녀처럼 나도 어려서부터 믿음에 관한 정답을 배웠다. 다행히 우리 아버지는 논리 정연하고, 분명한 설교를 하시며, 말씀대로 사셨기 때문에 내 질문들은 잘 받아들여졌을 뿐만 아니라, 그 질문에 대한 설명을 들을 수 있었다. 또한 그 설명은 항상 성경적이었으므로 그 당시 많은 성경 구절과 성경의 이야기들을 배웠다.

내가 고등학교에 입학했을 때 아버지는 찰스톤 남부에 있는 교회의 초청에 응했다. 그것은 대도시로의 이사를 의미했다. 그곳에서 나는 우리 교회 중고등부, 또 도심 지역의 수많은 고등학교에 다니는 수백 명의 청소년들이 참석하는 기독교 청소년 단체의 리더로 활약했다. 우리는 매 주일 함께 모여 찬양, 간증 그리고 십대 청소년에 알맞는 설교를 들었다. 학교에서 성경 클럽을 만들기도 했는데, 성경 클럽의 규모는 학교의 모든 동아리 가운데 가장 컸다. 나는 학교와 청소년 단체에서 리더가 되었고, 가끔씩 설교도 했지만, 주로 찬양을 인도했다. 전국 찬양 인도 경연 대회에서 상을 받아서 고등학교 2학년 여름 방학을 청소년 팀과 함께 베네수엘라에서 보내기도 했다. 의심의 여지없이 고등학교 시절 나의 믿음과 봉사는 가장 강하고 대단했다.

2부: 대학 시절 | 나는 해외 선교를 준비하기 위해 기독교 대학에 입학했다. 여섯 살 때, 의료 선교사가 되기 위해 준비하던 젊은 의사에게 깊은 감명을 받은 적이 있으므로 나도 선교사가 되고자 했다. 베네수엘라에서 보낸 여름 방학은 선교사가 되고자 하는 갈망을 더 굳게 했고, 내가 하고 싶은 사역과 비슷한 일을 하다가 에콰도르에서 살해당한 네 명 가운데 한 사람의 미망인을 만난 것도 선교사가 되고자 하는 나의 뜻을 더 굳게 했다. 나는 문자가 없는 사람들을 위한 성경 번역을 준비하기 위해 헬라어를 전공하기로 했다.

대학 시절 나의 믿음의 여정은 세 가지 사건으로 요약된다. 첫 번째, 내 삶에 있어서 하나님의 임재를 진정으로 느끼고자 하는 갈망 때문에 나는 영적으로 성장하고, 하나님을 실제로 알고 경험하기 위한 엄격하고 훈련된 삶을 추구했다. 나의 믿음은 매우 이지적이고, 논리적이며, 드물게 감정적이었다. 나는 진리를 증거하는 데 신빙성이 없는 '경험'이나 '감정'을 신뢰하지 말라고 배웠다. 대학 시절은 영적 성장을 위한 수많은 종류의 영적 훈련을 실험한 시기였다. 사실상 그 시기의 가장 큰 유혹은 나쁜 일(우리 학교에는 수많은 구체적인 '금기 사항'이 있었다)을 안하는 것이 아니라 바른 일을 하는 것이었다. 나는 능력을 지니기 위하여 영적이길 원했고, 그렇게 함으로써 하나님과 친구들을 나에게 가까이 오게 할 수 있다고 확신했다. 그렇지만 아이러니컬하게도 내가 더 그렇게 할수록 나는 내 삶을 더 조정하려 했고, 나와 하나님과의 관계를 더 조작하려 했다. 악은 매우 매력적인 모습으로 변장한 채 흉한 머리를 쳐들었다.

두 번째, 영적 정상에 오르려는 삼 년 동안의 시도에 실패한 후 나는 종교 철학을 수강했다. 나는 이미 약해진 상태였으므로 이 과목은 나에게 수많은 의문을 가져다주었다. 나는 내 머리와 마음이 어긋난다고 느꼈다. 그래서 하나님을 믿는 데 필수적인 믿음을 가진다는 것이 너무 힘들게 느껴졌다. 나는 완전한 이성주의자가 되었으며, 인본주의 전통을 지닌 책들을 탐독했다. 기독교인으로서의 갈등을 단순히 현실을 발견하기 위한 분명치 않은 시도로 여겼다. "인간이 만물의 척도다." 나는 교회를 떠나 기독교의 모든 모양새를 다 버린 채 인본주의자가 되었으며 안도감을 느꼈다.

그 해의 마지막 종교철학 과목 종강 시간에 교수는 다른 대학의 인본주의 철학자를 초청하여 강의를 부탁했다. 나는 초청 교수의 기독교 신앙에 대한 비평과 인간의 조건에 대한 통찰력을 듣기 위해 큰 열망을 가지고 강의실로 달려 갔다. 그러나 그 교수의 비평은 실망스러웠고, 거북함마저 느껴졌다. 한 학우의 질문에 대한 그 교수의 답변은 더욱 실망스러웠다. 그때 나는 그 교수를 보면서, 조금이라도 의미 있는 삶을 살기 위해서는 내가 기독교인이 되고자 하는 데 필요한 믿음보다 더 큰 분량의 믿음이 필요하다는 것을 깨달았다. 인간은 기껏해야 '공원 벤치에 앉아 땀이 난 두 손을 마주 쥔 두 덩어리 진흙'이라는 그 교수의 견해는 나로 하여금 할 말을 잃게 했다.

나는 믿음을 되찾았으나 이전과 같지는 않았다. 나는 질문할 자유와 신앙의 형식, 상투적인 용어, 판에 박힌 듯한 대답을 탐색할 자유를 가졌고, 하나님께서는 나의 신앙의 초기에 생각했던 하나님과는 너무 다른 분이라는 것을 발견했다. 나의 질문에 대한 대답을 필요로 했으나, 이전에 요구하던 것과 같은 대답은 아니었다. 나는 '올바른' 대답이 반드시 더 중요한 것은 아닐 수도 있으며, 하나 이상의 올바른 대답이 있을 수도 있다는 가능성과 함께 불확실함을 가지고도 기꺼이 살 수 있게 되었다. 이전에는 얼버무리거나 눌러 왔던 질문들을 대면하고자 하는 갈망과 열린 마음으로 성경을 대했다. 이 질문은 의심의 이유가 아니었고, 나의 믿음의 한 부분이었다.

세 번째, 대학교 3학년 봄에 나는 선천적인 심장 질환을 검사받기 위해 병원에 갔다. 나는 출생 시부터 성인이 될 때까지 생존이 희박한 심장 결함을 가지고 있었으며, 성인이 될 때까지 살 수 있으리라는 가능성이 희박했다. 우리 부모님은 내게 솔직하게 말씀하셨고, 나를 과잉 보호하지 않으셨다. 아이러니컬하게도 내게 미래가 없다고 생각했음에도 그 당시 신체적인 거북함이 없었기 때문에 나는 점점 '괜찮을지도 모른다'는 마음을 지니고 대학 시절을 보내고 있었다. 병원에서는 여름 방학 동안 수술할 것을 권유했다.

수술 날짜가 정해졌고 내가 다니던 대학교 직원의 형제가 수술을 담당하기로 했다. 그는 심장 수술의 선구자요, 국내에서 유명한 심장 전문 의사였다. 내 수술이 최고의 의사 손에 맡겨진 것이었다. 그리고 내 젊음과 건강, 통계 수치는 수술의 성공을 예측하게 했다. 그럼에도 수술 전날 밤, 내가 다시 깨어날 수 있을지 확신할 수 없는 두려움과 초조함을 지닌 채 잠자리에 들었다. 잠자리에 들었을 때 나는 나의 생명이 정말 하나님의 손에 달려 있다는 것을 깨달았다. 그제서야 두려움이나 근심 대신 말로 설명할 수 없는 평안이 나를 둘러쌌다. 마침내 하나님의 실재를 마음 깊은 곳으로부터 느낄 수 있었다. 그것은 정말 '이해할 수 없는 평안'이었다.

3부: 대학 졸업 이후 │ 대학 4년 동안 겪었던 많은 극적인 믿음의 체험들이 나로 하여금 자유롭게 새로운 문제들을 추구할 수 있도록 했다. 나의 믿음 생활은 머리와 마음이 연합된 성실을 위한 끊임없는 추구였다. 시야를 넓혀준 고전 문학석사 학위와 신학교 학위를 받은 후에 나는 신약학 박사 과정을 마치기 위해 독일 대학으로 갔다. 교회의 모든 부족함에도 불구하고 교회를 통한 하나님의 세상에 대한 관심과 복음의 가치에 대하여 확신했기 때문에 신학생들을 가르치고 준비시키기 위해 다시 미국으로 돌아왔다. 학생들과 만나고 교회 일을 하면서 머리와 마음의 연합이 중요함을 깨닫게 되었고, 계속 그 연합을 추구하기 위해 노력했다. 머리가 동의하지 않는 것을 결코 마음으로 고백할 수 없었다. 머리와 마음 둘 가운데 하나를 택해야 하는 것이 아닌, 둘 다 중요한 것임을 알고 있었다.

수년 간의 신학교 교수 생활과 삼 년 간의 지역교회 목회 후에 다른 종류의 믿음의 위기에 처한 나를 발견했다. 16년여 간의 결혼 생활이 무너지고 있었다. 많은 사람들이 나의 위기가 이혼한 남자를 탐탁지 않게 여기는 주변 환경과 공동체로부터 온다고 생각했을 것이다. 그러나 내 경우 고통과 위기는 훨씬 더 깊었다. 그것은 복음의 핵심을 포함한 위기였다. 나는 하나님께서 예수님 안에서 우리 모두에게 회복과 치유, 용서, 새로운 삶, 새로운 시작을 허락하셨다고 믿었고, 그것을 가르치며 설교했다. 그런데 정작 내 자신의 결혼 생활에서는 그 효력이 없었던 것이다. 내가 정말 하나님을 필요로 했을 때 하나님께서는 어디 계셨던 것일까? 그때까지 믿고 '이해했던' 것들이 한계에 이르렀다. 나에게는 오직 한 길만 있었는데, 그 길이 답을 제시하지 못했던 것이다.

나는 하나님께 분노하고, 복음에 환멸을 느끼면서 학교를 사직하기 위해 신학교 총장에게 갔다. 종종 학생들과 학교 정책에 관해서 나와 다른 의견을 가졌던 총장은 나를 돌아보며 "밥, 사표를 받아들이지 않겠습니다. 우리는 당신이 필요하고, 당신은 우리가 필요해요"라고 말했다. 2년 전만 해도 이혼한 학생의 입학을 불허했으며, 재학 중 이혼하는 학생은 학업을 계속할 수 없도록 조치했던 신학교 총장의 말이었다. 동료 교수들은 나의 고통과 영혼의 번뇌를 감지하고, 나를 격려하며, 지지하고, 무엇보다도 내가 전혀 기도하고 싶지 않을 때 기도로 나를 지탱해주었다. 하나님께서는 내게 실재로 다가왔으며, 나에게 말씀하셨고, 동료들을 통하여 은혜를 내 삶의 일부분으로 만들어주셨다. 그 곳에서 나는 하나님의 사랑과 은혜를 보았다. 항상 '옳고' '의로우며' 다른 무엇보다 '영적'이고자 했던 나에게 이혼이라는 주홍 글씨는 은혜의 의미를 가르쳐주었다. 죄와 실패를 거의 알지 못했기 때문에 '회심'할 수 없었던 나는 하나님의 용납하시는 은혜를 경험한 후 나의 삶이 진정 하나님의 손 안에 있음을 발견했다.

최근 나는 항상 내 마음을 사로잡고 있으며, 잘 준비되고, 은사가 있다고 느꼈던 학문의 세계에서 지역 교회 목회 쪽으로 옮겼다. 나는 한 사람을 제외하고는 모두 반대한 동료들의 '충고'에도 불구하고 목회를 선택했으며, 대부분의 동료들은 아직도 내가 왜 그런 결정을 내렸는지 이해하지 못한다. 나는 특별히 목회를 하고자 원했던 것이 아니고, 또 목회를 추구하지도 않았다. 그래서 청빙위원회가 초기에 다른 사람을 더 유력시할 때 안도감을 느끼기도 했다. 무엇보다도 나의 관심과 소명감에서 볼 때 학교에서 가르치는 것이 더 이상적이었다. 그러나 교회의 청빙위원회가 다시 내게 교회에 부임할 것을 권했을 때, 목회의 길에 장애가 되던 모든 방해, 장벽, 고려되는 사항들이 사라져버렸다. 나는 다른 선택의 여지가 없음을 느꼈고, 가르치는 사역을 '떠난 것'이 아니라 가르치는 목사가 되기 위해 '갔다'.

이 책이 출간되는 과정에서 나는 다시 학교로 돌아오라는 초청을 수락했다. 콜로니얼Colonial 교회에서의 목회 사역으로 바쁜 기간 동안 나의 유일한 걱정은 내가 다시 신학교의 교수로 돌아갈 수 있을까 하는 것이었다. 백인 중년 남자로서 내가 가졌던 신약 연구에 대한 관심은 쉽게 사라지지 않았다. 하나님께 미래를 맡기고, 교회가 제공하는 기회에 기대감으로 부풀어 새로운 사역의 해로 접어들었을 때였다. 마침내 남가주 패사디나에 있는 풀러 신학교에서 교수로 오라는 초청이 왔다.

아직도 나는 때때로 나 자신이 여전히 길을 만들고, 조절하며, 미래를 만들어내려고 노력하는 것을 발견한다. 나의 삶과 미래 가운데 '하나님께서 하나님 되시도록 하는 것'이 급선무다. 그리고 무엇보다도 나의 임무는 다른 사람들을 향해 항상 열려 있어 그들의 믿음의 여정중 그들을 돕는 사역을 하는 것이다.

우리는 당신이 이 시점에서 잠시 멈추고 당신 자신의 믿음의 여정을 돌아보기를 원한다. 스물한 살 이전과 이후에 있었던 종교적, 영적 경험 가운데 가장 중요한 두세 가지 경험들을 되살려보라. 모든 사람의 이야기가 다 다르다. 우리는 모든 이야기를 듣기 원한다. 당신 이야기는 당신 특유의 이야기로서 중요한 여정을 더 이해할 수 있는 출발점이 된다.

The Critical
Journey

3장

1단계:
하나님에 대한 인식

"나는 지구상의 어느 곳보다 정원에 있을 때 하나님을 더욱 가까이 느낀다."

"내가 하나님을 처음 경험한 것은 내 형제가 위암으로부터 기적적으로 회복된 날이었다. 정말 그것은 기적이었다."

"나는 산 위에 서서 눈 덮인 다른 산봉우리와 그 밑으로 펼쳐진 자줏빛 골짜기 그리고 푸르른 하늘을 바라보며, 하나님의 실재하심을 너무 크게 느꼈다. 그래서 창조주 하나님을 믿지 못하는 사람이 있으리라고 생각할 수 없었다."

엄마: "얘야, 염증이 사라져서 너무 기쁘구나. 네 곰 인형을 꼭 안고 있었니?"
네 살짜리 아이: "아니오, 예수님을 꼭 안고 있었어요!"

"약 10년 전에 나는 내 삶을 주님께 드렸다. 서부에서 동료와 함께 사업할 때, 심한 압박감과 스트레스 속에서도 항상 즐거워하며 사랑스럽던 그녀의 태도에 나는 놀랐다. 어느 날 그녀에게 어떻게 항상 그렇게 즐거운 마음으로 사람들을 돌볼 수 있는지 그 비결을 물었다. 그녀는 예수님 때문에 자신이 달라졌으며, 어떻게 하면 예수님을 내 삶에 영접할 수 있는지 말해주었다. 나는 그날 거듭 태어났으며, 그 이후로 나의 삶은 달라졌다."

"나는 약물 중독 치료를 받으면서 나를 능가하는 힘이 존재하며, 내가 매일 도움을 필요로 한다는 것을 알았다. 알코올 중독 회복 프로그램(AA: Alcoholics Anonymous는 술 중독에서 회복되기 위한 모임으로 12단계 프로그램이 있다 – 역주)은 영성에 대한 경험이었다."

"내가 우주에서 지구를 보았을 때 나는 하나님께서 계시다는 것과 내가 그분을 섬겨야 한다는 것을 그 즉시 깨달았다."

"나는 어릴 때 한 번도 교회에 가본 적이 없었다. 그러나 우리 할머니께서 나를 믿음으로 양육하셨다. 할머니께서는 하나님께서 나를 얼마나 사랑하시며 내게 선한 일이 있기를 원하시는지 말씀해주셨다. 나는 할머니께서 내게 하나님을 보여주셨다고 생각한다."

"갓 태어난 내 아들을 병원 분만실에서 데리고 나오는 것을 보았을 때, 나는 의심의 그림자를 넘어 이 세상에 나와 아내보다 훨씬 위대한 어떤 존재가 있다는 것을 알았다."

제1단계, '하나님에 대한 인식'은 우리 모두가 믿음의 여정을 시작하는 곳이다. 우리는 어린 시기에 1단계를 경험할 수도 있고, 성인이 된 후 보이지 않는 곳에 계신 그분의 실재나 존재를 처음 인식할 수도 있다. 대부분의 사람들은 나이에 상관없이 어린아이와 같은 방법으로 믿음의 여정을 시작한다. 우리들 대부분 다시는 그런 생생함과 생동감을 못 느낄 정도의 순수함과 신선함으로 1단계를 시작한다.

　사랑에 빠질 때나 새로운 친구를 만날 때의 처음 느낌을 생각해보라. 두 사람 사이의 관계에 정신이 없어서 우리는 상대방의 부정적인 면을 전혀 보지 않는다. 우리는 행복해하며, 어쩌면 조금 바보스럽기도 하고, 잠도 못 이루며, 상대방을 보고 싶어서 안달을 한다. 너무나 좋은 시기이므로 이후에도 자꾸만 이 시절로 돌아가고 싶어한다. 어떤 사람들은 하나님을 처음 만났을 때도 마치 전혀 기대하지 않던 선물이나 좋은 새 친구를 발견했을 때처럼 흥분한다. 또 어떤 사람들은 하나님과의 만남을 구체적이고, 증거할 수 있으며, 정확한 날짜까지도 기억할 수 있는 최고의 사건으로 경험한다.

반면에 또 다른 사람들은 마치 친구 관계가 자연스럽게 연인 관계로 발전하듯이 하나님과의 특별한 관계도 그렇게 점차 발전하므로 언제 어디서 하나님을 인식하게 되었는지 확실하지가 않다.

이 초기 단계에서의 믿음의 경험은 하나님을 발견하고 인식하는 것으로서 우리 삶 가운데 하나님의 실재를 인정하는 것이다. 하나님을 인식하는 것은 매우 단순하지만 항상 쉬운 행위는 아니다. 하나님을 인식하기 위해서 연구하거나 미리 갖추어야 할 조건은 없다. 종종 하나님을 인식하는 것은 매우 자연스럽게 일어난다. 우리는 단순히 하나님께서 계시다는 것을 안다. 때로는 하나님을 인식하는 것이 매우 의식적인 행위일 수 있는데, 그것은 성인이 되어서 믿음의 여정을 시작하는 경우의 특징이다. 믿음의 여정을 시작하는 데에는 여러 방법이 있고, 1단계에 머무르는 데에도 다양한 방법이 있다. 이제 그것들에 대해 구체적으로 살펴보자.

1단계의 특성

사람들은 1단계를 매우 다른 두 가지 가운데 한 방법으로 시작한다. 어떤 사람들은 경외감을 통해서, 또 다른 사람들은 필요에 의해서 1단계를 시작한다. 다른 특성들은 이 두 가지 주요 특성의 연장이다. 주요 특성들을 알아보자.

경외감

어떤 경로로 영적 여정을 시작하는가에 상관없이 경외감은 그 기간의 어느 시기든지 기초가 되는 경우가 많다. 경외감은 우리 자신보다 훨씬 큰, 사실상 우리 삶 자체보다 더 큰 어떤 사람이나 어떤 대상에 의해 감명을 받는 것이다. 경외감은 우리 속에 존재하는 어린아이 같은 성품으로서 어떤 사람이나 어떤 대상에 의해 놀라는 것이다. 경외감은 기쁘고, 사랑스러운 특성이 있으며, 너무 단순하고, 의문이 없으며, 실재적이기 때문에 매우 편안한 상태다. 경외감은 삶에 지치고, 고통이나 위협으로 근심이 쌓일 때 부모의 사랑스러운 팔에 안긴 것처럼 안전하고 안정된 느낌이다.

예를 들면, 처음으로 진실하고 무조건적인 사랑을 경험한 사람의 얼굴에서 경외감을 볼 수 있다. 눈물과 미소가 동시에 나타나는 것이다. 다음 장면을 생각해보라.

여자 감옥에서 무조건적인 사랑에 대한 영적 수련회가 주말에 열렸다. 사람들은 서로 포옹했고, 기쁨과 고통의 깊은 나눔이 있었다. 선물이 주어졌고, 기도가 흘러나왔다. 어머니를 잃은 여인의 슬픔과 딸의 질병에 대한 다른 여인의 근심을 함께 나눴다. 며칠간을 함께 지낸 후 마지막 날 한 여인이 서서 눈물을 글썽이며 말했다. "하나님께서는 나를 사랑하십니다. 당신도 나를 사랑하고요. 이전에는 아무도 나를 사랑한 적이 없었어요."

어린이들은 어른보다 더 경외감을 통해 하나님을 인식하는 것 같다. 그러나 어린이든지 어른이든지 간에 삶 가운데 하나님을 하나님으로 인식할 때, 우리는 우리보다 큰 어느 분이 우리를 진정으로 사랑한다는 것을 인정하게 된다. 우리는 다른 사람들을 통해서 하나님의 사랑을 여러 방법으로 경험할 수도 있다. 우리가 외롭고 거부당한 것같이 느낄 때 우리를 돌봐준 사람, 우리가 실망시킴에도 불구하고 우리에게 최선을 바라는 사람, 우리가 실수할 때도 우리를 사랑하고 용서해주는 사람을 통해서 우리는 하나님의 사랑을 경험할 수 있다. 우리의 반응은 경외심, 복종, 개인적 삶 가운데 하나님의 존재와 실재를 받아들이는 것으로 나타난다.

하나님의 경이로움을 경험하는 좋은 방법은 갓난아이의 출생, 암으로부터의 치유, 위기를 만난 사업의 회복, 약물 중독의 성공적 치료, 폭풍 속에서의 구명, 이혼 직전에 처한 가정의 회복 등의 기적을 체험하는 것이다. 이런 모든 사건들은 그 사건 뒤에 계신 능력의 하나님에 대한 경외심을 불러일으키고, 우리로 하여금 하나님의 경이로움을 마주 대하며 믿음의 여정을 시작하게 하는 결정적 요인이 될 수 있다.

우리는 1단계를 설명하는 수많은 예를 성경에서 찾아볼 수 있다. 잠언은 하나님을 경외하는 삶에 대한 격언의 모음이다. 잠언서는 상식과 경험, 진정한 지혜에 기초해서 삶의 원리를 제공한다. 그러나 잠언서의 모든 현명한 충고는 '여호와를 두려워하는 것이 모든 지식의 근본'(잠 1:7)이라는 구절에서 시작된다. 진정한 지혜는 진지하게 하나님을 하나님으로 받아들이는 것이다.

구약은 아브라함, 모세, 사라, 한나, 이사야와 같은 하나님의 임재를 경험한 많은 사람들이 하나님을 경외했음을 보여준다. 특히 선지자 이사야가 소명을 받았을 때 본 이상이 전형적인 것이다. 하나님에 대한 그의 이상은 엄청난 자신의 부족함을 깨닫게 했다. 이사야는 "화로다 나여 망하게 되었도다 나는 입술이 부정한 사람이요 입술이 부정한 백성 중에 거하면서 만군의 여호와이신 왕을 뵈었음이로다"(사 6:5)라고 말한다. 또한 여러 편의 시편에서도 비슷한 하나님의 위대하심과 선하심, 능력과 존재를 "여호와는 광대하시니 우리 하나님의 성, 거룩한 산에서 극진히 찬송하리로다"(시 48:1)와 같이 표현한다.

도움의 필요

어른으로서 믿음의 여정에 들어설 때 우리는 종종 어떤 불편함을 해결하고자 하는 갈망에서 여정을 시작한다. 그 불편함은 이혼, 질병, 실직, 투옥, 비탄, 의존, 유기, 외로움과 같은 개인적인 아픔이나 삶의 의미와 관련된 문제들이다. 혼자서 고통을 겪으면서 우리는 사랑받지 못하고, 쓸모없는 사람처럼 느낀다. 이런 도움이 필요한 시기에 하나님께서 실재하시는 분으로 느낄 때 우리는 우리를 위로하고, 사랑하며, 돌보고, 계속 삶을 지탱하도록 격려하시는 분을 발견한다.

영화 '미션The Mission'의 한 장면을 기억해보라. 노예 상인이던 사람이 홧김에 자기 형제를 죽이고 자책감과 죄의식으로 깊은 우울증에 빠진다. 그는 신부를 찾아갔지만 용서받기를 거절한다. 신부는 그에게 속죄를 위한 참회를 베풀었는데, 그것은 등 뒤에 무거운 짐을 지고 거대한 폭포를 기어올라 옆 마을로 가는 일이었다. 그는 신부와 함께 험하고 아슬아슬한 길을 기진맥진하도록 기어오른 끝에 마침내 폭포 꼭대기에 다다랐다. 그곳에서 그들은 노예 상인에게 납치당해서 노예로 팔린 마을 사람들의 친척들로부터 반가운 환영을 받았다. 그 가운데 한 젊은이가 한때 두려워하며 증오하던 이 노예 상인을 알아보았다. 젊은이는 그의 앞으로 다가와서 등에 멘 무거운 짐의 끈을 정중하게 잘라주었다. 노예 상인은 울며 주저앉았다. 안도감과 그의 적이 베푼 용서가 마음 깊이 넘쳐흘렀다.

이 영화에 나오는 노예 상인처럼 우리도 자신을 괴롭히는 깊은 죄의식 가운데 하나님을 만날지도 모른다. 죄의식은 우리 각자를 너무 쇠약하게 하기 때문에 생산적일 수 없다. 하나님을 만남으로써 우리는 죄의식으로 시달린 영혼 가운데 하나님의 용서가 젖어들게 하고, 하나님의 용납하심에서 오는 정결케 함을 참된 선물로 받아들인다. 우리 가운데 어떤 사람들은 어떤 면에서 상처를 받았거나, 개인적인 필요가 있을 때에만 영성을 고려할 것이다. 성공하고 있다고 느끼거나 새로운 도전을 받을 때, 많은 사람들이 자신의 삶을 인도하고 치유하며 사랑하시는 하나님을 필요로 하지 않는다. 우리의 외면적인 삶이 아주 잘 흘러갈 때는 내면의 필요에 눈이 머는 것이다.

삶에서 경험하는 진정한 거부감이 우리를 하나님께로 데려간다. 그 거부감은 사랑하는 사람, 가족, 국가 혹은 민족으로부터 올 수 있다. 이 때 우리는 우리 자신이 무가치함으로 단순히 삶의 가치가 없다고 느낀다. 때로는 비참하게도 교회나 영적인 단체로부터 이 거부감을 느낄 수도 있다. 그런 경우는 영적인 위기에 처하면서도 도움을 구할 '영적 기지'가 없기 때문에 가장 버티기 힘든 거부감이다. 결과적으로 어떤 사람들은 이 필요를 채우기 위해 교회에 나가지 않거나, 비종교적인 사람들에게 도움을 구한다.

절실한 필요에 의해서 하나님을 만날 때 우리는 대부분 하나님께로부터 사랑받고 용납된 존재라는 것을 진심으로 받아들이기 때문에 마치 다시 한 번의 새로운 삶이 주어진 것처럼 느낀다. 권리를 박탈당한 사람, 학대 받는 사람, 가난에 시달리는 사람, 고질병을 앓고 있는 사람, 약물 중독에 걸린 사람, 이혼한 사람, 버림 받은 수많은 사람들이 심한 절망감을 느낀다. 그러나 감당할 수 없는 하나님의 사랑을 경험함으로써 삶이 회복된다. 알코올 중독자 프로그램에서 회복을 위한 첫 단계는 자신의 무력함을 깨닫고, 크신 존재의 도움의 필요를 인정하는 것이다.

시편 23편의 "여호와는 나의 목자시니 내가 부족함이 없으리로다"라는 구절만큼 하나님에 대한 우리의 의존을 알맞고 아름답게 표현한 말은 없다. 복음서에도 절망 속에서 예수님께 도움을 청한 많은 사람들의 이야기가 나온다. 스스로 통제할 수 없고, 다른 아무 도움을 받을 수 없을 때 그들은 자신의 고통을 덜기 위해 주님께 향했다. 예를 들면, 마가복음 1장 40-45절의 문둥병자는 '정결케 됨'을 원해 예수님께 나아왔다. 문둥병자의 요청은 그의 병으로 인한 고통스러운 장애뿐 아니라 친구, 가족 그리고 하나님으로부터 분리될 수밖에 없었던 사회적, 종교적 오명을 반영한다. 열두 해 동안 혈루병을 앓아온 여인은 의원을 찾았고, 고칠 수 없는 병의 치유를 위해 자신의 전 재산을 다 탕진했다. 그녀가 낫고자 하는 마지막 희망으로 무리를 뚫고 예수님의 옷을 만지는 부끄러움을 감행했을 때, 예수님께서는 그녀의 '믿음'이 그녀를 온전하게 했다고 말씀하셨다(마 5:25-34).

자연스러운 깨달음

이 단계의 어떤 사람들은 먼저 감각을 통해 하나님을 확신하고 온전하게 경험한다. 그들은 하나님에 대해 이성적으로 생각하지 않는다. 도리어 단순하게 하나님의 임재를 경험한다. 서늘한 여름 호숫가에서 떠오르는 해를 보면서 하나님을 보고, 갓난아기의 울음소리와 옹알이를 통해 하나님의 음성을 듣는다. 이른 봄의 꽃향기에서 하나님을 맡는다. 어떤 사람들은 예배드릴 때 촛불의 열기로 따뜻해진 제단용 부드러운 벨벳에서 하나님의 임재를 느끼며, 또 어떤 사람들은 창작 활동의 과정 속에서 하나님을 느낀다. 다른 말로 표현하자면, 우리가 하나님의 임재를 경험하는 것은 이성적인 통로를 통해서가 아니라 주로 다양한 감각을 사용한 경험적인 통로를 통해서다.

종종 우리는 자연을 통해 영적 여정을 시작한다. 때로 우리는 처음 하나님을 만난 구체적 시간, 장소, 환경을 기억할 수 없기 때문에 정말 영적 여정을 시작한 것인지 의아해한다. 우리는 초자연적인 방법보다는 오히려 자연 안에서 하나님을 경험한다. 자연을 통해서 진정한 의미의 경외감을 느끼지만, 어떤 위기나 경이적인 경험은 하지 않을 수도 있다. 세차게 흐르는 시냇물이 우리에게 활기를 주고, 바닷가의 파도와 미풍이 우리에게 쉼을 주며, 숲 속의 하이킹이 우리 마음을 맑게 해주고, 통나무에 불을 지피는 것이 우리에게 영감을 주며, 태양의 따뜻함이 우리 마음을 달래준다. 우리는 이런 느낌들이 어디서 유래되는지 알 수 없지만 자연에서 오는 것으로 생각하기 때문에 자주 자연을 접하기를 갈망한다. 아니면 우리가 자연을 통해 하나님을 만나며, 이런 방법으로 하나님을 경험하기를 갈망하는 것인지도 모른다.

자연을 통해 하나님의 임재를 느끼는 사람들은 그저 자연 속에 있는 것만으로 어린아이 같은 단순한 모습이 나오는 것을 안다. 우리는 만족을 누리고, 걱정을 하지 않으며, 억눌리지 않은 참다운 자신의 모습을 발견한다. 우리는 창조주와 하나 된 느낌과 만족감을 가진 채 숲 속과 호숫가에 있고 싶고, 산에 오르거나 새를 바라보고 싶은 갈망을 경험한다. 우리가 그런 느낌을 가질 수 있는 곳은 자연 이외에 그 어느 곳에도 없다. 자연을 경험함으로써 우리의 본성이 나타나는 것이다.

우리가 영적이라고 생각하지 않은 채 지나치기 쉬운 경험은 우리의 창조력이다. 그림이나 시, 연극, 무용, 미술, 소설, 뜨개질, 맛있는 음식, 스스로 디자인한 작품이나 물품, 또는 연설을 위한 영감은 하나님으로부터 올 수 있다. 이 모든 창조적인 과정은 하나님에 의해서 인도될 수 있으며, 작품이나 과정의 스타일이나 의미가 바뀔 수도 있다. 단, 창조성조차도 하나님께 맡기고 단순히 포기함으로써 더 풍부해질 수 있다.

시편 기자는 이러한 깨달음을 표현하며 모든 피조물, 즉 별들, 하늘, 바다, 불, 우박, 눈, 안개, 산, 작은 산, 나무들, 새와 짐승이 하나님을 찬양하는 것을 기술하고 있다(시 148편). 예수님께서도 하나님께서 모든 피조물 안에 내재하시며 필요를 공급해주심을 설명하기 위해 '들의 백합화'와 '공중의 새'를 예로 들어 말씀하셨다(마 6:26-30). 사도 바울은 로마의 그리스도인들에게 보낸 편지에서, 하나님에 대해 들어본 적이 없는 자에게조차도 하나님의 인격과 권능이 자연을 통해 나타낸 바 된 것을 상기시키고 있다. "창세로부터 그의 보이지 아니하는 것들 곧 그의 영원하신 능력과 신성이 그 만드신 만물에 분명히 보여 알게 되나니 그러므로 저희가 핑계치 못할지니라"(롬 1:20).

인생의 더 큰 의미

어떤 사람들은 삶의 더 깊은 곳을 향해 나아가고, 표면적이며 피상적인 것 이상을 간파하려는 갈망의 성취로써 이 단계를 경험한다. 우리는 현재 경험하는 것보다 더 의미 있는 것을 추구한다. 많은 사람들이 '믿음'을 경험한 적이 없으므로 단순히 삶을 더 열정적으로 살고자 한다. 그 무엇인가가 있다는 것을 알지만 그것이 무엇인지, 또 어떻게 발견할 것인지 구체적인 계획이 없다. 주로 친구들이 종교적 혹은 믿음의 사건이라고 말하지 않은 채 우리에게 '영적'인 경험을 소개하는 경우가 있다. 그 회오리바람 같은 경험을 딱히 무어라 지칭할 수는 없지만 그들은 자신들이 무언가를 경험했다는 것을 안다.

예를 들면, 직장에서의 위기의 해결이나 상담 요법에서의 심리적 해결 등이 그런 반응을 불러일으킬 수 있다. 우리는 여정의 후반부에 접어들어서 뒤를 돌아보고 우리 삶에 역사하신 하나님의 손길을 보기 전까지는 이런 경험들을 믿음의 경험으로 이름 짓거나 하나님을 하나님으로 인식하지 못할 수 있다.

삭개오 이야기(눅 19:1-10)는 성경에서 돈을 많이 번 사람의 예를 제공한다. 삭개오는 세금 착취로 성공을 한다. 그러나 그는 예수님과 그분의 사역에 대한 소문에 호기심을 갖게 된다. 호기심이 절정에 달하자 그는 예수님께서 마을에 오셨을 때 예수님을 더 잘 보기 위해 나무 위로 기어 올라갔다. 놀랍게도 예수님께서는 삭개오를 부르시어 그의 집에서 저녁을 함께하겠다고 하셨다. 그는 갑자기 자신이 살아온 삶의 방식이 너무 잘못된 것을 깨닫고, 삶의 새로운 방향을 찾았으며, 자신이 횡령한 것은 이자까지도 상환하겠다는 약속을 한다. 예수님께서는 "오늘 구원이 이 집에 이르렀다"(눅 19:9)라고 선포하셨다.

순진함

믿음의 여정중 1단계에서는 하나님과 연관된 것은 무엇이든지 받아들인다. 하나님에 대해 매우 경외감을 느끼며, 우리의 믿음 자체가 기적이라는 사실을 인정하기 때문에 우리가 어디에 있든지 이 무조건적인 용납 가운데 살고 싶어한다. 우리는 종종 세계가 다 하나님의 손안에 있고, 모든 사람이 기회가 주어지면 다른 사람들을 사랑할 것이라고 믿는다. 어린아이 같은 믿음은 "하나님께서 나를 받아주시고 용서하셨어요. 당신도 그럴 수 있겠지요?"라고 말한다. 우리의 삶이 하나님을 따르는 모든 사람에게 평화와 일치를 약속하는 하나님의 온전하신 뜻에 의해 이루어진다고 믿는다. 하나님과의 관계에 감격해서 격려와 친절로 다른 사람의 최선을 가져오려고 노력한다. 사람들, 특히 우리와 함께 믿음을 나눈 사람들을 전적으로 신뢰한다. 좀처럼 그들을 의심하지 않으며, 다른 사람에게 존재하는 악을 전혀 알아채지 못한다. 우리는 성실하며 사랑스럽다.

이 단계의 새로운 신뢰감은 우리가 익히 알고 있는 성경 이야기인 다윗과 골리앗 이야기에 잘 나타난다. 골리앗이 이스라엘 군대를 공포에 질리게 할 때 어린 다윗은 아무도 나서지 않는 것을 믿을 수 없어서 이렇게 묻는다. "이 할례 없는 블레셋 사람이 누구관대 사시는 하나님의 군대를 모욕하겠느냐" (삼상 17:26). 사울 왕이 다윗의 주제 넘는 말에 대해 묻자 그는 "그를 인하여 사람이 낙담하지 말 것이라 주의 종이 가서 저 블레셋 사람과 싸우리이다"(삼상 17:32)라고 대답한다. 다윗은 골리앗과 접전했을 때 하나님의 도우심에 대한 온전한 믿음을 이렇게 표현했다. "너는 칼과 단창으로 내게 오거니와 나는 만군의 여호와의 이름 곧 네가 모욕하는 이스라엘 군대의 하나님의 이름으로 네게 가노라 오늘 여호와께서 너를 내 손에 붙이시리니"(삼상 17:45-46).

예수님의 사역 가운데 우리의 마음을 움직이는 한 장면인 누가복음 18장 14-17절에 보면, 예수님께서 자신에게 '예수의 만져주심을 바라고 자기 어린 아기를 데리고' 온 부모들을 막은 제자들을 어떻게 꾸짖으셨는지 알 수 있다. 예수님께서는 어린아이들을 불러 가리키며 "하나님의 나라가 이런 자의 것이니라"고 말씀하시면서 제자들에게 "누구든지 하나님의 나라를 어린아이와 같이 받들지 않는 자는 결단코 들어가지 못하리라"고 하셨다(눅 18:16-17).

1단계 여정의 실례들

자넷[Janet] | 나는 어린 시절, 주일학교에서 하나님을 처음 경험했으며, 경외감을 통해서라기보다는 도움이 필요한 측면에서 더 하나님을 배웠다. 하나님께서는 보좌에 앉아 계신 머리카락이 하얀 할아버지로서 주로 나의 순종을 원하시는 분으로 묘사되었다. 나는 용서가 필요한 죄인이었다. 물론 하나님의 사랑도 언급되었으며 나는 많은 사람들, 특별히 어머니를 통해서 하나님의 사랑을 여러 면으로 경험했다. 그러나 세 살에서 다섯 살 사이의 하나님의 인상과 이미지는 권위적인 아버지로 남아 있다. 나는 하나님을 존중하도록 교육 받았으나, 하나님에 대한 친밀감은 거의 없었다. 이런 필요에 기초한 관계가 바로 어린 시절 맺었던 하나님과의 관계의 특징이었는데, 초등학교 시절까지 1단계가 내 거주지였다.

그 이후 나는 삶에서 절실한 도움이 필요했던 두 번의 경우에 1단계로 돌아갔다. 첫 번째는 어머니가 돌아가셨을 때였는데, 그때 나는 스물두 살이었고 불가지론자였다. 위기 속에서 나는 어린 시절의 믿음으로 되돌아갈 수 없다는 것을 알았다. 그리고는 심리학을 통해 하나님을 찾고자 많은 시간을 보냈다. 나는 믿음에 관한 필요를 많이 느끼고 있었지만 '종교'라고 부르는 믿음을 원하지는 않았다. 그러자 하나님께서는 심리학을 통해서 내게 나타나셨다. 정신적으로 건강한 사람이 되도록 도와준 상담 훈련은 큰 도움이 필요하던 때 나의 삶 가운데 역사하신 하나님의 도움이었다. 두 번째로 도움이 절실하게 필요했던 때는 이혼 후였다. 나는 다시 한번 삶이 무의미하다고 느꼈다. 나는 도움이 필요했으며, 다시 한번 하나님을 향했는데, 이번에는 독서, 명상, 단순한 기도를 통해서였다. 나는 너무 외로웠으며, 오직 하나님만이 내 곁에 함께하기를 원하신다고 느꼈다. 친구들은 내 삶을 향한 하나님의 사랑스러운 임재였다. 또한 우연히 나를 용납해주고,

구성원으로 받아주며 사랑해주는 믿음의 공동체도 찾았다. 그곳에서 나는 마치 집에 온 것 같은 느낌을 받았고, 내가 사람들에게 받아들여지기 위해 어떤 규정에 맞출 필요가 없다는 것을 느꼈다. 그것은 내게 맞는 믿음의 공동체에 속한 첫 경험이었다.

나는 지금도 정기적으로 1단계를 경험한다. 내 삶의 여러 부분에 임하시는 하나님의 손길을 볼 때 하나님을 향한 경외감과 사랑을 느낀다. 조용히 명상할 때, 집 밖에 앉아 지저귀는 새 소리를 들을 때, 또는 글을 쓸 때 하나님을 체험한다. 한편으로는 바쁜 하루 일과 속에서 사람들과의 대화 가운데 더 많이 하나님을 체험하는 경이로움을 느낀다.

인내심이 부족한 나는 종종 사람들이 나에 대해 잘 참아줄 때 경이로움을 느낀다. 또한 가족과 친구들이 나의 별난 점들을 받아줄 때 경이로움을 느낀다. 주변에서 만나는 삶의 유머들에 잘 감격하며, 이전보다 훨씬 더 많이 웃는다. 지금도 다시 1단계를 경험할 때면 보통 그 어느 때보다 어린아이로 돌아가는 느낌이다.

알렌Allen | 나는 건축가로서 많은 집을 건축했고, 서류상으로는 어느 정도 부도 축적했다. 그러나 이자율이 22%로 올랐을 때 나는 모든 것을 잃었다(사업 자본의 대부분을 은행 융자에 의존했기 때문에 – 역주). 사업상의 어려움과 과거의 다른 문제들로 인해 나는 이혼했고, 정말 상처를 받았다. 그나마 사업 면에서는 주택 건축가, 개인, 주택 개조가 들을 대상으로 한 인테리어 전시장을 다시 차릴 수 있었다. 그런데 새로 차린 이 사업이 그런 대로 잘 되어 가고 있을 때, 갑자기 가장 큰 고객이 파산했다.

나는 다시 밑바닥으로 내려갔으며 이번에는 상황이 처음보다 더 악화되었다. 내게는 그들이 파산하기 직전에 써준 수천 만 원 상당의 수표가 있었다. 나는 그 돈으로 직원들과 물품업자들에게 급여와 대금을 지불하고, 나머지는 내 은행 계좌에 넣어두었는데 그것이 부도가 났다. 그들이 써준 수표는 이미 부도가 난 것이었다. 미처 그 사실을 알지 못한 채 그 수표를 입금시킨 나는 사기죄로 검찰에 기소당했다. 얼마 후에 내가 감옥에 가야 된다는 것을 알았고, 나는 절망했다.

나는 수년 동안 함께 사업을 해온 짐 파머^{Jim Farmer}의 사무실을 방문해서 그동안 고마웠다는 인사를 했다. 헤어질 때 내 인생의 모든 것을 마감하려 한다는 짧은 편지를 써서 그의 책상 위에 놓고 나왔다. 짐은 내게 문제가 있으며, 무엇인가 잘못되고 있다는 것을 알아챘다. 그때는 몰랐지만 나도 그 당시 속으로 도와 달라고 소리를 지르고 있었던 것 같다. 내가 사무실 문을 나설 때 짐은 그 편지를 손에 쥔 채 급하게 따라 나와 나를 붙잡아 다시 사무실 의자에 앉혔다. 우리는 왜 자살하면 안 되는지에 대해 오랜 시간 대화를 나눴고, 대화 끝에 짐은 "알렌, 자네는 도움이 필요하네. 누군가와 대화를 해야 할 것 같아. 우리 교회에 전화를 하겠네"라고 말했다.

짐은 헬렌^{Helen}에게 연락했고, 그 둘은 한 시 반에 나와 만나기로 했다. 헬렌은 나와 잠시 동안 얘기를 나눈 후, "랄프^{Ralph}를 데려왔으면 싶네요"라고 말하더니 그를 부르러 갔다. 하나님께서는 참 이상하게 역사하신다. 랄프는 원래 두 시 반에 다른 약속이 있었다. 그러나 내가 그 사무실에 들어가던 시각인 한 시 반에 전화가 와서 그 약속이 취소되었다고 한다. 랄프와 우리는 여섯 시경까지 함께 얘기했다. 그는 하나님께서는 쓸모없는 인간은 만들지 않으셨으며, 자살은 삶의 도피일 뿐임을 지적해주었다. 가족이 어떻게 되든지 상관없이 자살해버린다면 그들은 수년간 고통을 받을 것이다. 그것이 정말 공평한 것인가? 랄프와 헬렌은 내가 하나님께서 주신 재능을 소유하고 있기에 만약 죽는다면 그 재능은 낭비되는 것이라고 말하며, 내가 감옥에 있을 동안에라도 곁에서 기꺼이 도와주겠다고 했다. 그리고 내가 출옥할 때까지 나를 기다리겠다고 했다.

그래서 나는 감옥에 가는 길이 내가 해야 할 일이라고 결정했다. 감옥에 있는 동안 나는 상담을 받았으며, 형무소 담당 목사님을 알게 되었다. 우리는 성격이 잘 맞아서 서로 친해졌다. 그는 감옥에서 드리는 예배 때 무엇인가 할 일이 생기면 주로 나를 불렀고, 우리는 서로 자주 방문하곤 했다.

또한 감옥에 있는 동안, 헬렌과 랄프가 다니는 교회의 성도들이 한 달에 한 번씩 찾아왔다. 랄프는 내가 투옥된 직후 면회 와서 성경책을 주고 갔다. 이렇게 많은 사람들의 도움으로 나는 자신을 잘 지탱할 수 있었다.

나는 노동절에 출옥했다. 예배 시간을 잘못 알고 주일 아침에 차를 몰아 '나의 교회'에 갔다. 하지만 이미 예배가 끝난 후였다. 교회 건물에서 걸어나오던 랄프가 먼저 나를 발견하고는 헬렌에게 "누가 왔는지 봐요!" 하고 크게 소리쳤다. 그때가 바로 내 삶의 진정한 변화가 시작되는 순간이었다.

새장에 갇힘

무가치함

하나님과 다른 사람들을 생각할 때 사랑과 경외감을 느끼는 대신, 우리가 도달할 수 없는 수준의 것을 끊임없이 요구받는다고 느낄 때 우리는 새장에 갇히게 된다. 우리는 다른 사람들을 실망시켰거나 실망시킬 것이라는 생각에 사로잡힌다. 스스로를 무가치하게 느끼며, 다른 사람들이 해주는 도움의 말도 믿지 않는다. 다른 사람들이 우리를 잘 안다면 우리에 대해서 그렇게 좋게 이야기하지는 않을 것이라고 생각한다. 자신의 행동에 대해서 계속 죄의식과 수치심을 느끼며 스스로 바꿀 수 있는 길이 없다고 생각한다. 결과적으로 다른 사람들, 특별히 가까운 사람들을 불신하게 된다. 심지어는 편집증적으로 변하기도 한다.

자신을 무가치하다고 생각하는 태도는 어린 시절의 가정, 학교, 교회로부터 형성되었을 수도 있다. 자신이 더 좋아진다거나 다른 사람들의 기대에 부응할 수 있다고 생각하지 않는다. 어떤 여인은 "나는 사람들이 나를 똑바로 쳐다보며 내가 얼마나 더러운 사람인지 보고 있다는 것을 느끼기 때문에 교회에 갈 수 없어요"라고 말한다.

영적 파산

1단계에서 새장에 갇힌 또 다른 증상은 개인적으로, 또는 영적으로 파산한 것 같은 느낌이다. 남은 힘도, 물을 길어올릴 만한 우물도, 아무것도 없다고 느낀다. 하나님께서 돌보신다면 구함을 받을 텐데 아무도 우리를 돌보는 사람이 없다고 생각한다. 기적을 바라지만 스스로 자격이 없기 때문에 우리 자신에게는 일어나지 않을 것이라고 여긴다. 도움을 구할 곳이 아무데도 없고, 하나님조차도 우리의 말에 귀를 기울이지 않으실 것이라고 생각한다. 결론적으로 우리에게는 원래 무엇인가를 구할 자격이 없다.

수난

고통이나 수난이 종종 이 단계의 정체된 사람들의 특징이다. 모든 사람이 자신을 돕고 사랑하거나 돌보지 않는 대신 자신의 삶을 힘들게 하고, 상처와 모욕을 주며, 궁지에 빠뜨린다고 느낀다. 무의식적으로 자신이 그런 대접을 받아 마땅하다고 생각하면서도 다른 사람들에게 화가 난다. 이 단계에서 새장에 갇히면 종종 분노를 많이 품지만 스스로 처리하지 못하며, 오히려 자신을 함부로 대함으로써 분노를 감춘다. 심지어는 자신의 신앙 때문에 고난, 협박, 오해를 받는다고 생각해서 마치 하나님을 위해 핍박받는 것으로 여긴다. 또한 기쁨, 행복과 평안을 누릴 만한 가치가 없으므로 그러한 덕목들이 자신과는 상관이 없다고 생각한다.

무지

신앙 문제들에 무지한 것이 이 단계의 새장에 갇힌 사람들의 또 하나의 특징이다. 별로 쓸모없는 신앙의 문제들을 배우고 이해할 필요가 있겠는가 생각한다. 아는 것이 많지 않으므로 갈등을 피하려고 하는데, 그것은 낮은 자존감과도 연결이 된다.

1단계에서 하나님을 종종 위대한 천상의 요술사로 생각하며, 이런 생각이 정체된 행동을 불러올 수 있다. 예를 들면, 문제 상황에서 아무것도 하지 않고서 하나님께서 자신을 돕지 않았다고 불평할 수 있다. 그러나 누군가가 말했듯이 "하나님께서는 주차되어 있는 차를 움직이게 하시지 않는다." 미신적인 생각도 이 시기의 정체됨의 특징이다. 매일 규칙적으로 기도하지 않으면 하나님께서 자신을 아프게 하실 것이라는 식의 두려움이다. 또는 반대로 '하나님의 규칙대로 행한다면' 성공할 것이라고 믿는 것이다.

한 우스운 이야기가 이런 미신적 생각을 잘 보여준다. 개인적 위기에 처한 한 남자가 하나님의 '조언'을 듣고자 성경을 아무 곳이나 펼쳤다. 그의 눈이 멈춘 곳은 "가룟 유다가 물러가서 스스로 목매어 죽은지라"였다. 이 구절이 나온 것은 우연이지 자신에게 주신 말씀은 분명히 아니라고 생각하면서 다시 한번 성경을 펼쳐서 아무 구절이나 속으로 짚었다. 이번에는 "너도 가서 이와 같이 행하라"였다. 불안한 마음으로 마지막으로 한번만 더 성경을 보기로 했다. 놀랍게도 그가 짚은 구절은 "네 행할 일을 빨리 행하라"였다. 그의 미신적인 신앙은 그를 매우 난처하게 만들었다.

1단계에서 정체되어 있는 사람들은 겉으로 매우 경건한 것 같은 인상을 줄 수 있다. 그러나 실제로 그들은 하나님과 상당히 분리된 것처럼 느끼므로 많은 고통을 당한다. 너무 두려워서 자신들이 느끼는 거리감에 대해서 쉽게 말하지 못한다. 이 새장에서의 주된 느낌은 낮은 자존감에서 비롯된 거부에 대한 두려움이다. 두려움과 굴복감의 결과로 우리는 자주 자신에 대해서 공격적이 되거나(자신을 용서하지 않으며 통제하는 방법으로 자아 중심적임), 다른 사람들에 대해서도 할 일을 하지 않거나, 대화하지 않거나 혹은 뒤에서 말함으로써 그들에게 상처를 입히는 소극적인 공격을 한다. 순진하게 행동하면서 모든 것을 통제하기를 정말로 원하며, 혹시 통제를 못할까봐 두려워한다. 그래서 우리에게 해로운 것임에도 불구하고, 조금이라도 지니고 있는 의지할 만한 것에 절박하게 매달린다.

아이러니컬하게도 이 단계에서는 처음에 하나님을 인식할 수 있도록 했던 바로 그 행동들이 오히려 새장에 갇히도록 할 수 있다. 예를 들면, 지나치게 도움을 필요로 하는 것이다. 하나님을 인식하며 믿음의 여정을 시작하면서, 하나님께서 사랑과 돌봄으로 우리의 필요에 응답하신다는 것을 받아들이지 않고 하나님의 초청을 거부한다면 우리는 자신을 패배시키는 행동으로 인해 새장에 갇히게 된다. 또한 만약에 하나님을 향한 절대적인 경이감 속에서 그 기쁨의 근원을 향해 나아가지 않는다면, 우리는 너무 압도된 채 자신을 부적당하다고 느끼며 점점 가치가 없는 사람이라고 여기게 될 것이다. 우리로 하여금 하나님을 향해 나아가도록 하던 힘이 오히려 우리를 전복시키는 것이다. 이럴 때 한 가지 도움은 우리를 지지하고, 이해해주며, 믿음의 여정을 계속하도록 도울 수 있는 사람들을 향해 손을 뻗치는 것이다.

2단계로 이동하기

활발한 소그룹에 속하기

사람들이 1단계에서 2단계로 옮겨가기 위한 열쇠는 동료들의 지지다. 우리는 보통 편안한 느낌을 주는 비슷한 사람들이나 신자들의 활발한 그룹에 속하게 된다. 그곳에서 쉽게 소속감을 느끼고, 돌봄을 받는다고 생각하며, 스스로를 더 중요한 사람처럼 느끼기 시작한다. 이런 소그룹에 속한 소속감은 학교의 클래스, 알코올 중독자 치유 그룹, 성경 공부 그룹, 수련회, 후원 그룹, 운동 그룹, 지역 사회 모임, 자연 동호회, 사교 모임 혹은 교회 등 다양한 상황을 통해 형성될 수 있다.

삶을 더 중요하게 받아들이기

당신이 도움의 필요를 깊이 느끼고 삶의 중요성에 대한 탐구 가운데 믿음의 여정을 시작했다면, 2단계로의 이동은 다른 사람들이 당신을 좋아하고, 하나님께서도 당신을 사랑하신다는 것만으로도 삶은 정말 의미 있는 것임을 나타낸다. 아마 무엇인가 열심히 일할 만한 가치 있는 것이 정말 존재한다는 사실을 인식한다는 것만으로도 다음 단계로의 중요한 이동이 될 것이다.

열정적인 지도자 만나기

많은 사람들이 2단계로의 이동은 뛰어난 지도자나 신앙의 체계를 찾고 따르고자 하는 갈망과 매우 밀접하게 연관되어 있음을 발견한다. 보통 신앙의 체계는 작가, 목사, 교사, 은사가 있는 사람에 의해서 시작되거나 인도된다. 이 시점에서 우리는 지도와 가르침을 받으며, 제자 훈련을 받기 원하고, 또 그럴 필요가 있으며, 자연스럽게 우리를 지도할 은사가 있는 사람이나 원리를 찾는다. 우리는 지도자, 글, 신조, 성경, 또는 특별한 모임을 통해서 진리를 발견하고, 감사하는 마음으로 동조하게 된다. 우리들 자신보다 더 큰 모임에 속하며, 그 일원이 된다는 것은 편안하고 기분 좋은 일이다.

진리 발견하기

오랫동안 우리들은 하나님께서 우리의 성숙을 위해 마련해 놓으신 길을 혼자서 탐구했을지도 모른다. 이제 우리에게 빛을 보여주며 우리의 질문에 답하는 일련의 아이디어, 신념, 또는 사람들을 만난다. 그 경험은 마치 폭풍우 속에서의 피난처처럼 큰 안도감이며, 우리는 매우 안전하게 느낀다. 이것이 바로 지금 우리가 필요로 하는 것이다.

이동을 위한 촉매

한 단계에서 다음 단계로의 이동은 우리가 1장에서 설명했듯이 종종 편안하지 못하며, 최소한의 혼돈을 일으킨다. 믿음의 다른 단계로 이동할 때마다 어떤 특정한 것들을 극복하거나 인정하는 것이 우리의 이동을 도와준다. 각 단계 간의 이동은 대부분의 사람들에게 큰 변화로 느껴지므로, 단계 간의 이동시 주요 필수 사항이나 다음 단계로의 이동을 저지할 수 있는 것이 무엇인지에 대해서 설명하고자 한다.

자신의 가치 인정하기

1단계에서 2단계로 이동하려면 우리 자신이 기본적으로 가치 있는 존재이므로 우리의 모습 이대로 사랑받는다는 것을 인정해야 할 필요가 있다. 이 말은 우리가 영적으로 자신을 좌절시키는 행동을 포기하고 하나님의 사랑과 돌보심을 받아들여야 한다는 것을 의미한다.

고립 줄이기

두 번째로 소속감을 누리려면 우리를 향해 손을 내미는 공동체의 돌봄을 받아들여야 한다. 고립된 상태에서 벗어나야 한다. 정확한 이유를 모르더라도 그렇게 해야만 한다고 느끼면서 공동체를 향해 움직여가야 한다.

하나님에 대한 인식
논제: 믿음은 하나님을 발견함 혹은 인정함이다.

1단계의 특성

- 경외감
- 자연스러운 깨달음
- 순진함
- 도움의 필요
- 인생의 더 큰 의미

새장에 갇힘

- 무가치함
- 수난
- 영적 파산
- 무지

2단계로 이동하기

- 활발한 소그룹에 속하기
- 열정적인 지도자 만나기
- 삶을 더 중요하게 받아들이기
- 진리 발견하기

이동을 위한 촉매

- 자신의 가치 인정하기
- 고립 줄이기

질문

당신의 삶에서 언제, 어떻게 처음 하나님을 인식했는가?
(경외감에서였나, 아니면 도움의 필요에 의해서였나?)

•질문•

1 당신은 대부분의 경우 하나님을 어떻게 경험하는가? 경외감, 필요, 자연을 통해서인가, 아니면 더 큰 삶의 의미 추구를 통해서인가? 어떻게 하나님을 경험하는지 구체적으로 설명해보라.

2 삶 속에서 언제 강하게 하나님을 느끼거나 인식해보았는가?

3 당신의 삶에서 하나님의 임재를 상징하는 유형(예를 들면, 촛불, 그림, 시, 사람 등)이 있다면 그것은 무엇인가?

•적용•

1 문둥병자의 이야기(막 1:40-45) 혹은 혈루병에 걸린 여인(막 5:25-34)의 이야기를 읽고, 당신이 예수님께 다가가는 문둥병자나 혈루병에 걸린 여인이라고 상상해보라. 당신이라면 예수님께 치유와 도움을 구하면서 어떤 느낌이 들지, 예수님께서는 무슨 말씀을 하실지 들어보고 느낀 점을 적어보라.

2 아래의 시편을 아주 천천히 마음으로 읽거나, 아니면 녹음해보라. 한 구절 한 구절 음미하며 깨달은 점이 무엇인지 살펴보라.

> 여호와는 나의 목자시니 내가 부족함이 없으리로다
> 그가 나를 푸른 초장에 누이시며
> 쉴 만한 물가으로 인도하시는도다
> 내 영혼을 소생시키시고
> 자기 이름을 위하여 의의 길로 인도하시는도다
> 내가 사망의 음침한 골짜기로 다닐지라도
> 해를 두려워하지 않을 것은 주께서 나와 함께하심이라
> 주의 지팡이와 막대기가 나를 안위하시나이다
> 주께서 내 원수의 목전에서 내게 상을 베푸시고

기름으로 내 머리에 바르셨으니

내 잔이 넘치나이다

나의 평생에 선하심과 인자하심이 정녕 나를 따르리니

내가 여호와의 집에 영원히 거하리로다.

3 좋아하는 숲이나 호숫가 또는 해변, 산 등 아무 곳이든지 거닐어보라. 조그만 들꽃, 물결치는 파도, 새의 지저귐, 밝은 색조, 평화로운 미풍, 고요함 등 하나님께서 마련하신 거대한 자연의 아름다움을 만끽하며, 하나님을 향한 경외감과 그분의 임재 가운데 마음껏 감동을 누려보라. 그리고 그 느낌과 경험을 마음에 그림으로 남기든지 일기장에 적어보라.

4 당신은 삶의 어떤 영역(예, 물질, 사람, 경험, 활동 등)에서 의미를 찾는지 생각해보라. 그것들을 일, 관계, 여가 활동의 범주로 나누어보라. 어느 범주에 가장 많은 시간을 사용하고 있는가? 또 어느 범주에 가장 많은 목록이 들어 있는가? 하나님이나 믿음의 경험도 목록 가운데 있는가? 작성한 목록을 가지고 삶을 돌아보라. 우리가 삶의 의미를 부여하는 것들이 사실상 우리 삶의 방식을 결정한다.

The Critical Journey

4장

2단계:
제자의 삶

"자연 속에 있을 때 나는 자연의 방법을 통해 가르침을 받으며 배우고 있다고 느낀다. 자연은 내가 따르며 순종하기 위해 있다. 모든 것이 자연 속에 있으며, 거듭되는 반복 속에 내 삶도 속한다."

"내가 무엇을 믿으며, 어떻게 행해야 하는지가 매우 분명하기 때문에 나는 나의 믿음을 사랑한다. 성경은 내가 궁금하게 여기는 것에 대한 해답을 갖고 있으며, 우리 교회에는 내 삶의 규칙이 되는 확실한 가르침이 있다."

"커실로 그룹(Cursillo Group)에 있는 나의 친구들은 내 삶 가운데 가장 중요한 사람들이다. 그들은 살아 움직이는 믿음을 소유했고, 내가 그들을 필요로 할 때 그곳에 있었다. 그들은 사랑이 많았고, 진실했으며, 나는 그 모임에 소속감을 느꼈다. 내가 그 곳을 떠났을 때 그들은 나를 보고 싶어했다. 나는 나 자신보다 더 큰 그룹의 구성원인 것이다."

"우리 목사님은 우리가 참여해야 할 대의나 믿음 생활에 대해서 분명하게 가르치신다. 그분은 지역 사회를 분명히 알고 있고, 우리는 목사님에게서 배울 준비가 되어 있다. 그것이 우리가 교회에 나오는 이유다. 우리는 건전한 가르침과 지역 사회를 위한 일을 필요로 한다. 우리 목사님을 모시고 있는 것이 너무 행복하다."

"나는 교회가 나를 위한 곳이라고 생각하지 않으므로 나 자신을 종교적이라고 부르지는 않겠다. 그러나 나는 확실히 영적 여정중에 있다. 나는 영적 여정 길에 있는 다른 사람들과 함께 모여서 모든 종류의 영성, 말하자면 다른 형태, 다른 종류 그리고 다른 과정의 영성을 탐색한다. 우리 모두는 배우고자 하며, 우리 자신을 위해 진리에 이르고자 한다."

"나는 믿은 지 얼마 안 되었고, 많은 질문에 대한 해답을 어디에서 찾을 수 있는지 알고 싶다. 너무 많은 다른 견해가 있기 때문에 혼동된다. 어느 것이 정말 옳은 것인지 어떻게 알 수 있을까?"

"때때로 교회는 하나님을 너무 제한한다. 나는 교회의 지역주의에서 벗어난 더 넓은 하나님에 대한 개념을 알기 원한다."

제2단계의 특징은 배움과 소속감이라고 말할 수 있다. 1단계에서 우리가 자연 중심의 그룹이나 권위적 교회 혹은 어느 신앙 그룹에 들어갔든지 간에 2단계는 우리로 하여금 탐색하고, 배우고, 질문하고, 받아들이며, 우리의 신념이나 믿음의 원리들을 실천할 수 있는 자유를 허용한다. 이 단계에서 우리는 많은 부분을 우리가 믿고 존경하는 사람들이 인식하는 대로 하나님에 대해 배운다. 우리는 초심자들인 것이다. 이 단계는 다른 사람들과 동행하는 시기로서 여정 길에 동료 탐색자들과 함께하는 사귐의 시간이다. 믿는 것과 믿음의 성장에 대해서 처음에는 비교적 확신이 없고 불안하기 때문에 이 단계에서 다른 사람과 함께한다는 것은 매우 도움이 된다. 사실상 이 단계의 여정에서 다른 사람과 함께하는 것은 매우 중요하다. 우리는 다른 사람에게서 배운다. 어느 때는 함께 만나 대화함으로써 배우고, 또 다른 경우는 다른 사람의 글을 통해서도 배운다.

　이 단계에서 우리는 확실하게 가르치는 자가 아니고, 배우는 자다. 즉 받아들이며 채우는 시기이므로 일방 통행로 같기도 하다. 일방적으로 배우고 받아들인다는 것은 상처 받기 쉬운 상태임을 의미하며, 새로운 것을 배우는 설렘은 약간의 두려움과 부적절한 느낌을 동반한다. 그러나 그룹, 즉 다른 사람들과 함께 배운다는 느낌이 두려움과 부적절한 느낌을 완화시킨다. 우리는 순종하는 제자가 되고, 교사나 지도자를 신뢰하며, 가능한 한 그들처럼 되고자 한다.

2단계의 특성

소속감을 통한 의미

믿음의 여정에 있는 다른 사람과의 우정과 동료 관계에 마음을 여는 것이 이 단계의 큰 차이를 가져온다. 이 단계에서 함께 경험하는 사람들이 누구인지에 따라 무엇을 어떻게 경험하게 될지가 확실히 결정된다. 여정 길에서 다른 사람을 만난다는 것은 일반적으로 안심되는 일이다. 우리를 이해하는 사람들과 함께한다는 것은 매우 기분이 좋은 일이다. 우리가 믿음의 공동체에 얼마나 잘 받아들여지는가 하는 것은 대부분 그 그룹의 제의에 얼마나 자주 그리고 어떻게 잘 응답하는가에 따라 결정된다.

교회 안에서 서로 분명하게 다른 다양한 신앙 체계나 여러 모임을 발견하는 경우, 누구나 관습적으로 어디엔가 소속되고자 하는 현상을 보인다. 그래서 때로는 사용 언어나 주기도문을 외는 방법으로 어느 그룹에 소속되어 있는지를 알 수 있다. 우리는 '우리' 편이 누구이며, '그들'이 누구인지 안다. 자신이 속한 '우리' 집단 내에서 가장 만족감과 안전함을 누리며 편안하게 느끼는 반면, '그들'에 대해서는 덜 편안하게 느낀다. 자기가 속한 집단에서 우리는 정체성을 지니고 안전함을 느낀다.

많은 사람들은 어린 시절, 주일 학교에서 매주 성경 이야기, 사상, 성경 구절, 교회 특유의 신념 등을 그 의미도 모른 채 배우면서 이 단계를 경험한다. 칭의, 용서할 만한 죄, 성화, 하나님의 전지하심, 구원 등의 개념이 청소년기의 어린이에게는 너무 추상적이기는 하지만, 전통을 배우고 받아들이는 것은 중요하다. 예를 들면, 우리가 여덟 살이나 열 살 때 외운 성경 구절들은 오랜 시간이 지난 후에도 우리의 기억에 남아 있지 않은가. 특별한 단어들을 포함한 교회 주일 학교에서의 배움은 종종 교회에 소속되고 용납되며, 시험에 통과하는 일의 일부분이 된다.

우리는 전통적으로 규정된 종교 단체의 일원이 되지 않고서도 믿음의 여정 가운데 소속감과 연대감을 느낄 수 있다. 예를 들면, 전통적인 신앙 공동체에 대항하는 사람들의 단체에서도 소속감을 느낄 수 있는 것이다. 어떤 사람들의 경우에는 사회적 명분과 논점의 추구가 그들을 한 공동체로 묶어준다. 우리는 그 명분이 '영적'이라고 생각하지 않겠지만, 다른 한편으로는 종교적 열정을 가지고 추구하는 것이다. 어떤 경우에 소속감은 마치 알코올 중독자 치유 프로그램에서처럼 우리의 느낌과 생각을 나누고, 그것을 더욱 탐색할 수 있도록 도와준다. 서로의 느낌과 생각을 나누는 것은 순전한 것을 추구하기 위한 자극일 수도 있고, 단순히 우리의 지적인 회의를 표현하기 위한 배움의 시간일 수도 있다. 중요한 것은 공동체가 우리를 지지하며, 정체성 확립을 도와준다는 것이다.

이 단계에서 소속감이 얼마나 중요한지는 믿음의 공동체를 한동안 떠나 있다가 마치 집에 다시 오는 것 같은 기분으로 돌아올 때 느낄 수 있다. 그 공동체는 가족과 같다. 우리는 그곳에서 사랑 받으며 용납 받는다. 공동체 안에서 일어나는 갈등에도 불구하고 자신이 속한 그룹의 사람들이 '나와 동류의 사람'이라는 좋은 느낌을 지닌다.

종종 이 단계에서는 전체 그룹 안에 강한 소속감을 주는 소그룹들이 있다. 대부분 믿음의 공동체들은 의도적으로 소그룹을 만들어서 사람들로 하여금 서로 더 잘 알고, 더 쉽게 자신들의 삶과 믿음을 나누도록 한다. 예를 들면, 친교 모임(여성 모임, 남성 모임, 조찬 모임), 교육 모임(성경 공부, 신앙 생활의 질문을 대답하기 위한 모든 종류의 세미나), 사역 모임(추진위원회, 이사회, 운영위원회), 특별한 관심(성가대, 운동, 교회 스포츠 팀), 상담(개인, 대인 관계, 성장 목표), 지지(사별의 슬픔, 별거, 이혼, 실직, 이직, 질병이나 중독증, 영적 회복, 은퇴) 등을 목적으로 하는 소그룹들이 생겨났다. 더욱 전통적인 소그룹인 주일학교, 청소년부, 교회 캠프, 수련회의 경험은 많은 사람들의 믿음의 여정 가운데 믿음을 형성해주는 모임으로 두드러진다. 이 모든 여건 가운데 우리는 다른 사람들과의 연합을 통해 하나님을 경험한다. 우리는 각자 속한 그룹에서 하나님께서 누구이시며, 어떤 분이신지에 대한 개념을 지닌다. 종종 중요한 인물, 특별한 지도자가 우리의 추구하는 것을 보여주며 그들은 우리의 모델이 된다.

연합에 의한 믿음의 고유한 예는, 히브리 성경에서 이스라엘 백성들이 맡은 하나님의 백성의 역할이다. 그들은 이웃이란 같은 유산, 같은 의식, 같은 관습을 나누는 사람이라는 명백한 정의를 가지고 있었다. 그리고 예수님 시대의 유대주의 내에는 자신들의 성경의 해석과 율법의 가르침에 근거해서 자신들을 참 이스라엘인이라고 보는 사람들이 있었다. 그 가운데 가장 유명한 것이 예수님의 주요 대적인 바리새인들과 자신들을 나머지 유대주의와 분리시킨 사막의 쿰란 공동체, 에세네파^{Essenes}(바리새파와 유사한 금욕적, 신비적인 유대 종파로서 예루살렘 멸망 후 사라짐 - 역주)다.

지도자, 대의 명분 혹은 신앙의 체계에서 찾은 해답

2단계에서 확실한 것이 하나 있다. 우리가 무엇을 믿고, 어떻게 하나님을 배우며, 그분을 더 잘 알지에 대해 자신감이 없다는 것이다. 따라서 이 단계에서 우리는 믿음의 선배나 믿음의 원리 혹은 더 온전한 삶의 길을 말해주며 우리를 인도하는 대의 명분에 의존하게 된다.

어떤 사람들은 자연에서 가르침을 받으려 한다. 새로운 통찰력을 얻기 위해 경이감 속에 기다리거나, 새들에게 배우거나, 다람쥐의 재주를 보거나, 폭풍 속의 위험에 처하거나, 돌진하는 물살에 잠잠해지기도 한다. 우리는 우리가 자연을 조절할 수 없다는 것을 깊이, 영적인 방법으로 느낀다. 자연 그리고 우주와 조화를 이룰 때 우리는 가장 좋게 느낀다. 우리에게는 우리 안에서 그리고 우리 주위에서 수많은 방법을 써서 자연을 조절하려는 경향이 있으나 아무 소용이 없다. 우리는 단지 선생님인 자연에게서 배우는 학생일 뿐이다.

우리는 우리를 형성해나갈 대의 명분을 찾기 위해 지도자를 바라본다. 우리가 따르는 지도자나 대의로부터 카리스마, 특별한 교화, 정서적, 영적 혹은 지적인 깊이를 찾는다. 그 지도자는 목사, 신부, 작가, 평신도 지도자, 부모, 가수, 선지자 혹은 명상가일 수 있다. 지도자의 자질에 감탄해서 마음속 깊은 곳으로부터 그들을 더 닮고 싶어한다. 그러므로 주로 지도자들이 말하는 것을 듣고 따른다. 그러나 우리는 제자도를 배우는 것으로서, 다른 사람의 가르침과 충고에 유의하고 따르는 것을 배우는 것이다.

어떤 사람들에게는 대의 명분이 너무 설득력이 있어 그 자체가 어떤 원칙이나 행동을 따를 것인지 말해주는 지도자의 역할을 하기도 한다. 구제 사업, 전도, 건강, 평화, 치유 그리고 선교 등의 대의 명분들이 그런 경우가 될 수 있으며, 우리는 그 대의 명분을 이루기 위한 언어와 행동을 숙달하려고 열심히 노력한다.

이 단계에서 사람들은 지도자나 대의 명분을 모든 문제에 대한 해답으로 간주하는데, 그것은 지도자나 대의 명분이 그들을 정말 교화시키고 변화시켰기 때문이다. 이들은 열광적으로 다른 사람들도 자신들과 같은 경험을 하고 그 안에서 만족을 찾기를 바란다. 다른 사람들이 자신의 지도자의 연설을 듣거나, 그들의 책을 읽거나, 모임, 연구 집회, 세미나 등에 참석하고도 자신들과 같은 경험을 하지 않는 것을 보면 혼란과 실망을 느낀다.

우리가 잘 알고 있는, 밤에 예수님을 찾아왔던 니고데모 이야기는 어떻게 강력한 사람에게 끌리는가 하는 것을 잘 설명해준다. 니고데모는 예수님을 "랍비여… 하나님께로서 오신 선생"(요 3:2)으로 인식했다. 또 다른 경우에 예수님께 나아온 서기관은 대담하게 "어디로 가시든지 저는 좇으리이다"(마 8:19)라고 말했다. 그는 예수님을 배우고 싶은 권위자로 인정한 것이다. 또한 사도 바울은 고린도 교회 내에서 게바(베드로), 아볼로, 바울, 그리스도의 가르침 중심으로 모인 여러 다른 그룹들을 언급하고 있다.

올바르다는 느낌

2단계에서의 느낌을 가장 잘 표현하는 단어는 '찾았다' 이다. 이것은 곧 제일 먼저 '내가 찾았다' 는 의미다. 다른 사람이 나를 위해 찾아준 것이 아니며, 또한 그들이 나를 위해 찾아줄 수도 없는 것이다. 내가 진리를 찾은 것에 대해 다행스럽고 기쁘게 여기며, 어떻게 그 진리대로 살아갈 것인지에 대해 더 많이 배우기 원한다. 두 번째로 '나는 찾았다' 는 의미로서 내가 모르던 것, 내게 감추어졌던 것을 발견했다는 것이다. 나는 잃어버린 자였으나 이제 찾았고, 용납되었으며, 회복되었고, 실재하는 것이다. 나는 내 믿음을 선물로서, 내 삶의 답을 위한 오랜 노력 끝에 맛보는 보물로서 경험한다. 세 번째로 '나는 그것을 찾았다' 는 뜻으로서 그것이 바른 것, 바른 진리라는 것을 안다는 의미다. 강력한 지도자가 나의 인도자가 되는 것 그리고 대의 명분이나 해답의 공정성에 대해 전적으로 신뢰한다. 이 전적인 신뢰는 삶에 열정을 더해주는 좋은 느낌이다. 확신은 안도감과 존경심을 가져오며, 우리는 종종 우리가 편안하게 느끼는 사람들과 확신을 나눌 때 그 확신에 대해 자부심을 느낀다. 진리를 발견함으로써 우리는 의심이나 두려움에 덜 시달린다. 어려움을 겪을 때에도 나의 확신이 나를 지탱해주는데, 이것은 내가 도움을 구할 수 있는 해답이 있고, 내가 해야 할 일을 하도록 도우며 힘을 북돋아줄 사람들이 있기 때문이다. 이 사실이 매우 위로가 되며 자신감을 준다.

요한복음의 시작 부분을 보면 예수님 주위에 제자들이 모이는 장면을 읽을 수 있다. 그렇게 많이 알려지지 않은 두 제자 사이의 짧은 사건을 보면, 예수님의 제자로 부르심을 받은 빌립이 바로 나다나엘을 찾아가서 "모세가 율법에 기록하였고 여러 선지자가 기록한 그이를 우리가 만났으니 요셉의 아들 나사렛 예수니라"(요 1:45)고 선포함으로써 열정적으로 그를 불러들이는 것을 볼 수 있다. 너무 확신에 찬 나머지 빌립은 자신이 찾은 것에 대해 도전하는 나다나엘에게 "와 보라"고 응한다. 비슷한 방법으로, 나쁜 소문이 자자했던 우물가의 사마리아 여인은 예수님과의 대화를 통해 삶의 해답을 찾은 후 마을로 가서 사람들에게 "나의 행한 모든 일을 내게 말한 사람을 와 보라"(요 4:29)고 청했다. 그 여인도 인생의 해답을 찾았으며, 그것이 그녀의 삶을 변화시켰다.

믿음 안의 안전함

이 단계에서는 누군가 우리를 도와줄 수 있으므로 혼자서 해결책을 찾지 않아도 된다는 마음의 평안이 있다. 삶의 해답을 찾은 것이 안도감을 준다. 갈 곳이 있고, 해답을 아는 사람이 있으며, 따를 지침이 있고, 우리를 지지하는 그룹이 있기 때문에 염려할 필요가 없이 안전함을 느낀다. 믿음의 여정 내내, 혹시 위기가 닥쳐오더라도 마치 큰 손과 영원한 팔이 우리를 받치고 있는 것같이 느낀다.

많은 사람들이 이 단계의 믿음을 '편안하다'고 표현한다. 아직 불확실한 것을 향해 움직일 마음이 없으며, 다른 사람에게 기대기 원하고 그들에게 끌린다. 그저 이 단계에 있는 것이 안전하고 편안하게 느껴질 뿐이다. 자신이 사랑받고 있다는 것을 알며, 믿는 친구들의 공동체를 신뢰한다.

이 단계의 아주 좋은 보기는 기드온 협회에서 나온 성경책의 색인이다. 거기에는 우리의 필요에 따라 도움을 줄 성경 구절이 나열되어 있다. 그 색인은 슬픔, 자살, 기쁨, 어려움, 출생 등 모든 경우를 포함하며, 모든 필요에는 해답이 있다는 것을 생생하게 보여준다. 우리는 스스로 원하지 않는 한 결코 혼자가 아니며 누구나 위로를 받을 수 있다. 1단계에서 경외심과 깊은 사랑을 느끼는 데 반하여, 2단계에서는 왜 그런지를 더 잘 알게 된다. 우리는 배운 바대로 믿음을 확신하며, 더 많이 이해하고, 더 영적으로 성장하는 과정에 있다. 우리와 같이 믿고, 우리를 도와주며, 받아주고, 후원하며, 사랑하고, 부추기기조차 하는 사람들과 함께하는 것이 우리의 영적 여정을 강화시킨다. 우리는 성실하기만 하다면 잘 해낼 수 있으리라는 것을 안다.

나오미와 룻의 아름다운 이야기에서 며느리 룻은 우리가 잘 아는 다음과 같은 말로 자신이 지녔던 이전의 종교와 집으로 돌아가기를 거절한다. "나로 어머니를 떠나며 어머니를 따르지 말고 돌아가라 강권하지 마옵소서 어머니께서 가시는 곳에 나도 가고 어머니께서 유숙하시는 곳에서 나도 유숙하겠나이다 어머니의 백성이 나의 백성이 되고 어머니의 하나님이 나의 하나님이 되시리니"(룻 1:16). 사도 바울은 우리 자신의 안전에 대해 반복하여 생생하게 말한다. "누가 우리를 그리스도의 사랑에서 끊으리요 환난이나 곤고나 핍박이나 기근이나 적신이나 위험이나 칼이랴 기록된바 우리가 종일 주를 위하여 죽임을 당케 되며 도살할 양같이 여김을 받았나이다 함과 같으니라 그러나 이 모든 일에 우리를 사랑하시는 이로 말미암아 우리가 넉넉히 이기느니라 내가 확신하노니 사망이나 생명이나 천사들이나 권세자들이나 현재 일이나 장래 일이나 능력이나 높음이나 깊음이나 다른 아무 피조물이라도 우리를 우리 주 그리스도 예수 안에 있는 하나님의 사랑에서 끊을 수 없으리라"(롬 8:35-39). "나의 의뢰한 자를 내가 알고 또한 나의 의탁한 것을 그날까지 저가 능히 지키실 줄을 확신함이라"(딤후 1:12).

2단계 여정의 실례들

밥Bob | 믿음의 여정 가운데 2단계를 여러 번 경험했다. 젊은 시절, 나는 정체성이 뚜렷한 교회에 다녔었는데, 그 정체성은 우리가 무엇을 믿고 어떻게 사는가 하는 것으로부터 형성되었다. 우리의 신앙 체계는 확실하게 공식화되었다. 소속감은 우리의 믿음을 언어와 문구로 특정하게 표현하는 것을 의미했다. 결과적으로 믿음의 대상에 대해 배우고, 그것에 대한 표현 능력 여부가 믿음의 공동체 안에서 우리의 신분에 상당한 영향을 끼쳤다. 삶의 방식도 공동체 안에서 우리의 위치를 결정하는 데 중요한 역할을 했다. 삶의 방식은 교회에 정기적으로 출석하는 것과 같이 교회와 연결된 일을 많이 하는 것을 의미했다. '정기적으로'란 매번 예정된 예배, 즉 적어도 주일과 수요일 저녁 예배가 있음을 의미했다. 또한 십일조를 드리고, 더 많은 '사랑의 헌금'을 드리는 것을 의미했다. 자연스럽게 성경 읽기와 성경 연구, 기도, 전도 그리고 성도 간의 교제를 의미했다. 세속적으로 간주되거나 크리스천답지 않은 행동을 하지 않는 것도 의미했다. 이런 기준들은 믿음의 공동체에 의해 세워졌으며, 그룹 안에서 우리의 지위는 얼마나 그 기준에 맞게 살아가는가에 의해 결정되었다.

나는 항상 배우기에 열심이었으며 고질적으로 다른 사람을 '기쁘게 하는 자'였으므로 이 단계는 내게 자연스러운 것이었고, 특히 십대 초반에는 더욱 그랬다. 나는 내가 믿어야만 하는 것을 가능한 한 많이 배우려 했고, 어떻게 그것을 가장 잘 표현할 수 있을지 노력했다. 동시에 믿음의 공동체가 정한 원리에 따라 기꺼이 내 생활에 우선 순위를 정해서, 우리 그룹과 더 나아가서는 하나님께 인정받고자 했다. 나는 '올바른 것'을 생각하고 행하기를 원했다.

최근 들어서 나와 같은 믿음을 지니고, 여정을 함께 나눌 수 있는 믿음의 공동체가 있다는 것이 얼마나 중요한지 배웠다. 현재 나에게 중요한 것은 '배우는 것'이 아니고, 삶을 나누는 믿음의 공동체다. 이 단계에서 내가 지닌 필요가 단지 바른 교회에 소속되는 것 등으로 채워지는 것이 아니고, 믿음의 여정을 나눔으로써 풍성하게 해줄 수 있는 교회 내의 소그룹이나 여러 교회의 모임을 통해서 가장 잘 채워질 수 있다는 것도 발견했다. 요즘에는 사람들과 서로 믿음의 여정을 나눌 때 더 큰 깨달음과 풍성함을 배우게 된다.

로레인Lorraine │ 나는 17년 전에 교회를 떠났으며, 어려움에 처했을 때 "도와주세요"라고 말한 것을 제외하고는 하나님과 관계가 없었다.

그 기간 동안 결혼과 이혼을 겪으면서 내가 얻은 큰 유익은 다시 하나님과의 관계가 회복된 삶을 찾도록 이끌린 것이다. 나는 기대에 부풀어서 교회를 찾기 시작했다. 지금 출석하는 교회는 내가 두 번째로 방문한 교회였으며, 예배에 참석한 첫 주일에 바른 교회를 찾았다는 것을 알았다. 그 교회에 출석한 직후 나는 어떤 사람이 지난 육 년 동안 네 번에 걸쳐 나를 교회에 다니도록 권했던 교회가 바로 그 교회라는 것을 알았다. 나는 그 교회에서 상처가 치유되는 것을 느꼈을 뿐 아니라, 하나님께서 내가 그 교회에 있기를 원하신다는 것을 강하게 믿었다. 둘째 주일에 교회에 갔을 때 이혼한 남편을 그 곳에서 만났으며, 가슴 아픈 기억들이 되살아났으나, 그런 환경도 하나님께서 나의 치유와 성장을 위해 허락하신 것이라는 것을 결코 의심하지 않았다.

예배를 통해 신앙의 문이 열렸으며, 그동안 영적으로 굶주렸다는 것을 발견하고 스스로 신앙의 자극을 받았다. 교회의 가을 프로그램에 대한 소책자를 받았을 때, 나는 마치 사탕 가게에 간 어린아이가 어느 사탕을 먼저 집을지 망설이듯이 어느 프로그램에 먼저 참석해야 할지 결정을 잘할 수 없었다. 나는 너무 오랫동안 하나님을 떠나 있었다. 내가 다시 하나님께 돌아왔을 때 하나님께서 나를 기다리시고, 오셔서 나를 부르시며, 내가 주님을 떠난 자리에서 다시 일어설 수 있도록 돌보아주신 것에 대해 압도되었다.

내가 처음 참석하기로 한 강의는 기질과 기도에 관한 것이었다. 하나님께서는 그 과목을 듣기로 결정하는 과정에도 역사하셨다. 나는 원래 다른 강의를 듣기로 했다가 마지막 순간에 마음을 바꾸었다. 기도에 관한 강의는 많은 것을 정리할 수 있게 해주었는데, 이성과 모순 되는 듯이 보이던 어린 시절의 경험들이 사실상은 영적인 경험이었음을 알게 되었다. 나는 영적인 경험들을 실재적이며 유효한 것으로 받아들이게 되었으며, 그러한 새로운 이해가 나의 믿음의 여정의 기초를 놓아주었다.

영적 자아를 받아들이고, 교회의 프로그램이 영적인 부분을 돕는다는 사실을 발견했을 때, 나는 내가 더 많은 것을 알아야 할 필요가 있다는 것을 깨달았다. 나는 연구를 위한 성경(스터디 바이블)을 사서 자발적으로 읽기 시작했는데, 이것은 전혀 새로운 경험이었다. 나는 성경 공부 그룹에 등록했으며, 주일 아침 성경 공부에 참석했다.

나의 믿음의 여정에는 훨씬 더 많은 단계가 있었지만, 아마 이런 발디딤이 가장 중요한 것이었다. '그분은 나에게 모든 것'이라는 노래의 일부가 나의 여정의 이 부분을 종합해준다.

믿음으로 내가 그분의 얼굴을 대면할 때까지
나는 그분의 경이로운 은혜를 느끼네
그러면 나는 그분이 아무것도 상관하지 않으시는,

저 멀리 하늘 위에 사시는

그런 분이 아니시라는 것을 아네

그리고 그분은 지금 내 곁에서 매일 매일 함께하시네

늘 내가 방황하지 않도록 지켜보면서

좁은 길을 찾도록 도와주시네

그는 나에게 모든 것 되시네.

새장에 갇힘

경직된 의로움

이 시기에는 믿음과 관련하여 우리에게 옳은 것은 다른 모든 사람에게
도 옳은 것이라고 믿고자 하는 유혹이 강하다. 종종 우리 자신이 충성된 제
자의 삶을 살기 위해 지키는 종교적, 도덕적 규칙을 다른 사람들도 따라야
한다고 믿는다. 우리는 이 단계에서 율법적이고 도덕적이며, 옳고 그름에
대한 경직된 이해를 하는 경향이 있다. 규칙을 위반한 사람에 대한 처벌에
열심을 내는 것이 2단계에서 새장에 갇힌 사람의 특징이다. 그룹의 성향이
자유주의적이든 보수주의적이든 혹은 그 중간이든 상관없이 누구든지 그
룹의 가르침, 교리, 행동의 기준에 반드시 부합해야 하며, 그것을 위반한 경
우는 소외당하게 된다.

특히 자유주의적인 교회의 이런 행동은 모순적이다. 기본적으로 넓은
범위의 견해와 행동을 지지하면서 자신들보다 더 좁은 견해를 가진 사람들
을 배척하기 때문이다. 보수적인 사람들은 자신들의 견해를 성경을 통해 실
증함으로써 아예 논쟁을 할 수 없게 한다. 수용력 결핍에 갇혀 있는 사람은
아무도 자신의 경직됨을 보지 못한다. 당연히 자신이 옳다고 지나치게 확신

하기 때문에 자신의 경직됨을 볼 수 없는 것이다. 결과적으로 자신들의 대의 명분을 추구하는 과정에서 알지도 못하는 새에 예상치 못한 그룹의 교만함이 자란다.

'우리 대 그들'의 분리

2단계의 강한 소속감과 공동체적 특징은 매우 폐쇄적이고 비밀스러우며 편집적이고 과보호적인 그룹에 정체되는, 새장에 갇힌 특징으로 바뀔 수 있다. '우리'와 '그들'에 대한 강한 의식이 생기므로 누구든지 자기 그룹에 속한 사람들은 좋고, 그룹 밖의 사람들은 나쁘다고 생각한다. 의심이 너무 많아져서 균형을 깨뜨리는 것이다. 편집증의 마지막 단계에 이르면 이단을 만들게 되는데, 이 상태가 되면 불가피하게 파괴적일 수밖에 없다. 이단에 속한 사람들은 자신들만의 환경 안에서 점점 고립되어서 현실과의 접촉점을 잃게 된다. 지도자의 권력이 비현실적으로 커져서 건전하지 못하거나 심지어는 치명적일 수도 있다.

옮겨 다님

우리는 매우 활발해보이며, 각자 필요와 신념에 맞는 그룹에 참여한다. 일정 기간 동안 그룹에 들어가고 참여하며 그 안에서 생활한다. 그러나 시간이 지남에 따라, 자신이 속한 그룹이 반드시 자기가 바라던 이상적인 것만은 아니라는 생각이 들면서 실망하고 비난하게 된다. 그룹이 처음 같지 않고 변했다고 비평하며, 또한 자신이 진정으로 원하는 것을 채워주지 않는다고 비난한다. 실제로 지도자가 자신이 발견한 방향이나 처음 그룹에 들어올 때 생각했던 방향으로 가지 않고 다른 방향으로 가고 있을 수도 있다. 그래서 우리는 그룹을 떠난다. 처음에는 변화를 시도하기도 하고, 자신의 이견을 말해보고자 하나 소용이 없다. 우리는 믿음을 지켰고, 우리의 믿음대로 살았는데, 그룹 내의 다른 사람들이나 지도자는 그렇지 않기 때문에 배반감을 느끼게 된다. 안정감에도 위협을 느끼게 된다. 따라서 자신의 필요, 신념, 이상에 더 맞는 듯한 새로운 그룹으로 옮겨간다. 영적 여정에 있어서 옮겨 다니는 사람들은 계속 한 그룹에서 다른 그룹으로 옮겨 다니는데, 이 단계에서 많은 시간을 소비한다. 사실상 이 단계 안에서 왔다 갔다 하지만, 계속 움직이기 때문에 마치 다음 단계를 향하여 앞으로 움직이는 것처럼 느낀다. 새로운 그룹에 들어갔다가 나오는 것은 감정적인 고조와 저하를 가져오며, 이것은 사람들이 자주 옮겨 다니는 원인일 수도 있다. 동시에 각 그룹의 새로움은 배우고 소속되는 기회를 주기도 한다.

탐색자

옮겨 다니는 사람들과 달리 탐색자들은 다른 딜레마를 경험한다. 그들은 종교적인 환경에서 자랐고, 믿음의 삶을 어느 정도 경험해서 알고 있다. 그러나 일반적으로 이 종교적인 경험은 매우 큰 혼란을 불러일으키고 추상적이며 좌절하게 하고, 심지어 굴욕적이기까지 한 것들이다.

우리 모두는 어린 시절의 두려운 종교적 경험들을 알고 있다. 이러한 경험들에 대해 "그런 것쯤은 극복할거야" 또는 "그저 반항하는 것이야"라고 말할 수 있고, 사실상 그럴 수도 있으나 쉽게 상처가 회복되는 것은 아니다. 어느 여인은 여섯 살 때 교회 선생님이 시키는 대로 종이 위에 크고 하얀 심장 모양을 그린 후 오렸던 것을 기억한다. 그 다음에 그녀는 기억나는 대로 자신이 지은 죄마다 크고 까만 점을 하얀 심장 안에 그려 넣어야 했다. 선생님이 시키는 대로 다 했을 때는 하얗던 심장은 까만 점으로 거의 다 채워졌고, 예수님의 피가 자신의 까만 심장을 깨끗하게 했다는 이야기를 들었다. 물론 예수님께서 우리 죄를 속하신 것을 가르치려는 것이었으나 어린아이였던 그 여인은 죄를 씻는 부분을 이해할 수 없었다. 여섯 살짜리에게 자신의 죄인 됨을 생각하게 한 것은 상당히 충격적이었으며, 그녀는 그 경험을 절대로 잊을 수가 없었다. 그녀는 지울 수 없는 상처를 받았고, 아직도 교회에 대해 깊은 분노를 느낀다.

이 여인 같은 경험을 한 많은 사람들은 탐색자가 된다. 어른으로서 우리는 삶의 깊은 의미와 영적인 차원을 갈망한다. 많은 사람들이 영적 차원을 위한 탐색을 하지만, 영적인 면에서는 비종교적인 그룹들이 더 현실적이고, 지적으로 그럴 듯하며, 덜 고통스럽고, 더 정확해보이는 해답을 제시한다. 탐색자들은 젊은 시절의 종교적 경험인 단순한 해결책, 이상, 엄격함, 위선 등을 기억하고 싶어하지 않는다. 탐색자들은 비종교적인 신앙인들의 공동체를 이룬다. 그들은 정말 비밀을 발견한 것처럼 보이며, 논리적으로 말하고, 매력적으로 보이는 새로운 지도자들과 자유롭게 연결된다. 절대로 채워질 수 없는 정답을 찾고자 하며 그 움직임의 일원이 되고자 하는 갈망이 탐색자들을 몰아간다.

탐색자들은 정직한 방향으로 나아가며, 진정한 여정에 있으나 알지도 못하는 사이에 스스로를 속이고 있다. 우리는 현재 우리가 진정으로 무엇을 원하고 있는지를 스스로도 인정할 수 없으며, 우리의 영적인 경험이, 어쩌면 수년 동안 공백을 채우는 것처럼 보인다. 결국은 그 모든 경험의 기저에는 공허함이 남아 있을 뿐이다. 영적 오지에 이르러서야 우리가 내면의 깊은 탐색을 하지 않는 한 우리의 탐색은 헛되다는 것을 깨닫게 된다. 1단계에서 새장에 갇힌 사람과 2단계에서 새장에 갇힌 사람의 주요 차이는 다음과 같다. 1단계에서는 우리는 틀리고 약하며, 다른 사람들은 바르고 강하다고 생각한다. 그러나 2단계에서는 우리는 바르고 강하며, 다른 사람들은 틀리며 약하다고 생각한다.

3단계로 이동하기

독특함의 인식

믿음의 여정중에서 2단계에서 3단계로의 이동은 기본적으로 3단계로 뛰어들어서 필요한 부분을 개발하며, 생산적인 삶에 참여하기에 충분한 자신감을 얻기 위한 신앙의 모험을 필요로 한다.

여러 가지 방법으로 가능하나 여기에서는 자신이 독특한 사람이라는 생각을 해야만 한다. 즉 우리 자신을 하나님의 특별한 피조물로 보아야 한다. 점차로 우리는 자신이 크든 작든 간에 변화를 가져오는 일에 기여할 수 있다는 것을 깨닫게 된다. 어떤 사람들은 독특함을 인식하는 것을 은사를 발견하는 것으로 언급하기도 한다.

은사의 확인

우리 자신이 속한 단체에 확실한 공헌을 하기 위해서는 우리에게 은사가 있고, 그 은사가 무엇이든지 간에 가치 있는 것이라는 사실을 인정해야 한다. 은사의 확인에는 두 가지 중요한 단계가 있다. 누구나 은사를 지니고 있다는 것과 그 은사들은 모두 가치 있다는 것이다. 자주 우리는 자신에게 은사가 있다는 것은 알지만, 그 은사가 가치 있다는 사실을 모른다. 우리 자신의 은사가 다른 사람의 은사처럼 좋은 것이라는 점을 알지 못하면 그 은사를 영적으로 사용하기 어렵다. 우리에게 지도자의 은사가 있다면, 그것이 우리 역할에 맞든지 안 맞든지 간에 우리는 지도자의 은사를 인정해야 한다. 너무나 많은 여성들이 특별히 2단계와 3단계 사이에서 정체되는데, 그 이유는 그들 자신이 가치 없는 존재처럼 느끼고, 스스로와 다른 사람들에게 자신의 은사를 인정받지 못하기 때문이다.

자신을 공헌자로 인식하기

우리가 3단계로 이동할 때 우리는 자신과 그룹에 대한 관점을 바꾸기 시작한다. 이제는 우리 자신을 다른 사람에게 주로 받는 위치에 놓는 대신 지도력, 봉사, 아이디어, 실제적인 결과, 가르침, 상담, 음악을 통해 다른 사람들에게 공헌을 하는 위치에 놓는 것이다. 우리가 앞을 향해 뛰어듦에 따라 우리의 시야도 넓어진다. 위급한 때 베푼 도움이 대의 명분으로, 위원회에서의 봉사가 의장의 역할로, 우리의 글이 기사나 책으로, 우리의 토의가 더 큰 공동체에서의 연설로 혹은 우리의 경청이 상담으로 바뀌게 되는 것이다.

책임감의 추구

이러한 과정이 진행됨에 따라, 우리는 사람들 눈에 띄는 것과 책임감이 더해지는 것을 좋아하게 된다. 더 자신감이 생기며, 기꺼이 모험을 감행한다. 그러기 위해서는 우리의 장점을 알아야 한다. 결과적으로 2단계에서 3단계로의 전환은, 우리에게 공동체를 섬기기 위한 개인적인 은사와 재능을 인식하고 개발할 것을 격려한다. 지도자 훈련에 참여하거나 특별한 은사를 추구함으로 이런 것을 이룰 수도 있다. 이 과정은 확실하게 한 개인을 세워주고, 기분을 좋게 하며, 자신감에 집중하게 하고, 장점을 인식하게 한다.

이동을 위한 촉매

모험의 감행

2단계의 그룹은 너무 편안한 곳이며, 많은 안전감을 얻을 수 있으므로 그룹의 후원과 격려를 받는다. 그러나 그렇다 해도 다른 곳, 즉 3단계로 옮긴다는 것은 매우 어려운 일이다. 우리가 이 단계에서 성장하려면 모험을 감행하고, 불확실한 것을 다루며, 자원하여 '하겠다'고 말하고, 새로운 것을 시도해야만 한다. 그렇게 하기 위해서는 우리가 공동체의 일원으로서 후원을 받고 있기 때문에 '할 수 있다'는 자신감을 계속적으로 개발해야 한다.

은사의 수용

우리가 3단계로 이동하는 것에 실패하는 또 다른 이유는 은사 사용에 대한 두려움 혹은 은사를 거절당할지도 모른다는 두려움 때문에 공공연하게 자신의 은사를 부인하는 것이다. 그렇다면 우리가 은사를 사용할 때 인정해야 하는 것은 무엇일까? 우리는 우리 자신이 독특하고, 가치가 있으며, 책임감과 더불어 재능이 있다는 것을 인정해야 할 것이다. 우리는 새로운 확신을 받아들여야만 하며, 아마 자신이 준비되었다고 느끼는 것보다 조금 더 많은 전쟁을 치러야만 할 것이다. 칭찬과 인정을 받아들일 필요도 있을 것이다. 우리의 모든 움직임은 우리가 가치 있고, 재능 있으며, 유능하고, 사랑 받는 사람이라는 사실을 다시 한번 인정하는 것이다. 이제는 우리가 지닌 것을 다른 사람에게 전할 때다.

제자의 삶

논제: 믿음은 하나님에 대해 배우는 것이다.

2단계의 특성

- 소속감을 통한 의미
- 대의 명분
- 올바르다는 느낌
- 지도자
- 신앙의 체계에서 찾은 해답
- 믿음 안의 안전함

새장에 갇힘

- 경직된 의로움
- 옮겨 다님
- '우리 대 그들'의 분리
- 탐색자

3단계로 이동하기

- 독특함의 인식
- 자신을 공헌자로 인식하기
- 은사의 확인
- 책임감의 추구

이동을 위한 촉매

- 모험의 감행
- 은사의 수용

질문

당신은 언제 자신을 믿음의 공동체 혹은 영적 공동체의 일부분으로 느꼈는가?

● 질문 ●

1 당신은 언제 믿음의 공동체나 영적 공동체에 의해 사기가 높아지는 것을 느꼈는가?

2 영성이나 믿음에 대해 혼란을 겪을 때, 당신이 속한 그룹 혹은 지도자가 당신이 구하는 답이나 통찰력을 발견하도록 도와준 때는 언제인가?

3 당신이 따르는 영적 영웅은 누구인가?

● 적용 ●

1 당신이 속한 직장, 가정, 친구 관계, 지역 사회, 여가 활동, 신앙의 그룹 등 모든 그룹을 열거해보라. 각 그룹에서 당신이 얻는 중요한 것, 느낌, 구체적인 유익을 적어보라. 당신은 왜 각 그룹에 속해 있는가? 그 그룹에서 소속감의 필요를 채우고 있는가?

2 당신을 따르는 사람들이나 당신이 모르는 것에 대한 답을 알고 있는 사람과의 대화를 일기에 적어보라. "당신은 누구입니까?", "제게 무엇을 말하려고 하나요?" 혹은 "내 삶에 있어서 당신의 역할은 무엇입니까?"와 같은 질문으로 대화를 시작해보라. 이 연습을 통해서 무엇을 들으며 배울 수 있을까?

3 옛 찬송가 '의지하고 순종하면'의 가사를 읽어보고 그 의미를 묵상해보라. 위로의 메시지, 선하심, 안전함을 느낄 수 있는가? 마음속에 특별한 의미로 다가오는 가사에 대한 반응을 기록해보라.

> 1. 예수 따라가며 복음 순종하면 우리 행할 길 환하겠네
>   주를 의지하며 순종하는 자를 주가 늘 함께하시리라.
> 2. 해를 당하거나 우리 고생할 때 주가 곧 없이 하시겠네
>   주를 의지하며 순종하는 자를 주가 안위해 주시리라.

3. 남의 짐을 지고 슬픔 위로하면 주가 상급을 주시겠네
   주를 의지하며 순종하는 자를 항상 축복해 주시리라.

후렴: 의지하고 순종하는 길은 예수 안에 즐겁고 복된 길이로다.

4 당신의 어린 시절 종교적인 경험에 대한 감정을 솔직하게 드러내보라. 어떤
  것이 좋고, 실망스러운가? 고통에서 풀려나고 싶거나 종교적 경험의 기쁨을
  다시 느끼고 싶은 일이 있는지 자신에게 물어보고, 당신 안에 일어나는 느낌
  이나 질문의 답에 대해 생각해보라.

The Critical Journey

5장

3단계:
생산적인 삶

"나는 내가 무엇을 믿는지, 또 내게 그 믿음이 얼마나 귀한 것인지를 알고 있다. 나는 나와 같은 여정에 있는 사람들을, 내가 느끼는 하나님 안에서의 충만함으로 인도해야 한다는 강한 책임감을 느낀다. 나는 너무 내 기쁨을 나누고 싶다."

"자연 속에 있을 때 나는 전적으로 자족하는 마음이 된다. 매우 강해지며, 우주와 하나가 된 느낌이다. 모든 것이 아름답다. 모든 것이 다 좋아 보이며, 내가 가진 은사로 다른 사람들의 유익을 위한 선을 성취해야 한다는 도전을 받는다."

"나는 지도자로 부름 받은 것을 느낀다. 하나님께서는 내게 다른 사람들을 위해 사용할 재능을 선물로 주셨다. 나는 사람들이 자신들의 은사를 발견하고, 그 은사를 이 세상을 위한 하나님의 계획을 진행시키는 데 사용하는 것을 보기 원한다."

"나는 알코올 중독자 프로그램에 들어온 지 얼마 안 되었는데, 다른 사람의 스폰서가 되는 책임을 나의 귀한 소명으로 느낀다."

"내가 크리스천이 된 이후로 모든 것이 따라왔다. 성실한 크리스천이 되는 것이 성공적인 삶 같다."

"내가 교회 유아부를 맡으리라고는 전혀 생각할 수 없었으나, 매 주일마다 공급하시는 하나님의 힘을 진정으로 받아들였다."

"나는 책임 맡는 것을 정말로 좋아하지 않았지만 사람들이 나를 책임자의 자리에 앉혔다. 그들은 나를 원했고, 하나님께서도 역시 나를 원하셨던 것 같다. 그동안의 내 성과는 어느 정도 믿을 만하며, 앞으로 계속 잘할 수 있기를 희망한다."

"내 삶의 목표는 다른 사람의 삶에 변화를 불러오는 것이다."

"나는 매우 불안하고 도움이 필요한 사람이었으나 이제는 안전함과 확신이 있으며, 내 삶이 어디론가 움직이고 있다고 느낀다. 믿음은 정말 자신감을 키워준다."

제3단계는 '행위doing'의 단계라고 말할 수 있다. 이 시기는 우리가 의식
적으로 일하는 때다. 사실상 우리의 믿음은 '하나님을 위해 일함' 혹은 '하
나님의 사역을 감당함'이라고 특징 지어진다. 견습 기간인 '제자의 삶' 단계
를 지났으므로 우리 스스로 일할 수 있으며, 더 나아가서는 다른 사람들로
하여금 우리가 발견한 것을 배워서 그런 삶을 살도록 도울 수도 있다. 사실
상 이 단계는 이전 단계의 자연스러운 연장으로서, 우리의 신앙 배경이 보수
적이든 중도적이든 자유주의적이든지 간에 하나님을 위해 일한다. 다른 사
람들과의 관계에서 베풀기도 했지만, 사실 너무 많은 것을 받았기 때문에 베
풀 때가 온 것이다. 즉 이제는 우리가 받은 것을 돌려주어야 할 때다.

　　보통 이 시기는 믿음의 여정 가운데 매우 활발한 단계로서, 긍정적이고
역동적이며 믿음과 관련하여 생산적이다. 우리의 목표가 다른 사람을 돕는
것이라 할지라도, 그 일에서 먼저 우리 자신이 보람을 느끼므로 우리의 신
앙도 자라게 된다. 즉, 다른 사람을 돕거나 지도하면서 오히려 우리 자신을
세우고 새로운 것을 추구함으로 목표와 성취를 위해 노력한다. 한편 어떤

사람들의 경우에는 자신이 준비되기 전에 혹은 2단계에 확실한 뿌리를 내리기 전에 다른 사람을 돕는 상황으로 몰아진 것처럼 느끼기 때문에 3단계가 불안한 시기로 다가올 수도 있다. 또 다른 사람들은 이 단계로 끌려들어온 것처럼 느끼면서도 그 끌어당기는 힘을 결코 떠나고 싶어하지 않는다. 어떤 여성들은 교회가 여성들의 재능과 은사 사용을 원하지 않을 경우, 이 단계가 매우 고통스럽다는 것을 발견한다.

우리의 믿음이 생산적인지 아닌지를 알 수 있는 하나의 방법은 우리 자신이 소중하게 여기는 믿음의 상징이 우리 삶에 나타나는지의 여부다. 사람들은 건강, 직장에서의 성공, 지역사회 봉사, 건강한 가정과 아이들, 즐거운 삶의 태도, 교회 프로그램의 적극적 참여, 성령의 은사(방언, 신유, 예수님의 임재, 예언 등), 선행, 사람들을 바른 명분이나 예수님 안의 믿음으로 인도하는 것 등을 3단계에서 믿음이 역사하고 있음을 인정하는 표시로 인용한다.

많은 사람들에게 이 단계는 믿음 체험의 절정을 나타낸다. 이 단계에서는 흥분되고, 성취감을 느끼며, 기분이 좋고, 분발하며, 열매 맺는 것을 느낀다. 그리고 우리 자신과 다른 사람들의 더 많은 노력도 요구한다. 모든 일이 너무나 잘 진행되므로 거의 만족시키기 어려운 시기이기도 하다. 이 단계가 어떤 사람들에게는 "만일 하나님께서 우리를 위하시면 누가 우리를 대적하리요?"라는 구절로 표현된다.

3단계의 특성

공동체 안에서의 독특함
우리가 받은 은사는 각 개인마다 독특한 것이므로 우리는 믿음의 공동체 안에서 각자 다른 역할을 수행한다. 은사는 믿음의 공동체에 공동의 유익을 위해서 주어진 것이므로 우리는 각자 은사를 사용해야 한다. 우리는 은사를 사용하여 우리가 받은 모든 것과 양육 받은 것을 돌려줌으로써 믿음의 공동체에 구체적으로 기여하게 된다. 또한 우리 자신이 특별한 사람으로서 특별한 은사가 있다는 현실을 알고 인정하는 것은 우리 자신에 대해 만족을 준다. 자신감이 점점 커가는 것을 경험함으로써 더 발전해 3단계로 나아간다. 어느 시점에 도달하면, 우리는 자신이 구체적으로 어떤 일을 잘할 수 있는지를 알고 인정하게 된다. 우리는 각자 재능과 기술이 있으며, 따라서 한 개인으로서 독특한 가치를 지니고 있는 것이다.

일정 기간 동안 자신의 특별한 은사를 인식하고 조직하며 실행에 옮길 때 우리는 비교적 자기 중심적으로 보인다. 우리는 자신을 살피며 어떤 은사나 재능을 가장 사용하고 싶어하는지, 또 어떻게 사용할 것인지를 발견해야 한다. 믿음의 여정에서 우리는 은사를 하나님께서 우리에게 주신 선물로 받아들인다. 이 능력을 하나님을 영화롭게 하고, 온전한 우리 자신이 되도록 사용하기를 원한다. 때때로 오랜 기간 동안 믿음의 공동체 혹은 어떤 분야에서 한 가지 직업이나 업무에 종사한 사람들의 경우, 이 단계에서 자신들이 잘 모르고 있던 다른 재능을 지니고 있다는 사실을 발견할 것이다. 그런 경우에 그들은 변화를 시도하고 싶어할 것이다. 믿음의 공동체는 서로 용납하고 사랑하는 환경 안에서 자신의 새로운 재능과 기술을 탐색할 수 있는 좋은 장소다. 만약 은사를 사용하는 데 지루함이나 피곤함을 느낀다면 그것은 더 배우거나 공부해서 개인의 사역을 새로운 방법으로 발견하든지 더 깊은 곳으로 나아가라는 부르심 혹은 내면의 권고일 수 있다.

교회에 출석하지 않는 사람들도 교회 내의 사람들과 비슷한 방식으로 이 단계를 경험할 수 있다. 그룹 내에서 우리의 독특함을 사용하는 것은 그 그룹이 우리의 재능과 기술을 생산적인 방법으로 받아들이는 것이다. 우리는 자신이 속한 그룹에 영적 은사를 제공할 수 있다. 목적을 이끌어나가는 것,

공적인 연설, 글쓰기, 전략적 계획, 사람 관리 등이 대표적인 예다. 어떤 사람들은 교회에 도움이 되지 않는데도 스스로를 매우 윤리적 혹은 도덕적으로 느끼며, 다른 사람들을 위해 자신의 은사를 사용하고 있다고 생각한다. 그 사람들은 스스로를 영적일 뿐 아니라 믿음의 여정중이라고 간주한다.

사실상 우리는 '재능'에 관한 언급을 복음서에 나오는 '달란트'를 맡은 세 종 이야기에서 찾을 수 있다. 세 사람 가운데 두 사람은 자신들의 달란트를 투자했으나, 세 번째 종은 잃어버리거나 해를 당할까봐 자신의 달란트를 땅에 묻어두었다(마 25:14-30). 사도행전 13장 2절에 보면 초대 안디옥 교회 기사 가운데 3단계에 대한 묘사가 있다. 그 교회에는 공동체 생활에 크게 기여한 사람들이 몇 명 있었다. 그러나 그들이 예배하는 중에 성령께서 "내가 불러 시키는 일을 위하여 바나바와 사울을 따로 세우라"고 말씀하셨고, 그래서 바나바와 바울의 선교 사역이 시작되었다. 고린도전서 12장 8-10절에 보면 바울은 전체 교회의 성장과 발전을 위해 개인이 사용해야 할 은사들을 나열하고 있는데 그것들은 지혜의 말씀, 지식의 말씀, 믿음, 병 고치는 은사, 능력 행함, 예언, 영들 분별, 각종 방언 말함 그리고 방언들 통역이다.

책임감

이 단계에서 생산적인 삶의 명백한 형태는 종종 특정한 지도자의 역할이나 믿음의 공동체 안에서의 위치로부터 온다. 우리는 공동체의 위원회에서 몇 년 동안 봉사한 덕에 좀더 자주 발표할 수 있는 경험과 자신감을 가지게 되고, 갑자기 위원장이 되어 달라는 부탁을 받을 수 있다. 또는 주일학교에서 가르치거나, 행사를 주관하거나, 청소년 그룹 혹은 주말 수련회, 성경 공부를 인도하기로 수락한다. 책임감은 어쩌면 특별한 방법으로 봉사하거나, 다른 교회와의 모임에서 우리 교회를 대표하는 것을 의미할는지도 모른다. 또한 우리는 알코올 중독자 회복 모임의 후원자가 되는지도 모른다. 종종 우리가 새로운 책임을 맡았을 때, 우리 스스로는 자신이 변했다고 느끼지 않지만 다른 사람들이 우리를 다르게 대하는 것을 알아차릴 것이다. 그들은 우리를 더 자신감 있고 능력 있는 사람으로 생각한다.

이 단계에 있는 동안 공동체 안에서 전통적으로 생각하는 지도자의 역할이 아닌, 우리 나름대로 감당하고 싶은 다른 형태의 지도자의 역할도 있다는 것을 발견하게 된다. 모든 사람에게는 더 편안하게 느끼는 책임감이 있겠지만, 이 모든 것들이 다 사람들의 눈에 띄거나 인정받을 수 있는 것은 아니다. 우리의 책임은 자녀들을 건강하게 양육한다든지, 다른 아이들의 대리 부모가 되어주는 것일 수도 있다. 혹은 다른 사람을 위해 기도하는 것일 수도 있다. 또한 사업상 거래에서 정당하고 윤리적인 우리의 판단이 우리를 다른 사람과 구별되게 하고, 하나님의 은사로 받은 역할을 성취하고 있다는 생각을 하게 만들 수 있다. 어떤 사람들은 노래하는 특별한 은사나 재물을 자유롭게 베푸는 은사가 있기도 하다. 어떤 사람들은 구속중인 가난한 사람들을 위해 장갑을 짜거나, 전과자들에게 직업을 찾아주거나, 이민자들을 도와주거나, 인종 차별을 당하는 사람들을 도와주는 것을 자신들의 역할로 생각한다. 어쩌면 우리의 은사는 필요한 사람들에게 친한 친구가 되어주거나 꼭 껴안아줌으로써 그들이 돌봄 받고 있다는 것을 알게 하는 것일 수도 있다.

때로 우리는 지도자의 위치나 생산적인 역할을 감당하도록 설득하는 주위 사람의 사랑 담긴 성화에 의해 미처 준비되지 못했다고 여겨지는 책임을 맡기도 한다. 그러나 한편으로는 그 역할을 감당하면서, 자신이 알지 못했던 새로운 역량과 재능을 발견할 수 있다. 이것 역시 하나님으로부터의 은사인 동시에, 우리가 사역했던 사람들로부터의 선물이다. 이러한 책임을 감당할 때 우리는 바른 일을 하고 있고, 유용한 사람이라는 느낌이 강화된다. 우리 모두는 하나님을 위해 사용할 수 있는 책임의 영역이 있으며, 우리의 주된 관심은 임무에 충실하여 성공하는 것이다.

성경은 특별한 임무를 수행하기 위해 하나님께 부르심을 입은 사람들의 이야기로 가득 차 있다. 드보라의 찬양은 이스라엘의 처절한 역사 가운데 그녀의 사사와 구원자로서의 지도력을 이야기해준다(삿 5장). 모세의 소명은 매우 극적인 사건이다. 광야에서 외롭게 양을 치던 모세는 애굽으로 돌아가서 하나님의 백성들을 고통에서 이끌어내라는 하나님의 명령을 받기 위해 '떨기나무 불꽃'을 발견한다. 모세의 출생, 어린 시절 죽음으로부터의 기적적 도피로 바로의 궁전에서 살게 된 것 그리고 40년 동안 광야로의 피신은 그의 소명이 특별한 것임을 증명한다. 그러나 모세는 하나님께서 자신의 임무를 완수시키는 만큼만 자기가 유능함을 알았다. 하나님의 임재와 권능을 확인하면서, 모세는 애굽에서 이스라엘 백성을 광야로 인도하기 위해 돌아갔다.

상징적인 것에 대한 가치 부여

3단계는 책임감, 권위, 인정, 지위, 다른 사람들로부터의 칭찬, 영향력, 존경, 전념 등 이 단계를 대표하는 상징들과 가깝게 연결되어 있다. 우리가 많은 열매를 맺을 때 개인적인 보상(성공적 임무 수행, 사람들의 변화, 예산의 균형, 영적 목표의 달성) 혹은 믿음의 공동체 차원에서의 보상(더 많은 책임, 상패, 감사, 칭찬)이 따른다. 보상이 있다고 해서 아무 불평도 없다는 말은 아니다. 문제들이 발생하기도 하지만 보통은 그 문제들을 극복한다. 우리들은 도전, 자아 만족, 믿음의 강화 혹은 책임감을 동반하는 다른 사람들의 인정에 매력을 느낀다.

생산적인 삶을 상징하는 것의 범위가 넓기 때문에 우리는 일반적으로 어떤 것이 우리에게 중요한 상징인지 스스로에게 물어보아야 한다. 어떤 사람들에게는 자신이 도움이 되는 선한 일이나 믿음의 공동체의 가치관에 맞는 어떤 일을 했다는 것을 아는 것만으로 충분하기도 하다. 그런 경우는 바른 일, 즉 잘못된 일을 하지 않는 데서 오는 만족감일 수 있다. 선한 일을 행한 사람은 기분이 좋으며, 도움을 받은 사람 역시 감사하는 마음이 든다.

우리가 인생의 성공을 무엇이라고 정의하든지, 어떤 사람들에게는 인생의 성공이 믿음의 또 다른 성장을 의미한다. 우리는 인생의 성공을 무엇을 얼마나 강하게 믿는지와 동일시할 수도 있다. 그리고 우리는 생산적인 삶을 뒷받침하는 것으로 믿음을 의지한다. 우리에게 성공적이라는 것은 신실함을 의미한다.

어떤 사람들에게 생산적인 기독교인의 삶의 다른 표시는 뚜렷한 성령의 은사로 나타난다. 이미 언급했듯이, 어떤 전통에서는 특별한 성령의 은사를 받거나 성령의 은사가 있다고 말하는 것이 믿음의 여정의 3단계에 이르렀음을 나타낸다. 은사를 지닌 사람들은 이런 성령의 은사들을 통해 공동체에 특별한 방법으로 기여할 수 있다. 사도, 교사, 지도자, 돕는 사람들의 능력을 고려해보라. 또 다른 어떤 사람들에게는 갈라디아서 5장 22-23절에 열거된 성령의 열매들, 즉 사랑, 희락, 화평, 오래 참음, 자비, 양선, 충성, 온유, 절제의 열매 맺는 삶이 상징으로 나타난다.

영적 목표의 달성

어떤 사람들의 경우에는 생산적인 삶이나 열매 맺는 삶의 형태가 책임감, 지도력, 성공 등 눈에 띄는 외형적인 것으로 나타나지 않는다. 오히려 자신이 성취했거나 경험한 것을 바탕으로 무엇인가를 하고 싶어하는 갈망을 갖게 하는 믿음의 성숙이나 영성의 어떤 수준에 도달했다는 느낌으로 나타난다. 세미나, 성경 공부, 훈련 기간, 영적 안내, 영적 훈련의 수료나 새로운 수준의 재물이나 시간의 헌신 등이 이에 해당한다. 더 의미 있는 방법으로 기도하는 것을 배우거나 하나님의 임재가 느껴지는 중요한 위기나 전환기를 잘 넘기는 것 등도 될 수 있다. 이런 경험을 통해 우리는 자신을 특별하게 느끼며, 다른 사람들에게 우리만이 감당할 수 있는 독특한 일을 해줄 수 있는 것이다.

새로움, 신선함, 넓음, 깊음 등 어떤 느낌이든지 그 안에 무언가를 해내고, 극복하며, 이겨내고, 성장했다는 성취감이 있다. 여정의 어떤 부분이 끝났거나, 목적지에 도달했거나 혹은 어떤 것이 끝난 것 같은 느낌이 든다. 그 느낌은 큰 안도감이다.

어느 누구도 이 단계에서 우리에게 은사의 인식과 목표 달성과 관련하여 만족을 주는 것이 무엇인지 규정지어 줄 수 없다. 우리 자신이 직접 발견하고, 창출해내며, 깨달아야 하는 것이다. 그것이 이 열매 맺는 단계가 흥미로운 또 하나의 이유다. 우리 스스로 무엇이 될 수 있는지 그리고 어떻게 기여할 수 있는지를 발견하는 것이다. 우리는 스스로 우리의 재능을 발견하는데, 하나님께서는 그것을 다른 사람들을 위한 재능이 되도록 창조하셨다.

사도 바울은 자신의 목표를 추구하는 것을 묘사하면서 장거리 선수의 비유를 사용했다. 그는 빌립보서 3장 14절에서 어느 정도 자전적으로 "그리스도 예수 안에서 하나님이 위에서 부르신 부름의 상을 위하여 좇아가노라"고 썼으며, 10절에서는 자신의 중요한 목표가 "내가 그리스도와 그 부활의 권능과 그 고난에 참예함을 알려 하여 그의 죽으심을 본받는 것"임을 분명히 밝혔다. 예수 그리스도를 개인적인 방법으로 알게 된 경험이, 당대에 뛰어났던 그의 이전의 모든 성취를 아무 가치 없는 것으로 만들어버렸다.

3단계 여정의 실례들

밥Bob | '지나친 성취자' 경향이 있는 나에게 3단계는 매우 자연스러운

것이었다. 비결을 배우기에 열심이었고, 내가 소속된 특정한 믿음의 공동체에 기여할 만한 가치가 있는 능력을 소유하고 있음을 안 후에는 많은 지도자 역할에 끼어들었다. 나의 경우 3단계는 청소년 시절에 이미 시작되었다. 교회에서 청년부의 지도자였을 뿐만 아니라, 예배 시간에 오르간을 반주했으며, 음악을 총지휘하고, 찬양을 인도했다. 나는 전국 기독교 청소년 단체가 주최한 전국 찬양 인도 경연대회에서 상을 받게 되어서, 고등학교 2학년 여름방학을 다른 학생들과 함께 베네수엘라에서 청소년 부흥회를 인도하며 다녔다. 교회 밖에서는 매주 모이는 고등학교 성경 클럽의 회장이었다. 또한 매주 토요일 밤마다 모이는 지역 청소년 단체에서도 찬양을 인도했으며, 때로는 설교를 하기도 했다.

대학교에 진학하고, 교회 생활에 개입하며, 신학 교육에 참여함에 따라 나의 역할은 바뀌었으나 믿음의 패턴은 계속되었다. 영적 성숙에 대한 나의 느낌은 종종 내가 얼마나 기독교 활동에 참여하는가와 직접 연관이 되었고, 나의 효율성은 내가 하는 일의 일반적 기준에 의해 평가되었다. 이런 생각이 대학 시절부터 대학원의 학업에까지도 연결되었다. 선생님, 또 교수로서는 믿음의 여정이 곧 나의 일이었다. 또한 내가 하는 그 일이 신학 교육이었으므로 나의 일조차도 영적이었다.

대형 교회 교육 목사로서 나의 위치는 3단계에서 활약하기를 요구했다. 얼마나 사역을 잘하고 있는지가 사람들의 숫자와 참여도에 따라 측정되는 최종 결과에 관심이 많았다. 매년 우리가 얼마나 발전했으며, 어디로 가고 있는지를 보기 위해 나는 하던 일을 멈추고 사역 목록을 평가했다. 그러나 성공해야 한다는 생각은 믿음의 공동체의 필요를 채우기 위한 갈망이었지, 나를 위한 것은 아니었다. 나도 모르는 사이에 나는 내가 공동체에 변화를 가져올 수 있으며, 또 그렇게 해야만 한다는 느낌에 끌려 들어갔다.

그와 동시에 내 자신의 영적 여정은 다른 장소에 있는 것 같았다. 나는 내가 사역을 얼마나 잘하고 있는지에 기초해서 나의 영적 온도를 측정하지 않았으므로, 개인적으로 처해 있는 곳과 목사로 처해 있는 곳 사이에서 자주 갈등을 했다. 자연스럽게 이 갈등은 내 여정에 긴장을 일으켰으나, 나는 여정의 한 단계에서 살면서 다른 단계에서 일하고 사역하는 것에 대해서 자유로웠다. 그것은 내가 나의 직업을 심각하게 받아들였으나 나의 영성의 마지막 테스트로는 받아들이지 않았음을 의미한다.

수잔Suzanne | 수년 전에 딸이 거식증으로 고통을 받았다. 우리 가족이 함께 상담을 받는데, 그 과정은 이 질병을 이해하고 극복해내기 위한 고통이었다. 딸이 두 해에 걸쳐 투병할 동안 절망에 사로잡혔으며, 외롭고 두려웠던 순간들이 매우 많았다. 이 괴로운 기간 동안 내가 지지와 도움을 받을 곳은 거의 없어 보였다. 내 이야기를 들어주고 나를 돌봐준 친구들과 이 여정의 기간 동안 함께하신 하나님께 감사한다.

딸의 더딘 회복 이후 나는 여러 사람으로부터 전화를 받기 시작했다. 그들은 두려움과 고통 속에서 도움의 손길을 찾으며 괴로워하는 거식증 자녀를 둔 부모들이었다. 서서히 우리가 도움을 받았듯이, 다른 사람들을 도울 수 있는 후원 그룹이 필요하다는 것이 분명해졌다. 나 자신과 다른 사람들을 위해 그런 후원 그룹을 찾았으나, 도움이 될 만한 곳을 거의 발견할 수 없었다. 나는 그 문제를 놓고 열심히 기도했으며, 점차 하나님께서 나를 특별한 임무를 위해 부르신다는 것을 믿게 되었다. 나는 모일 수 있는 장소를 찾았으며, 그룹을 인도할 친구 상담자를 초청했다. 우리는 알코올 중독자 치료 모델인 'AA'와 'Al-Anon'에 기초한 방법을 택했다. 모임에 대한 소문이 조금씩 퍼지자 사람들이 모여들기 시작했다. 몇 년에 걸쳐서 이 모임은 많은 사람들에게 후원과 성장의 장소가 되고 있으며, 내게도 굉장한 개인적, 영적 경험이 되고 있다.

부모들이 매주 둘러앉아서 자신들의 고통을 말하며, 눈물을 흘리고, 서로를 향해 도움의 손을 내밀 때 나는 하나님께서 우리의 어려운 시간을 우리 자신과 다른 사람을 위한 성장의 기회로 바꾸기 원하신다는 것을 더욱 깨닫는다. 매주 모임을 통해 나는 하나님의 치유하시는 사랑의 강한 연합을 경험한다. 매주 함께하는 그 시간은 우리 많은 사람들에게 교회에서 매주 드리는 예배만큼이나 중요한 시간이 되었다. 하나님께서 중심에 계시고 사람들이 서로 돕는 것, 이것이 우리 모임의 모든 것이다. 우리의 모임은 나로 하여금 알코올 중독자 치료 프로그램의 중요한 영적인 차원과, 왜 그 두 프로그램이 수년간에 걸쳐서 사람들의 삶에 그렇게 중요한 영향을 끼치고 있는지 이해할 수 있도록 도와주었다. 나는 이런 방법으로 하나님에 의해 쓰임 받는 것에 대해 기쁘게 여기며, 이 모든 과정을 통해 내 자신의 치유도 촉진되었다. 우리가 모임을 시작할 때와 마칠 때 드리는 평온을 위한 기도가 모든 것을 대변해준다고 생각한다. "하나님, 내가 변화시킬 수 없는 것을 받아들일 수 있는 평온함과, 내가 바꿀 수 있는 것을 바꿀 수 있는 용기와, 그 둘의 차이를 알 수 있는 지혜를 주시옵소서."

새장에 갇힘

지나친 열심

제3단계에 정체된 사람들은 다른 사람들을 어색하게 한다. 우리는 너무 열정적이고, 일에 몰두한다. 그 주제가 은사의 경험이든, 평화나 정의의 문제든, 거듭난 믿음이든 혹은 최근의 영적 세미나든지 간에 우리는 주위 사람들에게 우리의 이야기를 하고, 그들을 변화시키려 한다. 이러한 과정은 피해 가기 힘들기 때문에 우리는 사람들에게 자칫 상처를 남기기 쉽다. 우리가 지니고 있는 것이 다른 사람들에게도 필요하다고 너무 강하게 믿기 때문에 그들이 우리를 만족시킬 때까지 우리는 쉴 수가 없다.

이 특성은 믿음에 있어서 열정적 경험을 한 사람들이 자신의 기쁨과 삶을 다른 사람과 나누고 싶어하거나, 다른 사람들도 우리가 알게 된 믿음을 경험하기를 원하는 것과는 다르다. 3단계에서 새장에 갇히면, 우리 자신의 경험을 다른 사람들이 인정해주기를 바라며 그들에게도 그 경험에 참여하기를 강요한다. 그래야 우리의 믿음이 성공적인 것처럼 느끼기 때문이다. 다른 사람들을 끔찍한 운명에서 구해내면서 우리의 개인적 만족을 얻고, 그들도 우리처럼 생산적인 삶을 살 수 있도록 함으로써 우리 스스로 점수를 얻는 것이다.

선을 행하다가 지침

아마 당신은 어디선가 "지칠 때까지 쇼핑하라"는 문구를 보거나 들어봤을 것이다. 티셔츠 위에 새기기도 하는 유머러스한 말이지만, 한편으로 진리를 포함한 말이다. 3단계에 정체되어 있는 우리를 표현하는 말일 수도 있다. 우리는 종종 무슨 일이든지 믿음 체험의 일부로 너무 열심히 잘해보려 하다가 지친다. 우리는 소진해버리며, 동시에 종종 이유를 모른 채 사람들이 우리를 고마워하지 않는다고 느낀다. 사람들은 우리가 원하는 방향이나 기대하는 속도로 변화되지 않는다. 우리의 지도력이 우리가 원하는 성공을 가져오지 않는다고 느끼기도 한다.

보통 우리의 불평은 한 가지로 요약된다. 다른 사람들이 우리를 실망시키는 것이다. 즉, 그것은 누군가 다른 사람의 잘못으로 인해 발생한 것이다. 우리는 이 단계에서 일을 성취하기 위해 할 수 있는 만큼 열심히 노력했다고 생각하므로 매우 실망하고, 때로는 쓸쓸한 마음까지 생긴다.

자기 중심

우리가 3단계에서 더욱 성공적으로 일하고, 더 생산적이 될수록 자기 중심성, 심지어는 자기 숭배의 새장 속으로 빠져들어갈 유혹이 많아진다. 스스로 그룹에 없어서는 안 될 사람으로 여긴다. "내 은사와 재능이 이 지위에 너무 잘 맞아서 다른 어느 누구도 나처럼 잘할 수 없을 거야"라는 생각을 한다. 그러면서 눈에 띄는 일을 맡지 못하게 되면 곤혹스러워한다. 그리고 주위에 사람들이 모이는 것을 즐기는데, 왜냐하면 그것이 우리의 무의식적인 불안감을 메워주며, 깨닫지 못하고 있는 두려움을 없애주기 때문이다. 우리는 하나님의 일임에도 불구하고 우리 스스로 모든 것을 다 하려고 한다.

아무도 우리를 이길 수 없다는 생각을 가지고 자신의 삶과 다른 사람의 삶 속에서 하나님의 역할을 하는 융통성 없는 길로 들어선다. 이 시기에 새장에 갇히면 선행으로 성공을 보상받는 것 같은 미묘한 감정을 느낀다. 더 열심히 일할수록 더 성공하게 되고, 우리의 믿음은 더 강해진다고 믿는다. 자신의 욕망을 하나님의 자리에 놓고 그것을 하나님의 뜻이라고 부른다. 만약 누가 도전해오면 우리가 옳다는 것을 증명하기 위해 성경이나 다른 증거를 사용하면서 열심히 대응할 것이다. 반대로 그들의 도전을 질투심이나 미성숙의 탓으로 돌리며 도전 자체를 회피할 수 있다.

성취자로서의 삶

삶은 우리 자신이 주연이 되어 모든 것을 풀어가는 공연, 연기, 연극, 드라마다. 우리는 통제를 잃을 수 있는 존재이므로 더욱 다른 사람 앞에서 약점을 드러내거나 약하게 보일 수 없다. 내면에서는 하나님께 분노하지만 그것이 드러날까봐 매우 두려워하므로 어느 때보다 더 가장된 모습을 하고 있다. 주변 사람들에게 거의 완벽하게 보이며, 자주 영웅적 존재로 숭배되기도 한다. 청중들의 반응에 신경을 쓰며 살아간다. 그들의 갈채에 중독되며 점점 더 환호를 원하게 된다. 우리가 누구인가라는 것보다는 우리가 어떤 일을 행했는가라는 것으로 사랑받기 위해 매우 열심히 노력한다. 궁극적으로 우리는 매우 외로운 사람인 것이다.

4단계로 이동하기

확신의 상실

3단계에서 4단계로의 전환은 3단계에서의 확신이 4단계의 불확실함과 의문으로 약해지기 때문에 매우 어려운 과정이다. 이 전환에는 몇 가지 중요한 경험이 있다. 우선 우리는 신앙의 질문들을 부인하지 않고 인정한다. 그런 후에 그 과정이 외롭다 하더라도 도움을 추구한다. 우리는 스스로 해답을 찾는 것과 하나님 안에서의 해답을 기다리는 것 사이에서 신중해진다.

신앙과 개인적 위기의 경험

3단계에서 4단계로의 이동은 우리의 삶이나 믿음의 위기에 의해 더 촉진되는 경향이 있다. 위기는 이전의 많은 진리나 해답을 여정의 다음 단계로 이동하는 과정에 불충분하고 부적당한 것으로 만들어버린다. 위기는 자주 우리의 믿음, 하나님과의 관계에 대해서 더디며 깊고 고뇌에 찬 질문을 하게 한다. 우리에게는 해답이 없는 빈 공간만이 있을 뿐이다. 우리는 믿음의 딜레마를 해결하기 위해 탐색하기 시작한다.

버림 받은 느낌

어떨 때는 하나님을 상실한 듯한 느낌이 들 때도 있다. 하나님께서 우리를 버리고 자취도 없이 사라지신 것처럼 보인다. 하나님의 실재와 확신을 상실한 채 암흑 속에서 무엇을 묻고 어디로 향해야 할는지 알지 못한다. 그래서 우리는 당황하게 된다. 이 전환기는 모든 여정의 과정에서 가장 불안한 장소임이 분명하다. 의심과 위기 속에서 하나님을 가장 필요로 할 때 우리는 자주 하나님께서 안 계신 것처럼 느낀다. 그러나 이런 느낌이 우리 대다수에게는 전환기의 일부분일 수 있다. 이런 느낌은 하나님을 다시 찾는 과정에서 불가피하며, 우리를 낮추고 부서뜨리는 경험을 하도록 우리를 준비시킨다.

방향의 추구

우리의 믿음, 하나님과의 관계는 다시 빚어지기 이전에 변화되어야만 한다. 이 변화는 어쩌면 어린 시절부터 의지해온 믿음의 기초의 일부분을 뒤흔들기 때문에 우리 대다수에게 두려울 수 있다. 그러나 그렇다 할지라도 그것은 자연스러운 것이다. 4단계로의 전환기에서 우리는 우리의 경험을 겪고 있거나 혹은 이미 겪었으며, 의심과 불확실함을 두려워하지 않는 많은 동료 순례자들의 도움을 받을 수 있다. 4단계에서는 극소수의 사람들만이 확신을 가지며, 초기에는 더욱 그렇다.

이 즈음에서 믿음의 여정의 단계들은 유동적이며, 실제 삶에서는 우리가 구분한 것처럼 명백하게 구분되지 않는다는 점을 반복하여 말하는 것이 좋다. 우리는 매일 앞 또는 뒤로 움직일 수도 있고, 지금까지 설명한 1단계에서 3단계까지에 동시에 처할 수도 있다. 그러나 그 세 단계 가운데 현재 당신의 삶에서 현실적으로 가장 잘 맞으며, 당신의 마음에 가장 가깝기 때문에 계속적으로 되돌아가는 단계가 있을 것이다. 나머지 여정을 설명하는 동안 당신의 주거지 단계를 기억하고 있기를 바란다.

이동을 위한 촉매

성공의 포기

3단계에서의 성취와 성공은 매우 만족스러운 것이다. 우리는 자신감과 유능함을 느끼고, 존경을 받으며 호감을 얻는다. 우리는 4단계의 불확신의 구름을 대면하기를 정말로 원치 않는다. 그러므로 스스로 3단계에서 4단계로 움직인다는 것은 어렵다. 이 과정에서 우리는 보통 우리가 소중히 여기던 것을 이미 잃어버리기 시작했거나, 소중히 여기던 것이 이전처럼 우리가 원하는 것을 주지 않는다는 것을 느낀다. 3단계에서 4단계로의 전환에는 보통 슬픔이 따른다.

약점의 수용

우리는 의식하지 못하는 수준에서 불확실함, 상실, 혼돈, 어쩌면 처절한 곳으로 움직이고 있다는 것을 안다. 얻기보다는 더 많이 잃어버리는 느낌을 갖는다. 하나님 앞에서 영적으로 발가벗고, 영적인 온전함에 대해서 인정한다는 것은 매우 어려운 일이다. 하나님으로부터 도망갈 수 없으며 하나님과 대면해야 하는데, 그 사실이 그 어느 때보다 우리를 더욱 취약한 위치에 처하게 한다. 우리가 이런 두려움에 기꺼이 마음을 기울이지 않는 한, 우리는 취약함이 줄어들고 안전함을 쉽게 얻을 수 있는 2단계나 3단계로 이동할 것이다.

생산적인 삶
논제: 믿음은 하나님을 위해 일하는 것이다.

3단계의 특성

- 공동체 안에서의 독특함
- 상징적인 것에 대한 가치 부여
- 영적 목표의 달성
- 책임감

새장에 갇힘

- 지나친 열심
- 자기 중심
- 선을 행하다가 지침
- 성취자로서의 삶

4단계로 이동하기

- 확신의 상실
- 버림 받은 느낌
- 신앙과 개인적 위기의 경험
- 방향의 추구

이동을 위한 촉매

- 성공의 포기
- 약점의 수용

질문

당신의 재능이나 은사 가운데 어떤 것을 좋아하며, 기꺼이 사용하고 싶은가?

• 질문 •

1 당신의 재능이나 은사 가운데 어떤 것을 좋아하며, 기꺼이 사용하고 싶은가?

2 당신은 언제 직장, 집, 도시 등의 공동체에서 영적인 책임을 지기로 했는가?

3 당신은 어떤 특별한 영적 목표를 위해 노력하고 있는가?

• 적용 •

1 혹시 자신이 성취한 일이나 임무 때문에 너무 흥분되어서 사람들 앞에서 크게 소리 지르고 뛰어다니며 신발을 벗어던지고 싶었던 적이 있는가? 다윗 왕을 기억해보라. 그는 이스라엘 가운데 하나님께서 거하시는 장소인 언약궤가 다시 거룩한 성으로 돌아오게 된 것에 너무 흥분되어서 여호와 앞에서 힘을 다해 춤을 추었다(삼하 6:14). 앞으로 당신이 무언가에 열정을 느낄 때, 그것은 바로 '하나님께서 당신 안에 함께하심'을 의미한다는 것을 기억하라. 그러므로 하나님을 하나님 되게 하고, 그분의 임재를 표현하는 것을 두려워하지 말라. 다음 시를 읽고 당신 자신의 독특함을 가슴에 새기고 그 감정을 표현해보라.

춤추시는 하나님

내가 태어나던 날, 하나님께서는 춤을 추셨다.
하나님, 정말 춤을 추셨나요?
그 춤은 의식을 갖추고, 위엄이 있으며,
정중한 예의를 갖춘 춤이었나요?
아니면 그저 멋대로 흔들어대며
팔을 휘두르는 춤이었나요?

하나님 당신께서는 근엄하게
"여기 또 한 명, 내가 창조한
착한 소녀가 있다"고 선언하셨나요?

아니면 소리 지르고 외치며
길가의 사람을 붙잡고
이번에는 정말로
해내고야 말았다고,
이번에는 승리자를 창조했다고,
이 아이는 끝까지 해낼 거라고
말씀하셨나요?

하나님, 그렇게 하셨기를 바랍니다.
정말 그러셨기를 바랍니다.

사라 홀 매니(Sarah Hall Maney)

2 출애굽기 3장 1절-4장 17절을 찾아서 하나님께서 지도력의 은사를 사용하기
위해 모세를 부르신 사건을 천천히 읽어보라. 당신은 모세가 처음에는 선뜻
대답하지 못하고, 이후에 하나님의 인도에 순종했던 것에 동감할 수 있는가?
당신도 하나님의 부르심을 받았을 때 거리낀 적이 있었는가? 그 두려움과 망
설임을 하나님 앞으로 가져와서 순종으로 바꿀 수 있기를 원하지 않는가?

3 가끔 우리는 영적 온도를 측정할 필요가 있다. 그것은 우리가 어떻게 믿음의
부요함을 경험하고 있는지 말해주기 때문이다. 영적 온도를 측정하는 간단한
한 가지 방법은 성령의 열매를 열거한 후, 어느 열매를 얼마만큼 맺고 있는지
묻는 것이다. 다음의 표를 사용해서 성령의 열매 가운데 어느 부분에 강하고
보통이며 약한지 표시해보라.

	강함	보통	약함
사랑	————	————	————
희락	————	————	————
화평	————	————	————
오래 참음	————	————	————
자비	————	————	————
양선	————	————	————
충성	————	————	————
온유	————	————	————
절제	————	————	————

도움이 필요하거나 회복이 필요한 부분을 가지고 하나님 앞으로 나아가라.

The Critical Journey

6장

4단계:
내면의 여정

"'이젠 다 가졌다 했더니 어디에 두었는지 생각이 안 난다'는 옛말이 현재 내 영적 생활에 대한 느낌이다."

"지금 이 상태보다 더 영적인 만족을 주고 내가 하나님과 유사함을 느낄 수 있는 길이 있을 것이다. 나는 그 길을 찾아야겠다."

"지금 내 삶은 상상할 수도 없이 적막한 상태다. 나는 하나님, 믿음, 삶으로부터 너무 소원해져서 어떻게 앞으로 나아가야 할지조차 모르겠다. 마치 내가 녹아 없어지는 것 같은 느낌이다."

"나는 더 이상 무엇이 다른 사람들에게 옳은지 혹은 그들이 무엇을 좋게 느끼는지에 내 믿음을 기준 삼을 수 없다. 나는 내 삶을 향한 하나님의 뜻이 무엇인지 단번에 알아야겠는데 어떻게 알아내야 할지 모르겠다."

"지도자의 위치에 있는 내가 어떻게 믿음의 많은 부분에 관해 이렇게 회의를 가질 수 있는 것인지 정말 위선자같이 느낀다."

"요즈음 믿음의 여정 하나하나가 매우 괴롭다. 25년 전에 밀어넣어 던져버리고 다시는 돌아보고 싶지 않아했던 것들을 하나하나 새롭게 깨닫게 하신다."

"이전에는 내 삶과 관련하여 하나님께서 누구신지 진정으로 알지 못했다. 이제야 하나님께서 하나님 되시도록 하는 것이 무엇인지 내 영혼 속에서 깨달았다."

"이제야 나는 '교만은 패망의 선봉이다'라는 말의 참 뜻을 깨닫게 되었다. 나는 확실히 실패했다."

"내 정직한 모습을 하나님 안에서 발견할 때까지는 영적 자존감이 무엇인지 몰랐다. 나는 다른 사람, 즉 온전한 사람이 되었다."

제4단계는 매우 개인적이고 깊이 있는 여정이기 때문에 '내면'이라는 그 제목 자체로 잘 설명된다. 4단계는 거의 언제나 불안한 경험으로 다가오지만, 그 단계를 통과한 사람은 치유를 경험한다. 4단계 이전의 믿음의 여정은 외향적인 것이었다. 우리 내부에서 여러 일들이 일어나기는 했지만 우리 신앙 생활은 눈에 잘 띄고, 외부 지향적이었다. 신앙 생활의 초점이 믿음의 공동체, 자연, 지도력, 성령의 은사 사용, 소속감, 열매 맺는 삶 등 더 외적인 것에 있었다.

4단계에서는 꽤 많은 사람들이 거의 반대 방향으로 급격한 변화를 겪는다. 즉 질문과 탐구와 실패감, 의심, 실재적인 문제들과의 싸움, 불확실 속으로의 침체, 자기 중심적인 몰두 등으로 고민하는 단계다. 우리는 종종 주위의 사람들에게 희망이 없는 대상으로 비쳐지기도 한다.

4단계에 있는 사람들의 상징적인 이름은 '수직적인 사람들'이다. 이 시기는 하나님과 자신과의 문제를 놓고 갈등하기 때문이다. 다른 사람들도 연결되기는 하지만 초점은 하나님과의 문제, 싸움, 치유 그리고 해결이다.

다른 곳에서 평안을 찾으려는 초기의 시도 후에, 바른 대답보다는 바른 방향이 하나님께로부터 와야만 한다는 것이 고통스러울 정도로 확실하게 다가온다. 그 깨달음은 보통 깊은 내면의 여정을 통해 오게 되는데, 우리는 그 내면의 여정에 대해 들은 바도 없고, 배운 바도 없으며, 따를 수 있는 모델도 거의 없다. 4단계의 후기쯤에 우리는 하나님과 우리 자신의 의지의 정면 대결인 벽Wall을 경험한다. 벽을 경험하는 것은 너무 중요한 일이므로 우리는 다음 7장 전체를 벽에 대한 설명으로 할애할 것이다.

우리가 4단계와 벽을 지나갈 때 신부들이나 목사들 혹은 다른 영성 지도사들이 우리의 안내자가 될 수 있다고 생각하면 좋을 것이다. 그러나 슬픈 사실은 이런 지도자들 가운데 많은 사람들이 스스로 4단계를 거치지 않았고, 깊은 질문을 던지거나 온전하게 되고자 하는 시도를 하지 않았다는 것이다. 그러므로 우리가 가장 자연스럽게 도움을 청할 수 있는 대상 가운데 많은 이들이 믿음의 여정중 이 단계의 안내자로서는 부적당한 사람들이다. 이 단계를 직접 경험했거나 영성 지도, 영성 형성 혹은 목회 상담 등에 특별히 훈련받은 사람들이라면 도움을 청하기에 적당하다.

4단계의 특성

삶과 믿음의 위기

우리들 대부분은 이전 단계(생산적인 혹은 열매 맺는 삶)에서 너무 편안하고 부족함이 없는 삶을 누리기에, 오히려 다음 단계로 자연스럽게 움직이고자 하는 경향을 찾아볼 수 없다. 사실상 4단계는 3단계를 주거지로 하는 사람들에게는 여정의 일부처럼 보이지도 않는다. 겉으로 보기에 4단계는 믿음이나 성장의 연속으로 보이지 않기 때문이다. 결과적으로 우리는 4단계를 향해 끌리지 않는다. 4단계에 이르게 되면 많은 사람들이 스스로 통제할 수 없는 사건에 의해 끌려 들어온 것처럼 느낀다. 대부분 자신들의 세상을 뒤집어놓은 위기에 의해 4단계로 들어선다.

우리가 강한 믿음의 소유자라면, 인생이 쉽지 않더라도 우리의 인생은 반드시 신앙의 틀에 알맞게 전개된다. 그러다가 어느 사건이나 위기가 발생하면 그 위기는 우리의 핵심, 예를 들면 우리의 자녀, 배우자, 직장, 건강 등을 공격한다. 마치 우리의 신앙이 효력이 없는 것처럼 보인다. 우리는 실패하고, 상처 받으며, 수치스럽고, 비난을 받는 것처럼 느낀다. 이때는 믿음도 우리에게 아무런 도움이 안 된다. 하나님조차도 도움이 되지 않는다. 그분은 결코 우리를 위로하거나 치유하실 수 없으며, 우리의 기도에 응답하고 우리 소원을 들으며, 우리가 처한 환경을 바꾸고, 우리의 문제를 해결하실 수 없는 분이 된다. 우리의 믿음의 공식이 무엇이든지 그것은 더 이상 효과가 없고, 유효하지 않아 보인다. 우리는 아무것도 가진 것 없이 상처받고, 분노하고, 배반당하고, 버림받고, 무시당하며, 사랑받지 못한다. 많은 사람들이 그저 포기하고 싶어한다. 믿음 생활이 기껏해야 신기루 같고, 최악의 경우 속임수처럼 생각된다.

어떤 사람들은 삶의 위기보다는 믿음의 위기를 통해 이 단계에 들어간다. 특별히 삶에 대한 질문에 해답을 주고 바른 길로 안내해주는 분명한 신앙 체계나 행동 지침이 준비된 교회에서 자란 사람들의 경우에 더욱 그렇다. 그러한 전통 가운데 양육된 많은 사람들에게 1단계부터 3단계까지의 여정은 비교적 어려움 없이 진행되는 순탄한 과정이다.

그러다가 갑자기 자기가 확실하게 믿고 있던 것들에 대한 의심이 생기기 시작하면서 신앙의 기초석 가운데 하나가 무너져내린다. 믿음의 모델로 생각했던 사람, 참으로 경건하던 사람이 비도덕적이거나 불법에 연루된 일이 폭로될 수도 있다. 또는 다른 시각으로 성경을 해석하거나, 다른 방법으로 하나님이나 인생을 대할 수 있다는 것을 새삼스럽게 느낄 수도 있다. 예를 들면, 성경의 특정한 교리나 교회의 절대적인 확실성에 대해 의문이 생기는 것이다. 무엇을 믿고 있으며 믿어 왔는지 그리고 왜 어떤 일은 행하고 어떤 일은 행하지 말아야 하는지에 대해 괴롭히는 질문들이 점점 더 커진다. 더 이상 무시하거나 억누를 수 없을 정도로 그런 질문들이 계속 머리에서 떠나지 않는 것이다. 너무 많은 의문에 시달리다 보니 믿음 생활에 더 큰 차이가 생기는 것을 깨닫게 되며, 우리 자신은 점점 더 어정쩡한 시기로 빠져들어가는 것을 느낀다.

성경은 위기로 말미암아 모든 것이 어떻게 나쁜 상태로 던져지는가 하는 것을 베드로의 생애를 통해 잘 설명하고 있다. 베드로는 예수님을 따르기 위해 가족, 고향, 직업을 버렸다(막 1:16-18, 10:28). 예수님과 모든 제자들 앞에서 그는 예수님이 기대하던 메시아라는 확신을 가지고 고백했다(막 8:29). 그러나 갑작스럽게 예수님께서 잡히시던 금요일 밤, 그의 고백은 엇나갔다. 예수님께서 어떤 분이시며, 예루살렘에서 어떤 일을 하실지에 대한 확신을 가지고 있던 베드로와 다른 제자들은 예수님께서 말씀하시는 임박한 재난에 대한 예고를 이해할 수 없었다. 예수님의 체포는 하나님께서 예수님을 통해 하시는 일에 대한 베드로의 모든 신념을 위태롭게 했다. 실망과 혼돈 그리고 어느 정도의 분노 속에 베드로는 예수님을 포기했으며, 마침내 예수님을 전혀 모른다고 부인했다(막 14:66-72). 베드로의 눈물은 그의 깨어짐을 의미한다. 예수님께서 부활하신 후, 오순절 사건 이후의 교회를 인도한 베드로는 닭이 울던 때와는 전혀 다른 사람이었다.

삶과 믿음에 대한 확신의 상실
생산적인 삶의 과정인 3단계에서는 많은 것이 진실로 여겨지고, 확실하며, 성공적이다. 그러다가 일이 서서히 틀어지는데, 어떤 사람들은 자신에 대해 많은 질문을 하게 되면서 자아의 출현에 대해서 의심한다. 삶의 의미를 위한 성장과 발달에 대해 채울 수 없는 욕구는 지적인 호기심, 즉 교육을 중요하게 여기는 배경을 가진 사람들일수록 더욱 강하다. 새로운 수준의 자아 실현에 다다름으로 우리는 많은 영적인 통찰력을 경험한다. 가르침을 넘어서서 새로운 경지로 나아가야만 한다고 생각한다. 많은 영성 지도사의 지혜나 아이디어를 얻기 위해 적어도 우리 자신을 더 넓혀야 한다고 생각한다. 영적인 완벽함에 대해 더욱 확신하게 되지만, 어떤 길이 영적 완벽에 이르는 바른 길인지는 모른다. 영성에 관한 논리적인 접근들이 너무 많다 보니 오히려 혼돈을 일으킨다. 따라서 우리는 탐색하면서 새로운 영적 경험을 덧붙여 시도하고, 우리의 영적인 어휘를 더 늘려 나가고, 더 많은 영적인 의식과 훈련을 실행한다.

많은 지적인 탐색가들은 전통적이고 조직적인 종교 밖에서 참된 길을 발견했기 때문에 영적인 것과 종교적인 것을 분리하는 것에 대해 신중하다. 4단계에서 우리는 내적인 의미와 목표의 탐색과 관련하여 혼란을 일으킨다. 우리의 고통은 모순으로부터 온다. 우리 자신의 더 나은 내적 통제를 위해 외부의 도움을 구하지만, 내적 통제는 더 많은 혼동과 고통을 가져온다. 우리의 내적인 굶주림은 우리가 자아 실현에 대한 신념의 핵심을 의심하기 시작하는 순간부터 증가하기 시작한다. 막연한 불안과 자아의 추구에 대한 계기나 극적인 사건이 늘어나는 것을 인식할 수 있다.

이 과정의 예로서 누가복음 24장 13-35절에 나오는 엠마오로 가는 두 제자를 들 수 있을 것이다. 이름을 알 수 없는 이 두 제자는 예수님께서 돌아가신 성 금요일 이후 예루살렘을 떠나 엠마오로 가던 길에서 낯선 사람을 만났다. 무슨 대화를 나누고 있었는지 질문을 받았을 때 그 두 제자는 슬픈 얼굴로 지난 며칠 간 예루살렘에서 일어난 일을 모르느냐고 낯선 사람에게 되묻는다. 그리고 그들은 예수님의 의외의 죽음과 빈 무덤에 대한 혼란스러움을 말한다. 더 이상 아무것도 이해되지 않았고, 예수님의 이야기는 자신들이 기대했던 것과는 다르게 끝났다. 모든 것이 다 무너졌으며, 그들은 혼란스러웠고 당황했다.

해답보다 방향을 위한 추구

영적으로 힘이 있다든지 통제할 수 있다는 해답은 4단계의 많은 사람에게는 공허한 소리다. 이 단계의 사람들은 더 개인적이며 성취감을 주는 구체적인 어떤 것을 갈망한다. 프랑스의 철학자 파스칼이 말한 '하나님께서 만드신 공백'을 인식하지만 어떻게 그 공백을 채워야 하는지에 대해서는 혼란스럽다. 생산적인 삶을 살기 위해서 우리는 순종, 순수함, 소속감 그리고 중요한 위치에 있는 것 등을 배웠다. 그러나 더 이상은 그런 것들이 우리에게 도움이 되지 않으며, 하나님께 다가가는 방법을 서서히 바꾸기 시작한다. 알려는 자세에서 추구하는 자세로 옮겨가며, 이 단계에서 말할 수 있는 전부는 우리가 너무 막연하고 불분명한 방향을 추구하기 때문에 두렵다는 사실이다. 우리는 더 이상 해답을 찾는 것이 아니라는 것을 알고 있다.

이런 불확실함을 겪으면서 우리는 더욱 개인적인 수준으로 옮겨간다. 우리의 삶을 위해 깊은 내면의 방향을 추구하게 된다. 우리의 깨어진 모습 속에서 평화를 원한다. 아마도 그것은 깊은 심리적, 영적 치유를 위한 탐색일는지도 모른다. 아니면 더 깊고 봉사 지향적인 삶의 의미를 위한 탐색일지도 모른다. 우리 자신과 하나님 그리고 다른 사람들과의 화해일 수도 있다. 4단계는 긴 여정을 의미하기도 하지만 우리는 그 여정을 사모한다. 어떤 사람은 "내 삶은 아무 어려움이 없었지만 너무 평범했고 아무 깊이가 없어 보였다. 그래서 나는 어떤 특별한 문제를 위한 것이 아니라 영혼의 불편함을 해결하기 위해 도움을 요청했다"라고 4단계를 위한 갈망을 표현했다.

성경의 욥 이야기는 자신이 감당할 수 있는 것 이상의 해답을 소위 그의 위안자들에게서 들은 전형적인 예다. 그러나 욥의 친구들은 욥의 경험에 초점을 맞추지 않았다. 욥은 더 이상 현실과 맞지 않는 일반적인 해답보다는 삶의 방향이 필요했다. 그는 육체적, 영적 고뇌 속에서 신뢰해왔으며, 의문에도 불구하고 계속 신뢰하는 하나님께로부터 시작되는 방향을 추구했다.

하나님과의 신실한 관계 추구

제4단계는 우리에게 하나님의 모든 충만 가운데서 그분을 알도록 허용하고 초청하며 강요한다. 우리는 우리 자신과 하나님에 대한 개념을 완전히 바꾸는 경험을 할 수도 있다. 4단계는 종종 서서히 진행된다. 이 단계는 우리 인격의 온전함을 추구하거나 혹은 다른 사람들이 원하는 모습이 아닌 참된 우리가 누구인지 발견하는 과정이다. 그 과정은 힘들며 용기가 필요한 과정이다. 그 다음 단계에서 우리는 하나님께서 원하시는 모습을 찾게 되는데, 그 모습은 우리 스스로 생각하는 모습보다 훨씬 중요하다.

이 단계에서의 깊은 탐색은 외로운 과정일 수 있으며, 때로는 우리를 좌절시키기도 한다. 안정감과 위안을 절대적으로 원하는 사람들은 일시적으로 이러한 추구를 중지하거나 이 단계에서 정체될 것이다. 결과적으로 믿음의 여정에서 4단계에 이르려는 사람들은 얼마 되지 않는다.

또한 4단계에서는 해답이 질문으로 대체된다. 이 단계의 여정은 매우 개인적이며, 다른 사람들과 나누기 어렵다. 그러므로 소속감을 키워 나간다는 것이 어렵게 된다. 자기 자신에 대한 끊임없는 회의는 다른 사람들과의 분리를 부추기며, 자신을 못되고 나쁜 사람 혹은 믿음이 연약한 사람처럼 몰아간다. 다른 가족이나 친구들은 매우 확신이 있어 보이는 데 반해 우리 자신은 너무 확신이 없다. 이 단계에서는 우리 자신의 온전한 모습을 포함하지 않고서는 우리의 영적 필요를 볼 수 없는데, 믿음의 여정이 진행될수록 우리의 영성은 온전한 우리 자신의 모습이 되기 때문이다. 우리의 고통은 영적인 번뇌뿐 아니라 우리의 정신적, 정서적인 번뇌로까지 확장될 것이다. 즉 그것은 능숙한 방어를 포기하고 매우 연약한 모습이 되는 것을 의미한다.

시편 기자들은 종종 하나님 앞에서의 자신들의 온전한 인격의 탐구를 기술했다. 많이 알려진 구절 가운데 하나는 시편 139편 23-24절이다. "하나님이여 나를 살피사 내 마음을 아시며 나를 시험하사 내 뜻을 아옵소서 내게 무슨 악한 행위가 있나 보시고 나를 영원한 길로 인도하소서!"

상자에서 벗어나신 하나님

우리는 4단계에서 하나님께서 우리가 생각해왔던 하나님이 아니시라는 것을 고통스럽게 깨닫는다. 스스로 생각해낸 하나님에 대한 생각으로 다른 사람들의 하나님에 대한 견해를 받아들이거나 거부하는 대신에, 이제 우리 각자에게 개인적으로 다가와 계신 하나님과 씨름을 해야만 한다. 4단계의 어두움의 기간(벽을 만날 때)에는 개인적으로 하나님을 느낄 수 없으나, 나중에 우리는 어린 시절에 만든 우리 자신의 상자 속에 하나님을 가두어 놓았던 것을 보게 된다. 우리는 우리 자신과 다른 사람을 위해 하나님께서 어떤 분이셔야 하는지를 정해 놓았던 것이다. 이제 하나님께서는 우리가 만들어 놓은 상자를 벗어나신다. 하나님께서는 더 이상 지치거나 무서운 우리의 아버지, 형제, 구주 혹은 용사의 이미지가 아니다. 즉, 하나님의 존재에 대한 우리의 견해를 넓히는 이미지인 새로우며 치유하시는, 개인적인 이미지를 띄게 된다. 동시에 이런 새로운 하나님의 이미지는 심오한 방법으로 하나님의 존재를 개인화시킨다.

그러나 우리들은 하나님의 이미지 변화에 대항한다. 우리는 자신이 가장 편안하게 느끼는 자리에 하나님을 놓아두기에는 너무 많은 질문을 갖고 있다. 만약 우리가 잔인한 아버지를 두었거나 혹은 아버지 없이 자란 경우,

그래서 하나님을 아버지의 이미지로 생각하기 어려운 경우에 우리는 이전에 지녔던 아버지 하나님으로서의 이미지를 고치기 전에 우리 자신의 아버지를 용서하고, 아버지와 연관된 상처를 치유 받아야만 한다. 그래서 우리는 장애물에 부딪치게 된다. 자상하신 아버지로서 강한 치유력을 가진 하나님의 이미지를 회복하는 과정에서 일정 기간 동안은 버림 받은 상처를 인정하고, 우리의 분노를 이해하며 느끼고, 육신의 아버지를 용서하기보다 이 영적인 어려움을 가져온 원인으로서 교회나 하나님 그리고 우리의 부모를 탓하기가 쉽다. 또한 우리들 가운데 많은 사람들이 어머니와의 관계에서 입은 상처를 치유 받지 않았기 때문에 올바른 어머니로서의 하나님의 이미지 형성에도 같은 저항이 따르게 되어 있다.

요나 이야기는 하나님을 상자에 가두어 놓은 사람의 이야기를 잘 설명해준다. 요나는 하나님께서 자기와 다른 부류의 사람도 돌보신다는 사실을 받아들이기 싫어서 하나님으로부터 도피해 배를 탄다. 불행하게도 현실로부터의 도피는 그의 생명을 앗아갈 뻔했다. 다시 대안을 접했을 때 요나는 최소한 이론상으로는, '하나님께는 국가적, 인종적 경계가 없다'는 사실을 받아들이기로 했다. 니느웨 사람들이 하나님께 돌아왔을 때, 요나는 자신이 두려워하던 것이 현실로 다가온 것에 대해 화가 났다. 요나의 이야기는 요나가 하나님께 분개하는 것으로 끝난다. 요나의 분노는 너무 강렬해서 자신이 죽기를 바랄 정도였다. 요나에게는 편애하시는 편협한 하나님의 이미지가 훨씬 익숙했던 것이다.

분명한 신앙의 상실
믿음의 여정중 4단계의 매우 어려운 점의 하나는 우리가 진정으로 믿음을 상실해가고, 소속된 그룹, 교회, 단체, 지도자, 우리 자신 그리고 신념에 불충실하다는 우리 자신과 다른 사람들의 느낌이다. '거덜 난', '포기한',

'약한', '틀린' 혹은 '오도된' 것과 같은 모멸적인 말들이 갑자기 우리에게 해당된다. 이런 느낌이 물론 훨씬 광범위한 에큐메니컬 운동에 참여하는 사람에 대해 의아해하는, 더 보수적인 사람에게만 해당되는 것은 아니다. 가장 자유주의적인 단체에서 어떤 사람이 마음대로 구별을 하고 헌신을 할 때도 이런 느낌이 들 수 있다. 또한 뉴에이지 혹은 동양 철학자들같이 비교회적인 영성 단체에서 인간의 온전함에 대해 의문을 품고, 죄성을 인정하며 용서를 받아들일 때도 이런 느낌이 들 것이다. 집단적 신념 혹은 신념의 체계로부터의 이탈은 그 그룹이나 공동체와의 결별을 초래하는 불편함과 긴장을 가져온다. 이것 역시도 외로움의 과정에 있는 우리들을 혼자 있게 함으로써 외로움을 더해준다.

열왕기상 18-19장의 엘리야의 이야기는 4단계로 접어든 사람의 양상을 생생하게 보여준다. 사악한 왕 아합과 그의 아내 이세벨의 영향 아래 행해진 바알 숭배에 대한 벌로 이스라엘에 3년 동안 비가 내리지 않았다. 그러자 하나님의 선지자 엘리야는 바알의 선지자들에게 갈멜 산상에서의 대결을 요구한다. 오전 내내 바알의 선지자들은 그들의 신으로부터의 응답을 부르는 헛된 시도를 했다. 야훼 하나님의 단을 새로 쌓은 엘리야는 자신의 제물과 제단을 세 번에 걸쳐 네 통의 물로 적실 것을 명한다. 엘리야는 하나님께 기도했고, 하나님께서는 제물과 단(나무, 돌, 흙 그리고 전부), 도랑을 둘러 채운 물을 하늘에서 내린 불로 다 사르셨다. 엘리야는 '성공' 단계의 꼭대기에 서게 된 것이다.

그러나 불행하게도 이세벨은 감명을 받지 않았다. 그 여인은 엘리야의 목숨에 상을 걸었으며, 엘리야는 개인적, 신앙적 위기에 부딪쳤다. 엘리야는 죽음이 두려워서 광야로 피신했다. 기가 죽은 엘리야는 작은 나무 밑에 앉아 기도했다. 너무 절망한 나머지 그는 죽기를 구하다가 잠이 들었다. 천사가 엘리야를 깨워서 일어나 준비된 음식을 먹으라고 말했다. 음식을 먹은 엘리야는 다시 곧 잠이 들었다. 다시 찾아온 천사는 엘리야에게 음식을 주고 일어나서 40일 길의 호렙 산으로 가라고 말했다. 두려움에 이은 도피, 죽고 싶은 마음, 소진, 잠 그리고 더 많이 잠, 마침내 다른 사람에 의해서 움직이라는 지시를 받는 전형적인 증상을 주목하라.

엘리야는 천사의 말을 따랐으며 호렙 산(하나님의 산 으로 불림)에서 깊은 침체에 빠진 사람에게 적합한 동굴 속으로 들어갔다. 그러자 하나님께서 엘리야에게 나타나셔서 그의 인생에 무슨 일이 있으며, 왜 그가 그 자리에 있는지 질문하셨다. 엘리야는 자기 연민에 빠져서 자신은 하나님을 위해 열심히 일했으나, 이스라엘은 하나님을 거부하고 선지자들을 죽였다고 투덜대며 대답했다. "오직 나만 남았거늘 저희가 내 생명을 찾아 취하려 하나이다." 엘리야는 그때까지의 모든 일들을 다 잊어버렸다. 이제 더 이상 인생은 무엇과도 연관되어 있는 것 같지 않았고, 심지어 하나님도 너무 멀리 계셔서 가까이하시지 않는 것처럼 보였다. 그는 철저하게 혼자인 것처럼 느꼈다. 자기처럼 바알에게 무릎 꿇지 않고 굴에 숨어 있는 수천의 사람들을 잊어버린 것이다.

4단계 여정의 실례들

스티븐Stephen | 나는 18살 때까지 칠천여 명의 인구가 사는 마을에서 두 형제의 맏이로 자랐다. 마을 주민들은 서로를 너무도 잘 아는 사이였기 때문에 신뢰와 격려 가운데 자랄 수 있었다. 나는 인생을 선하고, 서로 돌보며, 온전한 것으로 간주했다. 여러 면에서 나는 자신을 특별하고 가치 있는 사람으로 느꼈다. 교회가 우리 가정의 중요한 부분은 아니었지만, 나는 어린 시절에 기도하는 것을 배웠고, 주일학교에 참석했다. 그러나 그 시절의

종교적 경험에 대한 기억은 교회와 거의 연관이 없다. 내게 주기도문을 가르쳐주신 분은 부모님이다. 특히 어린 시절, 수두를 앓을 때 아버지께서 직접 주기도문을 가르쳐주셨던 것을 기억한다.

성장하면서 세상을 창조하시고, 내가 선한 삶을 살 때 나를 돌보시며, 내게 좋은 것을 공급하시는 하나님께서 계시다는 것을 믿었다. 초등학교에 다닐 때 나는 하나님에 대해서 진정으로 생각하게 되었다. 어느 더운 여름날 밤 뒤뜰에 누워 하늘의 별을 보고 있었다. 학교에서 우주는 무한하다고 배웠으므로 나는 그 누군가가 우주를 창조했고, 별들을 적소에 배치했다고 단언했으며, 그 무엇이 하나님일 것이라고 생각했다.

나의 회심 경험은 대학 일학년 때, 미식 축구 게임 기간중에 찾아왔다. 어떤 젊은이가 우리 방에 찾아와서 사영리가 적혀 있는 소책자를 사용해서 말씀을 증거했다. 그 젊은이는 내게 예수님을 개인의 구주로 영접하고 삶을 드린 적이 있느냐고 물었다. 나는 자기 의에 찬 그의 공격적인 화법에 화가 나서 그를 방에서 쫓아내버렸다. 그리고 종교를 가지고 있는 룸메이트에게 그 젊은이에 대해서 어떻게 생각하느냐고 물었다. 내 룸메이트는 그 사람의 방법은 좋지 않지만, 예수님을 통해 하나님을 개인적으로 아느냐는 질문은 탁월한 질문이라고 대답했다.

나는 예수님께서 개인적으로 나를 사랑하시고 나와 동거하기를 원하신다면, 나도 그런 관계를 원한다고 단순하게 고백함으로써 내 삶을 예수님께 드린 것을 기억한다. 내 회심의 경험은 내 자신의 죄인 됨을 회개하는 면에서 극적이거나 전통적이지 않았다. 내가 불완전한 존재라는 것에 대한 자각과 온전해지고자 하는 갈망에서 회심하게 되었다.

대학 시절 나의 행동은 많은 크리스천들에게 정신 분열증적이든지, 아니면 적어도 비윤리적인 것으로 보였을 것이다. 나는 60년대의 성적인 부도덕과 마약에 깊이 빠져 있었다. 그와 동시에 예수님과 개인적이고 성장하는 관계도 맺고 있었으며, 신앙 공동체에서 섬기며 사역하고자 하는 갈망을 가지고 있었다. 교회 사역을 통해서 많은 양육을 받았다. 내가 목회를 고려해보게 된 씨앗은 봉사와 신앙 공동체의 역할에 의해 심겨진 것이다.

대학 졸업 후에 나는 교사가 되었다. 일년 후 나는 두 가지 길을 염두에 두고 대학원에 진학했다. 그 두 길은 대학에서 감독이 되기 위한 체육학 석사 학위를 받거나 신학대학원에 가는 것이었다. 신학대학원에 가겠다는 생각은 매우 형식적인 신앙 경험 후에 한 것인데, 결국 나는 다시 성경을 열심히 읽게 되었다.

목회 과정에는 정서적인 굴곡이 있었다. 목회를 하면서 개인적인 성공과 무미건조한 일들을 번갈아 경험했으며, 그로 인해 나는 직업으로 목회를 선택한 것과 믿음에 대한 회의를 품었다. 신앙의 성장을 가져온 광야의 경험은 내 영성 발달의 일부분이다. 그 시기는 나의 영성을 재고해보며 하나님께서 나를 이끄시는 곳으로 다시 적응하는 기간이다.

나이가 들어감에 따라 나의 사역과 초점을 좁혀가는 것을 보게 된다. 경험이 늘어가면서 내가 할 수 있는 것과 할 수 없는 것, 어느 부분에서 내가 성장할 수 있는지 그리고 어느 부분에 내가 제한되어 있는지의 대부분을 알게 되었다. 이제는 어떤 일을 결정할 때 내가 무엇을 해야 하고 어디에 있어야 할지를 묻지 않고, 하나님께서 무엇이 되기를 원하셔서 나를 부르시는지를 묻는다.

지금까지 내 삶의 대부분은 하나님의 때를 기다리며 '바른 일을 하는 것'에 헌신하기보다는 '일을 바르게 하는 것'을 위해 밀어붙이고 조급해하던 것이었다. 그런 삶이 비록 가치 있는 것이었다 하더라도 나 자신과 나의 일을 창조주에게 맡기기보다는 계속 내 스스로 열심을 내며 움직이는 힘든 것이었다.

내 믿음의 여정은 은사와 에너지와 기술을 좀더 제한하고 집중시키라는 부르심이었다. 과거에 저항감을 느끼던 율법적이고 좁은 형태의 영성이 내 삶의 일부분이 되었다. 내 영적인 삶의 유익은 에드나 홍^{Edna Hong}의 책인 「하락하는 상승^{The Downward Ascent}」의 제목으로 요약될 수 있다. 내가 자신의 장점과 한계를 깨닫고 인정함에 따라 내 삶을 변화시키고 용납할 수 있는 힘을 발견했다. 이제는 더 온전하고 풍부하게 삶을 경험하고 있다. 나는 '하락하는 상승'을 기대하고 있으며, 그와 함께 오는 기쁨을 만끽하고 고통을 견딜 준비가 되어 있다.

메리 루^{Mary Lou} | 나는 어린 시절에 하나님을 알게 되었고, 자주 하나님과 대화했다. 완고한 종교적 전통 속에서 자란 나는 하나님을 주인으로, 특히 청년기에는 만족시켜 드려야 할 주인으로 생각했다. 그러나 영적 생활이 깊어질수록 하나님께서는 모든 것에 대해 일상적으로 대화하는 나의 좋은 친구가 되어주셨다.

내 삶 가운데 확실한 한 가지는 전문 상담가인 내 직업이었다. 그것은 내 삶의 목적이며 소명이었다. 언젠가 한 세미나에 참석한 적이 있었는데, 어떤 사람이 내가 나의 직업에 대해서 어떻게 느끼고 있는지에 대해 정확하게 표현했다. 나는 그 사람의 말을 통해 나의 소명을 다시 한번 확인할 수 있었다. 나는 내가 해야 할 일을 하고 있었고, 그 사실을 '알고 있다는 것'에 감격하여 흘렸던 기쁨의 눈물을 기억한다. 나는 나의 생활과 직업에 대해 편안하게 느꼈다.

그 즈음 나는 피로를 느끼기 시작했고, 병원에서 진료를 받았다. 모든 검사 결과는 정상이었다. '피로의 80%는 스트레스에 연결된 것'이라는 결론이었다.

그래서 나는 만나는 내담자 수를 줄였다. 그러나 모순되게도 나는 내담자들과 함께 있을 때 힘이 났다. 개인 상담실을 경영하고, 세미나나 연설을 위한 준비는 오히려 나를 지치게 했다. 나는 더 많은 일들을 동료들에게 넘겼다.

어떻게 사업을 유지하며 또 내 일을 해야 할지에 대한 생각이 머리 속을 맴돌았다. 하나님께서는 내가 하고 싶은 일을 못 하도록 하시는 것일까? 내가 그토록 확신했던 그것이 과연 내 삶의 목표였을까?

나의 피로감은 더해 갔고, 나는 더 휴식을 취하려고 노력했다. 나는 외적인 활동들을 피해서 주로 혼자 있었다. 나는 나의 지적인 능력, 기술, 정서적 안정성에 대해서조차 의문을 품었다. 내가 무엇을 했기에 이렇게 피곤한 것일까? 이 위험한 상태에서 벗어나기 위해 무엇을 할 수 있을까?

모든 것이 점점 악화되었다. 내가 더 피로를 느낄수록 내가 한 일이 과연 잘하기는 한 것인지 의문이 들기 시작했다. 아마 모든 것을 그만두는 것이 필요했던 것 같다.

이전에도 흑암과 혼돈, 정서적인 고통을 느꼈지만 언제나 희망을 느낄 수 있는 만큼의 빛은 있었다. 그러나 이번에는 달랐다. 흑암과 혼돈, 고통은 나를 완전히 둘러싸고 내 힘을 뺏으며, 나를 괴롭히고, 귀찮게 하면서 사라지지 않고 있었다. 놀랍게도 그 와중에도 하나님의 임재 앞에 있는 것에는 어려움이 없었다. 내 문제는 하나님을 위해서 존재하는 것에 있었다. 흑암과 혼돈 그리고 고통이 나를 불구로 만들었다. 독백 가운데 나는 하나님께 나의 육신적인 피로와 모든 상태를 아뢰었다.

나는 봄과 여름에 가능한 한 많이 쉰 후에 가을에는 정상 스케줄로 돌아왔다. 그 가을에 어느 중요한 강연을 하기 직전에 나는 작은 호숫가를 거닐면서 평상시처럼 하나님께 기도를 드리고 있었다. 기도를 마치면서 나는 강연을 잘할 수 있도록 도와주시면 감사하겠다고 말했다. 그리고 쉬려고 앉았다. 그때 갑자기 나는 자연의 모든 소리를 인식했다. 단지 자연의 소리를 깨달았을 뿐 아니라, 처음으로 자연의 모든 소리가 서로 다른 소리들과 조화를 이룬다는 사실에 경탄했다.

나는 내 친구들, 일상, 사업과 다시 한번 조화를 이룰 수 있기를 필사적으로 원했다.

그리고 크게 소리 질렀다. "나는 더 이상 참을 수 없어요. 너무 지쳤어요. 내 삶에 육체적이든 정신적이든 충격적인 일이 찾아와야 할 것 같아요. 무슨 일이 일어나야 의사들이 나를 믿을 테니까요."

나는 오랜 시간을 조용히 앉아 있었다. 독백은 끝났다. 하나님의 임재를 느꼈으며, 그분의 임재가 나를 둘러쌌다. 모든 것이 조화를 이루었다. 하나님께서 내게 응답하신 것이다. 나는 그저 기다리기만 하면 되었던 것이다.

나는 강연을 했고, 잘한 것과는 거리가 멀었지만 어쨌든 해냈다. 그날 밤, 친구들과 새로운 쇼핑 센터를 갔다. 나는 친구들과 교제를 나눌 수 없었다. 서둘러 집에 온 나는 10시에 잠자리에 들었다. 그리고 새벽 1시 15분에 잠에서 깼다. 심장이 매우 빠르고 불규칙하게 뛰어서 맥박을 셀 수가 없었다. 나는 "구하라 그러면 너희에게 주실 것이요"라는 구절을 생각하면서 웃었던 것을 기억한다. 그리고 하나님께 나의 기도에 응답해 주신 것을 감사하며, 나와 함께해 주실 것을 구하면서 119를 돌렸다. 나에게 드디어 그토록 바랐던 충격적인 일이 발생한 것이다.

새장에 갇힘

끝없는 질문

어떤 사람들은 4단계에서 결코 만족하지 못한다. 계속 배워도 진리에 이르지 못하므로 계속적으로 질문한다. 회복이나 치유의 과정에 우리 자신을 진정으로 헌신할 만큼 충분한 정보가 있는지 확신이 없다. 이 길이 바른 길인지, 또는 진정한 진리인지에 대해 언제나 의심을 품는다. 믿음에 있어서 결코 만족할 수 없는 배우는 자로서, 더 큰 통찰력을 얻기 위한 가능한 모든 것을 시도한다. 가능한 모든 영적 성장의 경험에는 다 참석한다. 최근의 세미나에도 정통하다. 표면적으로는 열린 사람 같으며 진리의 참된 추종자처럼 보인다. 그러나 겉으로만 그렇게 보일 뿐 속으로는 매우 닫힌 사람이다. 너무 위험하다고 느껴지므로 모든 것을 내려놓고 자신을 드러내는 일을 그저 두려워하는 것이다.

지나친 자아 평가

이 단계의 새장에 갇힌 또 다른 사람들의 특성은 믿음을 찾기 위한 것이 아닌 자신을 발견하려는 노력에 몰두하는 것이다. 자주 자신을 더 잘 알기 위해 개인적인 성장을 시도하지만, 여전히 닫힌 채로 남아 있다. 자신의 모습 가운데 스스로를 더 좋게, 더 긍정적으로 만들며, 더 통찰력 있게 하는 것이 무엇인지에만 몰두하고, 자신의 의지를 포기하거나 변화하려고는 하지 않는다. 자신의 부정적인 모습을 경험하고자 하지 않으며 하나님을 재발견하려고 하지 않는다.

어떤 사람들은 어렵지 않은 한도 내에서 개인적으로 도전이 필요 없는 해답을 구한다. 느끼기보다는 사고할 수 있는 것을 추구하기도 하고, 반대로 사고하기보다는 느낄 수 있는 것을 추구하기도 한다. 개인적인 성장을 하나님으로 삼는다. 개인적 성장이라는 하나님을 스스로 만들고 그것을 섬긴다. 자아 성장에는 중독성이 있다. 표면적으로는 자신을 포기하고 온전함을 추구하는 듯이 보이지만 하나님을 자신이라는 우상과 대체하는 것이다. 그것은 생각보다 오래 가는 병이다.

부동화

사람들은 4단계에서 자신과 다른 사람들에 대한 친밀감의 결여나 상실로 인해 정체된다. 믿음의 여정을 홀로 걷고 있다고 느낀다. 다른 사람들로부터 배울 수도 있고, 같은 그룹 안에 있을 수도 있지만, 자신의 모습이 드러날까봐 두려워서 다른 사람들과 충분히 연결되지 못한다. 스스로의 내면을 향해 도달할 수도 없고, 그렇다고 외부와도 연결될 수 없이 부동화되어 버리는 것이다. 하나님과 함께 나아가려면 치유 작업이 반드시 필요한데, 움직일 수 없다면 자신의 내부를 들여다볼 수가 없다. 어린 시절의 경험, 교회 생활, 결혼 생활에서 받은 상처가 너무 커서 아무 느낌이 없을 수도 있다. 상처를 인식하는 것이 너무 고통스럽기 때문이다. 이제 4단계에 이르러서 내면으로의 여정을 시작해야 할 때, 상처의 치유를 원하면서도 자신의 상처는 치유될 수 없다고 생각하는 것이다. 자신의 내면을 들여다보는 것이 너무 큰 모험이기 때문이다. 그래서 주저앉아 마음을 졸인다. 어쩌면 마음의 갈등이 신체의 질병으로 나타날 수도 있다. 하나님께서는 우리를 부르시고, 우리는 선택을 해야 하는 상황에 직면하고 있다. 매우 중요한 때인데 정체되어 있는 것이다.

이 단계에서 새장에 갇히게 되면 이전의 단계로 되돌아가기가 쉽다. 불편한 마음이 더 친절하고 낯익은 환경을 원하게 된다. 자주 이 단계에서 알 수 없는 것들이 우리를 힘들게 한다. 정체하게 되면 여정은 원형으로 맴돌게 된다. 아무 해답이 없는 것이 바른 해답이다. 그러나 바로 그 순간에도 돌파구는 있다. 하나님께 우리 스스로 출구를 찾으려는 노력을 포기하겠다고 시인할 수 있다. 두려움에 기댈 수 있다. 그 대신 사람들은 앞으로 나아가기보다는 뒤로 돌아가기를 선택한다. 알 수 없는 그것이 너무 어둡고 위협적인 것을 발견하고, 우리는 믿음의 용기를 잃는다. 그래서 단순한 믿음인 1단계로 돌아가기도 하고, 다른 사람들의 믿음을 나누기 위해 2단계로

가기도 하며, 열심히 일하는 3단계로 돌아가기도 한다.

때로 사람들은 이 단계에서 믿음의 여정을 아주 중단하기도 한다. 삶에서 일어나는 고통이나 위기에 압도되어서 하나님과의 관계를 끊어버린다. 진리를 부인하는 것이다. 그것은 비극적이고 슬픈 일이지만 일어날 수 있는 일이다. 물론 하나님께서는 언제든지 우리를 다시 믿음의 여정으로 받아주시려고 팔을 벌리고 계신다. 그러나 인생의 사건들 앞에 너무 두렵고 환멸을 느낀 나머지 우리는 하나님을 완전히 몰아낼 수도 있다.

5단계로 이동하기

영적 자아, 즉 자기 중심성의 포기

벽을 통과하여 나오는 것은 5단계로의 전환을 나타낸다. 우리는 새로운 형태의 복종을 경험한다. 즉 훨씬 더 깊은 수준에서 복종한다. 우리의 자아를 포기하는 것이다. 본질적으로 그것은 치유와 온전함으로의 움직임이며, 치유와 온전함 가운데 삶을 헌신함으로써 하나님께 대한 순종으로의 움직임이다. 이 삶의 헌신은 온전함에 대한 새로운 느낌과 하나님의 사랑으로부터 나오는 것이다. 이 움직임은 우리가 재발견한 하나님과 얼굴을 대면하도록 이끈다. 우리의 연약함을 깨닫게 하는 더욱 온전한 치유를 향해 나아가는 것이다. 우리 구원의 하나님을 듣고, 보며, 만지고, 냄새 맡을 수 있게 된다. 진정한 의미에서 우리는 하나님과 친밀해지는 것이다.

우리의 삶을 향한 하나님의 계획의 수용

이전에 스스로에 대하여 더 자신감이 있었던 반면에, 이제는 하나님께서 우리를 전적으로 돌보시는 것에 대해 깊은 신뢰를 하게 된다. 이러한 전환으로 하나님께서는 우리 안에 그분의 목적을 이루실 수 있게 되었다. 하나님께서는 우리들 안에서 자원하여 사랑을 베풀 수 있는 그릇을 찾으신다. 우리는 자아 중심성과 자신감을 인식하고, 그것들에 의해 다시 되돌아가지 않도록 해야 한다. 우리는 우리의 자아 중심성과 자신감이 친구가 되고, 그것을 향해 웃으면서 하나님 앞으로 자아 중심성과 자신감을 가져가는 것을 배워야 한다.

개인적인 치유와 순례를 통한 온전함의 추구

자신의 피조물 됨과 연약함을 어느 때보다 더 많이 인식하지만, 그 연약함에 의해 절름발이 노릇을 할 만큼 상처를 받지는 않는다. 4단계에서 5단계로의 전환기는 개인적인 온전함과 치유를 원하는, 계속되는 갈망이 최대로 표현되는 시기다. 하나님께서 함께 계시다는 것을 알기 때문에 과거에 집착했던 것에 붙들려 있을 필요가 없다. 이전 단계에서 삶의 안정을 주는 것의 일부분 포기를 경험했으나 이제는 한번에 끝나는 포기가 아닌 매일의 그리고 매 시간의 포기가 이루어진다. 사랑 중심의 순례자의 삶이 진지하게 시작되지만, 우리가 계획한 시간에 찾아오는 것은 아니다.

어떤 대가라도 기꺼이 지불하고자 하는 마음

점차로 하나님의 손길이 자신의 삶에 온전히 개입하시는 것을 느낀다. 대안책을 찾거나 현실을 재어보지 않고, 자신의 삶을 조정하기를 포기한다. 하나님께서 우리 앞에 두신 것이 무엇이든지 그것을 위해 헌신한다. 삶 가운데 나타난 하나님의 손길이 너무 뚜렷하기 때문에 전환기로 우리 자신을 몰아간다. 하나님에 대한 신뢰로 인해 우리 자신이 준비되었는지, 능력이 있는지, 안전한지, 충분히 인정받고 있는지 근심하지 않게 된다. 우리가 원하는 방법이 아닌 하나님께서 원하시는 방법으로 우리를 사용하시도록 기꺼이 자신을 내어드릴 수 있기 때문에 자신의 부서진 모습을 수용하기가 쉬워진다. 토기장이 손안에 놓인 진흙덩어리가 된 것이다.

이동을 위한 촉매

자아 발견의 포기에서 오는 평안

5단계로 움직일 때 우리가 직면하고 해결해야 할 중요한 문제 가운데 하나는 자아를 발견하기 위해 채울 수 없이 계속되는 갈망이다. 자아 발견을 향한 굶주림은 너무 좋아 보이고, 온전하며 유용해보이기 때문에 그 갈망이 우리를 하나님으로부터 멀리하게 하는 유혹이라는 것을 알아차리기가 어렵다. 믿음의 여정의 초기 단계에서는 자아의 탐색이 필수적이다. 그러나 4단계에서 5단계로의 전환기에서는 우리 삶 속의 일들을 통해 하나님께서 계속적으로 우리의 모습을 드러내시는 것을 제외하고는, 자기를 돌보지 않을 것과 자아 탐색을 포기할 것이 요구된다. 이에 대해 우리는 마치 너무 좋은 것을 포기하라고 종용받는 것처럼 느낀다. 그러나 하나님 안에서의 자신을 발견하기 위해 자아의 탐색을 포기하는 역설적인 행동을 할 수만 있다면 우리는 오히려 평안을 찾을 수 있다. 우리는 점차로 스스로의 노력에 의해서는 아무것도 할 수 없는 5단계와 6단계로 움직여갈 것이다. 마치 처음 믿음의 여정을 시작할 때처럼 하나님께 온전히 의지하게 되는 것이다. 우리들은 다시 한번 그와 같은 진리로 걸어 들어가는 것이다.

하나님에 대한 새로운 확신의 허용

4단계의 어떤 사람들은 영적인 애매 모호함과 방향의 결여에 너무 익숙해져서 그것이 당연한 것으로 생각한다. 잘 알 수 없는 것과 방황하는 것이 편안하게 느껴지는 것이다. 탐색을 위한 탐색을 좋아하기 시작한다. 이 전환기에서는 두려움을 향해 마음이 쏠리게 되어 있다. 이런 경우 하나님에 대해 확신을 가져야 한다는 것과, 하나님께서 벽 앞에서 춤을 추고 있는 우리를 멈추라며 부르신다는 것에 대해 두려움을 가질 수 있다.

순종의 대가에 대한 열린 마음

대부분의 사람들이 하나님께서 진실로 5단계에서 변화의 약속을 성취하실 것이라는 점을 이해하기 시작하므로 움츠러들 수 있다. 기꺼이 스스로의 부서짐을 하나님께 드리고자 하고, 치유 받으며, 자신의 연약함을 하나님 앞에 내어놓고 쓰임 받고자 하는 사람들에게 인생은 결코 이전과 같지 않다. 이제 자신이 매우 효과적으로 쓰임 받고 있다고 생각하는 것이 불가능해 보이거나, 삶이 잘 정립되고 감당해야 할 책임이 자신에게 있기 때문에 자신에게 무엇을 요구한다는 것이 너무 지나친 것처럼 보인다. 우리는 믿음의 여정이 치유를 가져온다고 생각하지, 고통에로의 초대를 받는다고 생각하지 않는다. 또한 우리가 기대한 대로 움직여 가지 않는 것 같다. 그러나 확실한 것은 계획대로 되지 않는 그 자체가 우리가 아직도 4단계의 여정에 있다는 단서다. 다시 한번 우리는 스스로의 판단을 버리고, 하나님과의 새로운 관계를 더 신뢰하며, 변화의 과정으로서 포기하는 일을 계속하도록 요청받는 것이다.

내면의 여정

논제: 믿음은 하나님을 재발견하는 것이다.

2단계의 특성

- 삶과 믿음의 위기
- 해답보다 방향을 위한 추구
- 상자에서 벗어나신 하나님
- 삶과 믿음에 대한 확신의 상실
- 하나님과의 신실한 관계 추구
- 분명한 신앙의 상실

새장에 갇힘

- 끝없는 질문
- 부동화
- 지나친 자아 평가

3단계로 이동하기

- 영적 자아, 즉 자기 중심성의 포기
- 우리의 삶을 향한 하나님의 계획의 수용
- 개인적인 치유와 순례를 통한 온전함의 추구
- 어떤 대가라도 기꺼이 지불하고자 하는 마음

이동을 위한 촉매

- 자아 발견의 포기에서 오는 평안
- 하나님에 대한 새로운 확신의 허용
- 순종의 대가에 대한 열린 마음

질문

당신의 믿음이 무너졌던 적이 있는가? 언제, 왜 그랬는가?

4단계 경험하기

질문

1 당신이 지닌 하나님의 이미지는 무엇인가?

2 초기에 지녔던 하나님의 이미지가 어떻게 변해왔다고 느끼는가?

3 당신의 믿음이 무너졌던 적이 있는가? 있다면 언제, 왜 그랬는가?

4 개인적 의미를 찾으라는 괴롭힘을 당한 적이 있는가? 어떻게, 언제 경험했나?

적용

다음 이야기들을 읽어보라. 만약 이 이야기들이 당신의 현재의 여정과 비슷하다면 어떻게 성경 속 인물들이 지니는 혼동, 위기 혹은 의미 찾는 일을 당신과 동일시할 수 있을지 보여달라고 하나님께 간구해보라.

• 베드로의 부인(막 14:66-72)
• 나사로의 죽음과 예수님의 능력에 대한 마르다와 마리아의 혼동(요 11:20-37)
• 욥의 고난에 대한 의미를 찾음(욥 26-28장).
• 바알 선지자들을 이기고 이세벨의 분노를 사서 목숨이 위기에 처한 엘리야의 이야기(왕상 18:30-19:3)

7장

벽:
4단계와 5단계
사이의 정지 장소

믿음의 여정에서 부딪히는 벽은 분명히 4단계에 속하지만, 매우 중요한 경험이므로 벽을 설명하는 데 한 장을 할애하기로 한다. 벽과의 씨름은 영적 치유 과정에서 중요한 역할을 감당한다. 부르심을 받았다고 느끼거나, 벽을 통과할 용기를 지닌 사람들에게 벽은 또 다른 차원의 변화와 새로운 신앙 생활이 시작되는 장소를 의미한다.

　벽은 우리의 의지와 하나님의 뜻이 정면으로 만나는 것을 의미한다. 기꺼이 하나님께 굴복하고, 하나님께 우리의 삶을 인도하시도록 할 것인지를 결정하는 것이다. 우리는 삶의 위기, 영적 권태 혹은 깊은 갈망 때문에 벽에 부딪히게 되면 쉽게 당황한다. 비록 우리가 우리의 의지를 하나님께 드리기를 간절히 원하고 또 그렇게 하고 있다고 믿는다 할지라도, 사실상 벽을 대할 때면 늘 우리가 살아오던 대로 우리 자신의 의지나 은사로 벽을 통과하고자 한다. 벽 앞에 선 우리는 그 벽을 떼어내거나, 벽 주위를 춤추며 돌거나 혹은 아래로 굴을 파거나 뛰어넘고자 하는 등 할 수 있는 방법을 다 시도해본다. 아니면 단순하게 벽의 존재 자체를 무시해버린다. 그러나 벽은 여전히 남아 있다.

벽을 경험한다는 것은 정확하게 어떤 뜻이며, 과연 모든 사람이 그 벽을 통과할 수 있는 것일까? 4단계에서는 하나님께서 매우 개인적으로 역사하시기 때문에 정확하게 벽을 설명하기는 어렵다. 벽의 경험은 믿음의 전체 여정 가운데 아마 가장 신비한 경험일 것이다. 벽을 경험할 때 하나님께서 우리 안에 역사하신다는 사실을 깊이 깨달았으나 동시에 그 경험을 설명하기란 어렵다. 우리는 두려움과 당황함을 지닌 채 벽을 대하지만, 하나님의 인도하심 때문에 두려움을 덜 느낀다. 우리는 거룩한 곳에 서 있는 것이다. 하나님께 굴복해야 한다고 생각할 때, 또 그것이 쉽지 않지만 가치 있는 일이라고 느낄 때, 우리는 매우 중요한 순간을 경험하고 있는 것이다. 자신에 대해서 죽고 다시 태어나기를 기다리는 것이다.

벽에서 하나님을 경험하는 것은 우리 각자의 치유와 회복의 필요에 따라 다른 뉘앙스를 띄게 된다. 그래서 모든 사람의 벽은 다 다르다. 근본적으로 벽의 경험은 우리 자신의 의지와 삶에서 느끼는 하나님에 대한 새로운 인식 사이의 장벽을 서서히 없애 나가는 과정이다. 우리 자신의 에너지를 다 쓰고, 잡을 수 있는 끈의 마지막에 다다라서야 우리는 무엇인가에 집착하지 않고 살 수 있는 자유에 대해서 배울 준비를 하게 되는 것이다. 이전 어느 때보다 더 깊은 의미로 '하나님께서 하나님 되시도록', 또 그분이 우리의 삶을 인도하시도록 허용해야만 하는 것이다. 영적으로 치유받기 위해 우리의 의지를 굴복시킬 때 우리는 심리적으로도 치유받기 시작한다. 벽의 경험은 심리학과 영성이 만나는 장소다. 벽에 이르기 전까지 사람들은 종교적이고, 영적이며, 생산적이지만 심리적으로 치유되지 않았거나, 반대로 심리적으로는 치유되었지만 종교적, 영적, 생산적이지 않을 수 있다. 치유 자체는 영혼을 다루는 일이므로 신비한 부분이 있으며 심오하다.

벽을 경험한다는 것은 두렵고 예측할 수 없는 일이다. 어떤 사람의 경우는 벽을 통과할 때 긴 시간이 필요하다. 두터운 벽을 조금씩 깨면서 지나가야 하기 때문이다. 다른 어떤 사람들은 비교적 빨리 벽을 통과한다. 또 다른 사람들은 다른 시간에 다른 수준으로 반복해서 벽에 부딪힌다.

모든 사람이 벽을 통과하는 것은 아니다. 어떤 사람들은 믿음의 여정 초기에 정체되거나 여정을 중단하기 때문에 벽에 이르지 않을 수도 있다. 또 어떤 사람들은 벽에 다다랐을 때 이전의 단계로 돌아가기로 결정할 수도 있다. 또 다른 사람들은 벽 앞에서 정체된 채로 하나님께 복종하지 않을 수도 있다.

벽에 저항하는 유형들

벽에 다다랐을 때의 반응은 각각 다르다. 벽을 경험하기보다는 도피하거나 맞서서 대항하려는 여러 가지 유형이 있다.

강한 자아형

첫 번째 그룹의 사람들은 스스로 강하며 재능이 있다고 생각한다. 하나님의 뜻과 자신의 뜻과의 갈등이 오히려 자부심을 불러일으킨다. 착함, 또는 선행을 통해 자신의 삶을 스스로 담당하고 있다고 믿으며, 자신의 재능으로 스스로의 삶을 조정할 수 있다고 믿는다. 오랫동안 그렇게 살아 왔기 때문이다. 벽을 넘어보려고 노력하지만 결코 꼭대기에 도달하지 못한다. 궁극적으로 우리의 삶에서 하나님을 하나님 되시게 하기 위해서는 스스로 삶을 조정할 수 없다는 사실을 인식하지 못함으로 절망한다. 자아 중심성을 포기해야만 벽을 통과할 수 있는데, 우리의 자아는 매우 강하게 저항한다. 자아 중심성을 버린다는 것은 자존감을 상실하는 것을 의미하지 않는다. 하나님의 손 안에 있음으로써 우리의 자아 중심성이 하나님 중심으로 바뀌는 것을 의미한다. 겸손과 낮은 자존감 사이에는 큰 차이가 있다.

자기 비하형

다른 극단적인 유형으로는 많은 사람들이 자기 비하의 태도로 벽에 이르는 것이다. 자신을 낮추고 하나님의 자유롭고 깊으며 오래 참으시는 사랑을 받아들이지 않은 채 비현실적인 기대를 기준으로 계속 자신을 측정하지만, 결코 그 기대치에 미치지 못한다. 벽 밑을 파고 들어가지만 그 기초가 너무 깊다는 것을 깨달을 뿐이다. 벽을 통과하기 위해서는 하나님의 무조건적인 사랑과 우리의 모습 그대로를 받아주심에 대한 깊고도 중요한 깨달음에 이르러야 한다는 진리를 놓친다. 하나님의 사랑을 받아들인다는 것은 우리가 자아를 지니고 있음을 깨닫고 용납하는 것이다.

자기 학대형

이 유형의 사람들은 벽이 고통스럽고 달갑지 않은 기억을 동반한다는 것을 깨닫는다. 자주 이런 기억들은 어린 시절에 가정이나 교회에서 겪은 파괴적이고, 죄의식에 지배되며, 수치스러운 사건들과 연결되어 있다. 천주교, 루터교, 침례교 등 다른 여러 교회에서 양육되며 겪은 혐오스러운 이야기들이 수없이 많다. 근친 상간이나 학대의 경험들이 가족 내에서, 심지어 기독교 가정에서 일어나는 일도 드물지 않다. 교회나 가정이 하나님의 사랑을 잘못 해석하는 것에 하나님께서는 아무 잘못이 없으시다. 그런데도 그런 나쁜 기억들은 하나님을 거부하도록 하는 구실을 제공한다.

이런 배경을 지닌 채 영성 혹은 더 깊은 의미를 원하지만 우리는 어린 시절에 경험한 고통의 깊이를 인식하지 못하는 경향이 있다. 더 편안한 것을 추구하느라 다른 형태의 영성을 하나님과 바꾸는 경향이 있다. 결과적으로 우리는 벽 앞에서 춤을 추면서 하나님 대신 다른 것들, 예를 들면 자아실현, 심적 경험, 뉴 에이지 철학, 적극적 사고 방식, 완벽 주의, 좋은 건강 상태, 바른 삶, 평화를 위한 사업, 도덕적 규범 등의 대용물을 탐색한다. 결국 이런 대용물들은 인성의 신격화 혹은 인성을 완벽하게 하려는 투쟁을 의미한다. 그러나 우리의 벽의 경험은 우리의 인성을 완성하고자 애쓰는 것이 아니라 인성 안에서 하나님의 사랑과 용납을 나타내야 하는 것이다. 자신과 타인을 포용하는 것은 벽을 경험하는 과정에서 가장 중요한 치유다. 모순이 이 시기의 해답이다. 참된 것은 거짓되기도 하는데, 즉 교회나 가족이 하나님을 나타내 보이지만 반대로 진정한 모습의 하나님을 나타내지 못하기도 한다. 믿음의 여정은 우리 자신과 하나님과 다른 사람들의 다른 면을 볼 수 있어야만 한다. 벽을 통과한다는 것은 우리의 기억 속에 감추어진 환영들을 직면하고, 하나님을 재발견함으로써 그 아픈 기억들을 벗어나는 것이다.

이지적 분석형

지적인 이들은 벽을 논리화하고 분석해서 없애버리려 한다. 너무 생각을 많이 해서 벽도 생각할 수 있고, 자신들과 변론할 수 있다고도 가정한다. 벽을 자신의 의지나 벽의 의지를 속임으로써 이길 수 있는 게임으로 간주한다. 벽을 기어오르고, 파들어가며, 그 앞에서 춤추는 것에는 거의 관심 없이 자신의 논리를 펴나간다. 사실상 벽이라는 것이 과연 존재하는 것인지조차 의심한다. 이지적인 사람들에게는 대단한 연단을 요구한다. 벽을 통과한다는 것이 지적 교만과 불확실성, 겸손을 인정해야 하는 것이기 때문이다. 이들에게는 벽을 통과하는 것이 자신을 낮추는, 때로는 치욕스럽기조차 한 경험이다. 이지적인 사람들은 벽과 논쟁하지 않고 하나님의 뜻을 받아들이는 것을 배워야만 한다. 자신의 지적 능력보다는 하나님에 의해 채워져야 하는 도구가 됨을 배워야 하는 것이다.

자아 성취형

성취형의 사람들은 스스로 높은 벽을 쌓고, 자신이 쌓은 벽을 이용해서 앞을 가로막고 있는 큰 벽을 뛰어넘을 수 있다고 생각한다. 벽을 뛰어넘기 위해 기대되는 것보다 훨씬 많은 노력을 하며 열심히 일한다. 그러나 결국 스스로의 계획이 무너져버린다. 아무리 높은 벽을 쌓아도 자신 앞에 놓여 있는 벽의 꼭대기에 도달할 수 없고, 그 벽을 통과하려면 벽을 뚫고 지나가야 하기 때문이다.

그러나 벽을 통과하는 것은 노력의 결과로 되는 것이 아니며, 스스로 아무 공로 없이 신속하게 그리고 효과적으로 상처가 치유되는 것도 아니다. 그저 벽을 통과할 수 있도록 기다려야 한다. 그리고 벽을 통과하는 과정에서 인내를 배워야 한다. 그 경험은 이전에 경험했던 어떤 것과도 다르기 때문에 그 모든 과정을 거쳐갈 때 당황하게 될 것이다. 일정한 기간 동안 '압제당하는 것' 같고 움직일 수도 없는 것처럼 느낄 것이다. 그러나 이전에 전혀 알지 못했던 평안과 고요함을 경험할 것이다. 독립적인 자아는 우리에게 환상이 될 것이다.

교리형

보수주의자든 자유주의자든지 간에 대부분의 교리형 사람들에게 벽은 우리가 진실이라고 알고 있는 것에 대한 심각한 의혹을 의미한다. 교리형의 사람들은 벽에 구멍을 뚫고, 그것을 쓰러뜨릴 수 있을 정도로 약하게 만들고자 애쓴다. 모순되게도 그들은 스스로의 관점에도 구멍을 뚫는다. 조만간에 그들의 교리나 지식이 그들을 실패로 몰고 갈 것이다. 벽에 부딪침으로써 옳은 생각에 대한 안전한 느낌이 없어질 것이다. 우리는 불확실한 신비와 하나님의 직관적인 인도하심 속에서 휴식을 취하는 것을 배워야 한다. 우리의 안정감은 하나님을 향한 길과 하나님의 용납하심을 경험할 때 오는 것이다. 벽을 통과하는 믿음의 여정은 다른 사람의 입장을 볼 수 있게 해주며, 우리 자신의 입장을 변화시킬 수 있도록 해준다.

안수형

영적, 종교적 집단의 안수를 받은 지도자들은 자신을 따르는 사람들에게 그룹의 신념이나 대의 명분을 나타내기 때문에 그 그룹의 신념이나 대의 명분을 고수하는 데 있어서 많은 문제를 안고 있다. 이들은 벽에 접근할 때 때로 벽을 파괴하는 영적 능력을 주장하면서 자신의 입장을 변호한다. 벽을 향해 무너질 것을 명령하고, 자신들의 외침에 벽이 순순히 응하기를 기다리며 서 있기도 한다. 자신들은 하나님과 가까이 있는 존재이므로 하나님께서 자신들의 요구에 응답하셔야만 한다고 여긴다. 자신의 의지를 하나님의 뜻과 바꾸는 것은 그들의 약점이다. 양 떼의 인도자인 자신들도 벽을 통과해야만 한다는 사실을 깨닫는 것은 상당히 고통스러운 일이다. 또한 영성 지도사로서 자신의 연약함을 드러내고 벽에 직면한다는 것은 어려운 일이다. 그들 자신의 기대와 가르침과 비교해볼 때 하나님께서 어떤 다른 모습으로 나타나시든지 간에 자신과 화해하고 하나님을 대면해야 한다. 이 경험은 안수 받은 지도자들을 매우 겸손하게 한다. 이 때문에 영적 자만심은 특별히 타인들을 인도하는 위치에 있을 때는 직면하기 어렵다.

벽 통과하기

벽을 대면하는 과정은 벽의 밑으로 지나가거나, 위로 넘어가거나, 돌아가거나, 폭발시키는 것이 아니고 벽을 통과하는 것을 필요로 한다. 우리는 벽을 통과할 때 벽돌 한 장 한 장을 뚫고 지나가야 하는데, 하나님의 뜻에 복종할 때 우리의 의지의 모든 요소들을 느끼며 치유 받는다. 우리의 자아와 의지는 어떤 단계를 넘어서거나 초월하지 않고 변화되며 새로워진다. 우리는 자아와 의지를 제거하는 것이 아닌 복종시키는 것을 배운다. 영적인 치유와 함께 심리적인 치유도 이루어진다. 우리는 벽을 통해 영적, 심리적 변화가 동시에 일어난다고 믿는다. 온전함과 거룩함을 향해 나아가게 되며, 우리의 자아나 의지를 제거하는 것이 아니라 포기하는 것이다. 즉 자아와 의지가 뒤집어져서 무조건적인 사랑이 드러나도록 하는 것이다.

영적, 심리적 치유와 변화의 한 예는 다른 사람을 고치려드는 것, 지나치게 도와주는 것, 상호 의존, 다른 사람에게 지나치게 힘을 부여하는 것 등이 사심 없는 봉사가 아니라는 깨달음이다. 이런 여러 일을 행하는 동기는 건강하지 않은 뿌리에서 비롯되는데, 낮은 자존감이나 다른 사람을 조종하고자 하는 욕망을 드러낸다. 우리는 이런 건강하지 못한 동기의 고통을 하나님의 사랑으로 건강한 자각과 용납으로 바꿀 수 있다. 하나님의 사랑의 옷은 우리의 약점이 드러나지 않도록 상황을 바꾸거나 피할 수 있도록 도와준다. 또한 우리의 불완전함을 인정할 수 있도록 해준다. 우리는 온전해지는 것이 아니다. 우리가 단순하게 다른 사람을 돌보거나 걱정하는 것이 아닌 그들에게 진정한 관심을 가지도록 인도해주시기를 하나님께 간구하고 의지하는 것이다. 우리는 어느 때보다도 우리 자신의 약점을 더 깨닫게 되며, 그때 가서야 더욱 사심 없는 봉사를 할 수 있게 된다.

의심할 여지없이 이때쯤이면 우리 스스로 벽을 통과할 수 없다는 것이 명백해진다. 우리는 인도자이신 하나님을 필요로 하는데, 그렇지 않으면 우리의 의지가 벽을 통과하는 일을 맡게 될 것이다. 그렇게 되면 닥쳐오는 상실감과 새로운 삶, 치유 혹은 의미에 대한 큰 기대를 동시에 느끼기 때문에 벽에 다가가는 것조차도 불편하다. 벽을 대할 때는 기대감도 있고, 불편함도 있으며, 때로 슬픔도 경험한다. 벽을 통과할 때 안도감을 경험한다는 것은 생각할 수 없다. 우리는 자주 함께 벽을 경험하거나 우리를 가르치고 후원하며 궤도에 머무르게 하는 다른 사람의 안내도 필요로 한다. 글이나 영적 훈련이 우리를 안내할 수도 있으며, 다른 사람이 벽을 통과하는 동안 우리를 지도할 수도 있다. 우리를 지도할 사람은 벽의 경험을 이해하는 친구나 목사, 여정중 우리가 어떻게 계속 하나님을 향해야 할지를 알고 있는 훈련된 영성 지도사, 정서적 치료에 있어서 영적 차원을 믿는 현명한 심리 상담자 등이다. 우리들 가운데 어떤 이들에게는 자신을 다른 사람의 손에 맡기는 행위 자체가 벽을 통과하는 경험의 시작일 수 있다. 벽을 통과하는 과정에서 다른 사람의 돌봄과 사랑을 받아들이는 것은 중요한 부분이다.

벽을 통과하는 경험에는 일반적인 동의 사항이 따른다. 모든 사람이 벽의 모든 면을 경험하는 것은 아니다. 어떤 사람들은 특별한 경험을 할 수도 있다. 벽의 중심에는 신비함이 있는데, 설명할 수 없는 그 신비는 불안, 포기, 치유, 자각, 용서, 용납, 사랑, 하나님께로 다가감, 분별, 녹아내림, 빚음, 고독 그리고 묵상을 포함한다.

불안

어떤 사람들은 벽을 통과하는 경험을 '영혼의 어두운 밤'이라고 부르는데, 이 시기는 외롭고 위축된 느낌을 갖고 탐색하지만 발견하지 못하는 시기 그리고 슬퍼하며 상실감을 느끼는 시기다. 어떨 때 우리는 너무 외로워서 하나님께서 우리를 떠나셨다고 생각한다. 혼자서 어두운 불확실함 속에 앉아 있게 된다. 이러한 압박감과 우울한 경험들이 대부분 초기에 느끼는 벽의 한 부분이다.

포기

개인에 따라 다르지만 누구나 벽을 통과할 때 항상 무엇인가를 포기해야 한다. 보통은 개인의 정체성 가운데 중심적인 어떤 것을 포기하게 된다. 포기는 상실을 의미하지 않으며, 어떤 형태를 지니든지 내려놓음과 초연함을 의미한다. 포기하기 이전에 우리는 대처할 수 없다는 느낌, 어떻게 할지 어디서 도움을 청해야 할지 모르겠다는 느낌을 갖는다. 우리는 결국 절망 가운데 포기한다. 그리고 하나님께서 우리에게 좋은 것을 행하시도록 허용한다.

치유

심리적, 영적 치유와 변화를 필요로 하는 우리의 과거와 현재를 인식하지 않고 벽을 통과한다는 것은 불가능하다. 하나님께서는 우리가 그분의 존재 앞에 겸손히 앉아서 우리의 상식으로는 이해가 안 되는 하나님의 일정에 순종할 때 우리를 치유하신다. 이 시기에는 큰 그림을 볼 수 있도록 도와주고, 어디로 향하고 있는지 볼 수 없을 때에도 우리의 손을 잡아줄 수 있는 개인적인 안내자가 매우 소중하다.

자각, 용서, 용납, 사랑

자신과 타인을 향한 4단계의 움직임이 있다. 그 움직임은 우리의 어두운 면과 숨겨진 면의 자각에서부터 시작된다. 이것들은 종종 우리가 다른 사람들에게서 발견하는 싫어하는 것들이다. 즉 결코 진실이 아니나 우리가 받아들인 자신과 가족 그리고 삶의 모든 꾸민 이야기들에 대한 거짓을 자각하는 것을 의미한다. 그 자각이란 세상이 원하는 우리가 아닌 진정한 우리가 누구인지 발견하는 것을 뜻한다. 전 생애에 걸쳐 이런 자각이 이루어지기는 하지만 벽의 과정에서 경험하는 자각은 중요한 초점이다. 종종 분노, 비통함, 슬픔 등이 자각에 따른 느낌들로서 이 모든 것은 용서를 경험하기 위해 필요한 것이다.

용서는 두 번째 단계다. 용서란 우리 자신과 타인을 용서하는 것을 의미한다. 때로 용서는 그저 흠뻑 젖는 과정인데, 즉 용서는 우리가 생각했던 것과는 다른 이야기를 지닌 각기 다른 사람들이라는 사실을 충분히 받아들이는 것을 뜻하기 때문이다. 또한 용서는 정말로 투쟁이 될 수 있는데, 그것은 우리가 어떤 것을 바꾸어서 그것들이 더 좋게 보이거나 느껴지기를 원하기 때문이다. 우리를 향한 하나님의 사랑, 특별히 우리의 연약한 인간성에도 불구하고 베푸시는 그 사랑을 느낄 때 우리는 용서에 나타나는 하나님의 은혜를 경험한다.

용납의 단계는 쉽게 오지 않는다. 용납은 용서보다 한 단계 나아간 것으로서 우리가 자신을 품는 것이다. 용납이란 우리 자신을 초연한 눈으로 바라보고 우리의 인간됨을 기뻐하는 것이다. 용납이란 우리가 어릿광대, 악마, 겁에 질린 아이, 사악한 마녀, 고독한 연인, 지적인 속물, 지나친 성취자, 교만한 엘리트, 불안한 소년 혹은 소녀, 이색적인 옷을 입는 사람, 주의를 끄는 사람, 바보, 위험을 감행하는 사람, 중독자, 미인 혹은 완벽주의자인 우리 자신의 모습을 끌어안는 것이다. 우리가 이런 부분들을 품지 않는다면 그 부분들이 우리를 지배할 것이다. 이런 연약한 부분들을 부인하게 되면 그것들은 우리에게 신이 되어 우리를 조정할 것이다. 궁극적으로는 마약이나 술처럼 우리를 자살로 인도할 것이다. 우리가 이러한 연약한 부분들을 품는다는 것은 이런 약점들이 우리 자신에 대하여 무엇이라고 말하는지 듣는 것을 의미한다. 일반적으로 이 약점들은 의미를 전달한다. 예를 들면, 어떤 상황에서 교만함을 느낀다면 그것은 불안함의 증상이다. 그 사실을 알면 교만이 생길 때 언제나 그 이면의 더 깊은 문제를 보며 우리 자신을 용납하게 된다. 다행스럽게도 하나님께서는 용서와 용납의 본을 보이심으로써 계속 우리를 돕기 위해 개입하신다. 따라서 우리는 계속적으로 겸손하게 하나님의 선물인 용서와 용납을 구해야 한다.

이 움직임의 마지막 단계는 사랑, 즉 우리 자신, 하나님, 이웃 사랑의 발생과 함께 온다. 자각, 용서, 용납에 뿌리를 둔 사랑은 우리가 이전에 알던 것과는 전혀 다른 사랑이다. 우리는 우리가 사랑하기로 선택한 사람들뿐 아니라 모든 사람을 사랑할 수 있다. 우리는 정직하게 다른 사람들의 최선의 이익을 고려하고, 우리의 필요보다 그들의 필요를 보기 시작하며, 낮은 자존감에서가 아닌 넘치는 사랑에서 그들을 사랑한다. 우리는 다시 한번 하나님, 즉 우리의 삶을 치유하시고 우리의 자아를 잠잠케 하시며, 우리의 혼잡한 의지를 순종으로 진정시키는 하나님의 사랑을 대면한다. 그리고 하나님께 우리의 삶을 인도하시도록 맡긴다. 그럴 때 우리는 다음 단계의 여정으로 옮겨가는 것이다.

하나님께 다가감

우리는 벽을 통과할 때 새로운 다른 방법으로 하나님을 경험한다. 심지어 하나님께서 안 계신 것같이 느낄 때도 우리가 여정의 길에 머무르고 있음을 안다. 믿음의 여정을 진행중이라고 느끼며, 특별히 벽을 통과할 때 다른 사람에 의해 인도함을 받는 경우는 더 그렇게 생각한다. 이전의 단계에서는 하나님 혹은 하나님에 해당하는 어떤 대상을 열심히 믿었고, 모든 것이 아무 이상이 없는 한 하나님과 매우 잘 연결된 것처럼 느꼈다. 그러나 이제 벽을 만나면서 우리는 벌거벗고, 무방비 상태며, 연약한 자신을 발견하게 되어 하나님의 사랑과 임재를 새로운 방법으로 느낀다. 우리는 느끼고, 진실해지며, 포기하고, 자신을 그대로 나타내는 데 더 익숙해지는 동시에 하나님의 간섭하심에 더욱 압도당하게 된다.

분별

벽은 하나님께서 우리 앞에 갖다 놓는 것은 어떤 것이라도 신중하게 생각하도록 그리고 그것이 하나님으로부터 말미암은 것이면 이해하도록 우리를 초청한다. 즉 분별력을 갖추기를 원하시는 것이다. 분별이란 판단, 아는 것, 분석 혹은 시도해본 참된 것으로 돌아가는 것, 즉 좋았던 옛 방법을 포기하는 것을 의미한다. 또한 분별은 우리가 행한 모든 선이 사실상 하나님께서 원하셨던 행동과 인격으로부터 이탈된 형태였음을 배우는 것일 수도 있다. 즉 분별이란 위험을 감수하며, 새로운 방법으로 하나님께 귀 기울이고, 하나님을 공급자, 치유자, 친구 혹은 부모로 보는 것을 의미한다. 또한 규칙, 교리, 정의, 논리적 논쟁 등 이전에 우리의 힘이며 빛이던 것을 포기하는 것을 의미한다. 우리가 사랑하는 사람들 그리고 우리가 사랑하지 않는 사람들과 함께 위험을 무릅쓰는 것을 뜻한다. 분별은 결과가 분명하지 않을 때에도 우리의 판단을 뒤로 미루고, 하나님의 인도하심을 선택하도록 요청한다. 움푹 패인 땅 위에 서서 우리는 우리의 기초가 흔들리는 것을 발견한다.

녹아내림, 빚음

'살아계신 하나님의 성령'이라는 찬송가 가사가 벽을 잘 표현하고 있다. 그 찬송가의 가사는 녹아내림과 새롭게 됨의 순간을 묘사한다. "살아계신 하나님의 성령, 내 위에 임하셔서 녹이시고, 빚으시고, 채우시고, 사용하소서. 살아계신 하나님의 성령, 내 위에 임하소서." 불과 초로 녹아내리고 빚어진다는 것은 벽 경험의 뛰어난 비유다. 채워지고 사용되기 이전에 녹고 빚어지는 시간이 있다. 이전에 우리는 하나님께서 우리의 팔이나 다리, 머리나 발을 녹이시기를 허용했을지 모르나 이제는 우리 몸의 더 많은 부분과 마음, 영혼을 녹이시고 빚으시도록 하나님께 드린다. 우리의 영혼이 주를 갈망하며, 경외심과 기대감으로 하나님의 임재를 기다린다. 하나님을 갈망하면서 고대 이스라엘 사람들은 시편 42편 1-2절에 기록된 것처럼 '살아계신 하나님의 성령'과 같은 기도를 노래했다.

고독과 묵상

우리는 집이나 사무실 혹은 길에서든지 일주일에 60시간씩 일하면서 벽을 통과할 수는 없다. 반드시 혼자 있는 시간, 즉 산보하고, 하나님의 음성을 듣고, 생각하고, 느끼고, 묵상할 수 있는 시간을 따로 마련해야 한다. 이것 또한 매우 개인적인데, 하나님을 경험하는 방법은 사람마다 다르기 때문이다. 우리의 바쁜 생활 양식을 변명하면서 바쁘게 돌아다니는 것은 하나님의 도움을 간청하는 길이 절대 아니다. 그것은 그저 우리가 아직 준비되지 않았음을 의미할 뿐이다.

벽에서의 영적 여정의 실례

자넷Janet | 나의 믿음의 여정을 돌아볼 때, 내가 다른 어느 단계보다 2단계와 4단계에서 더 많은 시간을 보냈음이 명백하다. 나는 지적으로 매우 호기심이 많고, 기꺼이 탐구하기를 좋아했으며, 4단계에서처럼 나의 믿음을 탐구하도록 스스로에게 강요했다. 나는 공동체로 여기는 소수의 다른 사람들과 함께 탐구하는 경향이 있었다. 조직화된 교회와 항상 연결되어 있지는 않았으나 2단계에서 매우 중요한 공동체 의식을 항상 어느 정도 지니고 있었다. 그러나 내게 공동체 의식이 얼마나 필요한지를 이제 깨닫는다.

내가 4단계에 처해 있던 중요한 시기는 하나님에 대해 의심하며 추구하던 시기인 십대 때와 영성 지도와 상담에 집중하고 있는 현재다. 나는 현재 4단계를 다른 방법으로, 즉 나의 존재의 핵심을 더욱 탐구하며 벽을 드나들면서 경험하고 있다고 생각한다.

십년간에 걸친 나의 불가지론적인 탐색기에 나는 유년기의 믿음을 대신할 수 있는 모든 가능성들을 다 찾아보았다. 내게 인간의 본성과 성숙에 관해 많은 통찰력을 제공해준 심리학에 깊이 몰두했었고, 다른 사람들을 더 잘 돕기 위해서 "너 자신을 알라"는 충고도 진지하게 받아들였다. 또한 심리적 현상, 자아 실현의 이론과 경험, 동양의 명상과 종교적 훈련들, 뉴 에이지 철학의 적극적 사고 방식 등도 탐구했었다. 이를 통해 나는 내 자신에 관한 많은 유용한 정보들과 기본적인 삶의 원리들을 많이 배웠다. 그 기간은 풍요롭고 신나는 시간이었다. 고통스럽고 분노하게 하는 어린 시절의 기억을 꼭 되살리지 않고도 나의 영성을 표현할 수 있는 방법을 이런 원리들에서 찾았다고 느꼈다. 정확히 말해서 교회를 싫어한 것은 아니었고, 혹시 싫어했다 하더라도 그때에는 교회를 싫어한다고 생각하지 않았다. 그저 교회가 나의 믿음 탐구에 부적절하다고 생각했을 뿐이다. 명상이 기도를, 적극적인 사고와 선한 삶이 양심을 대신했었다. 나는 강하고, 성공적이며, 영적이고, 자아를 실현시킬 수 있었다. 내가 이혼했을 때, 이 모든 훈련들이 유용했지만 그 가운데 그 어느 것도 충분한 것은 없다는 사실을 깨달았다. 각 훈련들이 내가 묻지도 않은 질문에 답하는 것처럼 보였다. 나는 바른 질문을 추구하고 있었다. 4단계에 정체되어 버린 것이다. 마침내 모든 것을 멈추고 나 자신에게 왜 내가 이 모든 것을 행하고 있는지 물어보았다. 내가 나아가야 할 방향은 내가 아직도 생각하고 있는 "나는 누구이며, 하나님께서는 누구신가?"라는 질문의 형태로 찾아왔다.

　　현재 나는 4단계인 내면의 여정과 벽을 영성 지도와 상담을 통해서 경험하고 있다. 영성 지도의 대부분의 과정은 잠잠히 하고 하나님과 얼굴을 맞대는 것이다. 기도와 같은 과거의 개념은 여정에 있어서 중요하지만, 이제 새로운 형태와 의미를 지닌다. 나는 이제 기도를 하나님의 말씀을 경청하는 것 혹은 하나님의 임재를 경험하는 것이라고 묘사한다. 때로 기도는 삶 그 자체다. 영적 훈련을 기대하며 환영한다. 기도와 성경 읽기는 훈련의 일부다. 그러나 성경 읽기는 성경의 모든 책들을 훑으며 구절들을 외는 것이 아니다. 나 자신이 성경의 구절들과 이야기 속에 온전히 들어가서 내가 그 속에 있는 것이다. 내가 바로 치유 받고 질문을 하며 기적을 체험하는 사람인 것이다. 성경 한 구절을 갖고 그 온전한 뜻이 내 속에 깊이 스며들 때까지 몇 달을 보낼 수도 있다. 영성 지도는 삶의 한 방법이며, 나의 의지와 방법을 하나님의 뜻에 계속적으로 더 많이 굴복시키는 과정이다.

영성 지도를 받으면서 내가 왜 초기의 종교적 경험에 의해 큰 상처를 받았는지 발견했다. 나는 치유되고 있으며 감사하는 마음으로 초기의 개념, 아이디어, 단어, 이미지를 떠올릴 수 있고, 이제는 새로운 방법으로 초기의 종교적 경험을 체험할 수 있다. 사람들이 어떻게 잘못 이해한 채 실수로 나를 가르쳤는지를 더 잘 볼 수 있게 되었고, 그들을 용서하는 것을 배우고 있다. 그 과정은 어려웠고 천천히 진행되었으며 때로는 고통스러웠으나 그만한 보람이 있었다.

상담을 받음으로써 영적인 탐구에 더 이상 진전이 없도록 나를 붙들어 매었던 어린 시절 가족 내의 상처가 치유되기 시작했다. 영성 지도는 하나님께서 상담을 통해 나를 인도하실 것과, 항상 도와주실 것이라는 확신을 제공해주었다. 나는 상담을 받을 만한 용기를 얻었고, 두려워하지 않는 것에 대해 배우고 있다. 상처와 고통과 두려운 기억을 대면한다는 것은 어려운 일이지만, 그것은 믿음의 여정의 일부분이다. 벽의 경험 가운데 하나인 것이다.

내가 어떻게 바뀌었을까? 그것은 아마도 나를 알고 있는 사람들에게 묻는 것이 더 쉬울 것이다. 나는 더 차분해지고, 하나님의 말씀을 기꺼이 경청하며 그분을 기다리고, 나의 어두운 면을 더 많이 의식하고, 쫓기듯 일에 몰두하거나 목표 지향적인 면이 줄어들고, 자신에게 실망했을 때 더 많이 나를 용서하고, 더 잘 웃으며 놀고, 나 자신이나 다른 사람의 좋은 점을 더 많이 인식하고, 더 기꺼이 사랑을 하며 사랑을 받고 있다.

나는 이제 겨우 문제를 해결하기 시작했고, 다른 단계들에서 벽의 경험에 다시 또 들어갈 것이다. 삶 가운데 다가올 다른 새로운 것들을 발견한다는 것이 흥분되기도 하고 두렵기도 하나 내가 준비되고 기꺼이 감당할 수 있기를 기도한다.

데이빗David │ 나는 신체적, 정서적으로 너무 힘들다. 활동하며 다른 사람들과 만나기도 하지만 마치 내 영혼이 망가진 것 같다. 내가 기억하는 한 자신에게 기대하던 두 가지 중요한 일은 나 자신의 삶을 꾸려나가고, 다른 사람들을 섬기는 것이었다. 나는 두 가지 기대에 모두 성공한 동시에 실패했는데, 진정으로 내가 추구했던 결과는 사랑받는 것이었기 때문이다. 그러나 나는 거의 사랑받지 못했다. 나는 학위와 많은 경험을 지닌 채 내 삶의 대부분을 학교와 교회에서 보냈다. 나는 학교와 교회, 둘 다 나의 사역 대상이라고 여기고 헌신했다. 그러나 학교와 교회의 사람들과 기관은 기꺼이 나를 이용한 후에 버렸다. 그것이 인생인가 보다.

나는 날마다 괴로움과 투쟁하며 삶의 목적과 사후의 삶에 대해 질문했다. 그러나 나 자신과 하나님 그리고 하나님과 나를 연결하는 것에 대해 더 분명한 이해를 얻으려고 노력할수록 내 안에는 희망에 근거한 생각과 자기연민이 계속해서 아우성치고 있다. 하나님과 나를 연결시키는 것은 사람이라고 배웠으나 나는 더 이상 그것을 믿지 않는다.

내 삶의 여정과 믿음은 개인적이며 고통스럽다. 다른 사람들의 여정은 그러리라고 가정하지 않으며, 또한 그것을 바라지도 않는다. 내 목표는 옛날 찬송가 가사처럼 '내 마음 깊은 곳의' 평안과 기쁨이다. 그러나 고통의 일부분은 내가 나의 꿈과 목표를 추구하고 있기 때문에 오는 듯하다. 그 결과로 내 자신이 깨지고 약점이 드러난 것처럼 느낀다. 내가 시인하고 싶은 것보다 더 빈번하고 일정하게 눈물이 솟구쳐 오른다. 비록 내가 충분히 이해할 수 없더라도 하나님께서 내 삶을 향해 갖고 계신 계획을 위해 내가 지니고 있던 꿈을 포기해야만 한다는 메시지 같다. 그런 말을 하기는 쉽겠지만 그 말처럼 행한다는 것이 내게는 너무 어렵다. 이것은 믿음의 문제다.

이것은 또한 함정처럼 보이기도 한다. 산업화된 사회에서 교육받은 사람들은 지적인 방어와 물질의 집착 면에서 너무 잘 발달되어 있다. 그래서 자신을 포기하고, 역동적인 하나님의 성령이 속에서부터 우리 자신을 정결케 하며 새롭게 하도록 할 수 없다는 것이다. 우리는 마음의 단순함을 갖도록 훈련되지 않았다. 제도적 종교의 교리적이며 생산적인 면이 내 영혼을 굳어지게 하고 나의 영적 추구를 방해한다. 다시 한번 힘든 것을 느끼는데 이번에는 외부로부터 오는 힘겨움이다. 나는 이 여정을 매우 외롭고 아무 가치가 없다고 느끼는데, 이 느낌은 오랫동안 지속되는 백수 상태에 의해 더 가중되었다. 내가 고용될 만한 가치가 있는 특별한 은사가 있다고 말한다면 잘못일까? 내 능력과 업적에 대해 자랑스럽게 여긴다면 잘못일까? 그런 생각들은 교만의 죄이고, 따라서 이것은 장애물이 되는 것일까? 어쩔 도리가 없는 것처럼 느껴진다. 그러나 나는 내 기술이 어딘가에 필요하고, 내가 참고 경청하며 하나님의 암시나 단서에 더 열린 마음으로 반응한다면 기쁨과 평안이 가능하다는(나는 기쁨과 평안을 '얻을 수 있다'는 말을 하지 않는 것을 배우고 있다) 믿음을 고수하고 있다. 이것에도 인내가 필요한 것인가?

아마 나는 아직 덜 깨졌는지도 모른다. 내가 덜 깨졌다는 생각이 두려운 만큼, 내 자신의 힘으로 앞으로 나아갈 수 없을 것 같다. 그래서 이런 질문을 계속하게 된다. "하나님, 어떻게요?", "하나님, 언제요?" 하나님의 응답, 즉 하나님의 때를 기다리는 것이 더 나를 힘들게 한다. 이를 나의 어려움에 무관심한 사람들이나 단체의 탓으로 돌릴 수는 없다. 나는 하나님과 단 둘

이 매트 위에 있는 것이다. 야곱의 환도뼈가 위골된 것은 당연한 것이다. "내가 주께 부르짖으나 주께서 대답지 아니하시오며 내가 섰사오나 주께서 나를 돌아보지 아니하시나이다"(욥 30:20)라는 고백으로 표현된 욥의 좌절도 당연한 것이다. 투쟁하거나 슬퍼하기를 멈추고 그저 순종해야 하는 것이 내가 할 일일까?

이것은 또한 의지의 문제이기도 하다. 내게 그 현실적인 결과는 지금 당장 천국 아니면 지옥이다. 놀랄 만한 지혜는 내가 그릇된 야망을 버리기로 선택하기만 한다면 내게 정말 필요한, 그러나 지금은 이해할 수 없는 영원을 얻는다는 것이다. 그러나 이것 또한 나를 지치게 만드는 모순 가운데 하나다. 나는 "큰 뜻을 품고, 인정받으며, 평안과 기쁨을 누리기를 원하는 것이 무엇이 잘못이란 말인가?"라고 크게 소리치고 싶은 유혹이 있다.

지적으로 그 결과가 위험을 감수할 만한 것이라는 것을 이해한다. 그러나 현실적으로는 내 자신의 가치를 거는 것이 너무 심하다고 느껴진다. 전적인 깨짐은 피할 수 없는 것 같다. "사랑하는 하나님, 제 갈등을 비웃지 마시고 저를 포기하지 마세요. 제가 하나님의 임재와 사랑을 조금만 느끼게 해주세요!"

벽으로부터의 탈출

벽의 경험은 외면의 여정인 5단계로 가기 위한 필수적인 준비다. 5단계에서는 우리에게 다른 존재 양식을 요구한다. 우리는 영적인 진리와 우리 자신의 필요를 구분할 수 있어야 한다. 중요한 물질, 아이디어, 사람, 일 혹은 우리 자신의 일부분을 하나님을 위해 포기하도록 요청받을 수도 있다. 벽을 경험하기 이전의 우리라면 이런 포기를 고난으로 해석할는지도 모른다. 5단계에서는 이런 희생이 더 이상 상실로 받아들여지지 않는데, 이는 우리가 자신의 비희생적인 부분을 더 인식하고 이해할 수 있기 때문이다. 하나님의 뜻은 우리의 자존감이 하나님의 사역에 충분히 사용되는 것이다. 따라서 희생을 멈추는 것이다. 그러나 5단계는 희생적이다. 이 모순은 설명하기 어려운데, 왜냐하면 이것이야말로 진정한 모순이기 때문이다.

그래서 벽의 신비는 신비로 남아 있다. 우리는 항복하고 벽을 통과하는 과정의 경외감 가운데 앉아 있다. 그러나 벽을 벗어나면서 우리는 나아갈 방향에 대한 불분명함을 훨씬 더 깊이 깨닫고 우리 삶을 스스로 책임질 수 없다는 큰 확신을 동시에 지닌 채 우리의 여정을 향해 나아갈 수 있다. 우리는 내면을 드러낸 채 변화되고 있는 것이다.

벽의 경험에 대한 더 자세한 설명은 13장을 보라.

우리 의지가 하나님의 뜻과 대면하여 만나는 신비

● 벽에 저항하는 유형들 ●

- 강한 자아형
- 자기 비하형
- 자기 학대형
- 이지적 분석형
- 자아 성취형
- 교리형
- 안수형

● 벽 통과하기 ●

- 불안
- 포기
- 치유
- 자각, 용서, 용납, 사랑
- 하나님께 다가감
- 분별
- 녹아내림, 빚음
- 고독과 묵상

4단계 경험하기

• 질문 •

1 벽을 피하는 최선의 방법은 무엇인가?

2 깊은 상처가 치유될 수 있었다면 당신의 삶은 어떻게 달라졌을까?

3 당신은 벽을 어떻게 경험했는가?

• 적용 •

벽의 경험에 연결된, 아래 성경 이야기 가운데 하나 이상을 선택하고, 준비되었다면 하나님께 당신의 삶 속에 성경의 이 이야기들을 재현해주시기를 구해보라.

• 큰 물고기 뱃속의 요나(욘 2:1-10)
• 열두 해 동안 혈루병을 앓은 여인(막 5:25-34)
• 절망적인 질병 속에서의 욥(욥 29-30장)
• 동굴 속에서의 엘리야(왕상 19:4-14)
• 아기를 못 낳자 여종을 아브라함에게 들여보낸 사라(창 16:1-2)
• 예수님께서 고치시기 전의 막달라 마리아(눅 8:1-2)
• 빈 무덤을 처음 발견한 여인들(눅 23:55-24:5)

당신의 경험을 당신을 도와주는 영적 지도자와 나눠보라.

8장

5단계:
외면의 여정

"나는 깜짝 놀랄 만한 재각성의 기회를 가졌다. 몇 해 동안 나는 내 삶의 목적이 무엇인지 알고 있다고 생각했었다. 하나님의 도움으로 잘하고 있는 줄 알았는데 그 생각이 얼마나 잘못인지를 알게 되었다. 하나님께서는 내가 별 흥미를 못 느끼는 다른 계획을 갖고 계셨다. 이제 나의 목적은 나를 위한, 나를 통한 하나님의 목적이다. 내 자아는 하나님을 경외하는 가운데 잠잠하다."

"나는 이전에 하듯이 성취를 위해 나 자신을 몰아붙이거나 내 삶을 계획할 수 없다. 이제 나는 하나님에 의해 쓰임 받는 하나님의 자녀라고 느낀다. 매일 매일이 놀라울 뿐이다."

"나는 다른 사람들의 종이다. 그것은 내가 그들을 사랑하기 때문이다. 그들이 요청하는 것은 무엇이든지 할 것이다. 하나님의 사랑이 나로 하여금 그런 자리에 머물게 하며, 다른 사람들에게 열려 있도록 한다. 그것이 전부며 곧 삶이다."

"나는 요즈음 단독으로 성령님과 함께 있는 시간을 갈망한다. 이전에도 매일 기도 시간을 정하기는 했지만 때로 하나님과 보내는 시간을 아까워했다. 그러나 이제는 혹시 하루라도 하나님과 시간을 보내지 못하면 매우 아쉬워한다. 하나님과의 만남이 나의 하루를 어떻게 변화시킬지 기대한다."

"하나님께서는 내게 사랑의 삶을 주셨다. 나는 더 많은 평안의 시간을 갖고 있으며 행복하다. 내 몸의 고통에도 불구하고 나는 평안을 느낀다. 육체의 고통을 없애거나 몸이 더 건강해질 필요도 느끼지 못한다. 내 몸의 연약함이 나로 하나님이 항상 필요한 분임을 깨닫게 하기 때문이다."

"주님, 나를 채우시고 사용하소서."

"나는 나 자신을 알고, 나를 용납하며, 용서한다. 하나님께서 나를 사랑하시기 때문에 나 자신을 사랑한다."

"나는 연약하며 스스로 아무것도 할 수 없다. 오직 하나님의 은혜로서만 나는 내 역할을 감당할 수 있다."

"하나님의 은혜와 사랑이 족하다."

제5단계인 외면의 여정은 하나님을 재발견하고 그분의 사랑을 받아들인 후의 다음 단계다. 이제 우리는 눈을 크게 뜨고, 그 결과를 인식하지만 두려워하지 않은 채 하나님께서 우리의 삶을 온전히 인도하시도록 하나님의 뜻에 굴복한다. 깊고 몹시 괴로운 내면의 여정을 경험하게 되면, 그 자연스러운 결과로 자아 중심적인 것을 벗어난 모험과 새로운 성취감을 가지고 활동적인 세상으로 다시 돌아오는 것이다. 이것은 내면의 여정에서 경험한 성장과 마음의 평안을 기초로 한 외면의 여정이며, 자기의 유익을 떠난 다른 사람을 향한 모험이다. 이 외부를 향한 모험은 우리의 이전 방향과 다를 수도 있고, 그렇지 않을 수도 있으나 우리의 초점은 다르다. 우리의 초점은 자신의 새롭게 자리 잡은 중심에서 밖으로 향한다. 다시 말하자면 우리는 변화된 것이다. 새로운 온전함을 경험했으며, 우리의 실수를 인식하고, 우리 자신의 뜻보다는 하나님의 뜻에 머물고자 하는 새로운 갈망을 지닌다. 우리 자신보다 훨씬 현명하며, 생명력 있는 성령께 굴복하고 있다는 것을 알고 있다. 자신에게 덜 집착하며 기꺼이 우리의 인생과 다른 사람들의 삶에 있어서 하나님의 역사를 위한 통로가 되고자 한다. 우리의 확신이 하나님께 있으므로 고난을 잘 견뎌낸다.

우리 삶의 가장 큰 동기는 진실하게 사랑하며 하나님의 목적에 따라 살아가고자 하는 갈망이다. 비록 이 변화들이 5단계의 자동적인 결과는 아니라 할지라도, 그 결과로 어떤 사람들의 경우 삶의 패턴, 일하는 습관, 친구, 사람들과 함께하는 방법 등이 서서히 변화한다. 때로는 우리 자신에 대해서 5단계 이전에는 자신을 묘사할 때 쓰지 않던 단어들, 즉 연약하고, 생동감이 넘치며, 겸손하고, 오래 참으며, 순종하고, 사랑스러우며, 자발적이라는 단어들을 사용한다. 우리 내면의 패턴이 바뀜에 따라 혼돈을 일으키기도 하지만 이 시기는 장기적 계획을 세우기보다 하나님께서 우리를 새롭게 하시기를 기다리는 때다.

믿음의 여정에 있어서 5단계의 현상을 어떻게 설명할 수 있을까? 그것이 딜레마 가운데 하나다. 치유와 소명의 경험은 지극히 개인적이며 심오한 것이어서 설명하기가 어렵다. 우리가 5단계에서 우리의 믿음을 말로 표현할 때 우리는 종종 1단계와 2단계에서 사용하던 것과 같은 언어, 비유와 이미지를 사용한다. 그러나 언어만으로 하나님을 향한 굴복과 하나님 안에서의 온전함, 치유로 나아가는 우리 자신의 고통스러운 경험이나 진정한 의미의 소명을 잘 전달할 수는 없다. 그래서 5단계에서 우리는 자신의 경험을 설명하거나 그 경험을 이전의 단계들과 구분하고자 애쓰지 않는다. 다른 사람이 우리에게 개인적으로 묻지 않는 한, 사람들에게 우리의 경험을 알리는 것에 대한 관심이 거의 없다. 자기 자신에게 집중하지 않는 것이다.

그러면 5단계에 있는 사람들을 어떻게 알 수 있을까? 이것 역시 어렵다. 5단계의 사람들은 겉으로 나타내려고 노력하지 않기 때문에 알아내기가 쉽지 않다. 또한 5단계에 있는 사람들과 2단계에 있는 사람들 모두 다른 방법이기는 하지만 하나님께 굴복하고 있으므로 5단계에 있는 사람들을 2단계에 있는 사람으로 착각하기도 쉽다. 2단계에서는 자신이 확신하는 삶에 굴복하지만, 5단계에서는 아직 알거나 이해할 수 없는 삶의 목적에 굴복한다. 5단계에서 우리는 매우 연약하게 느끼며 우리의 삶과 방향에 대해 불확실하지만, 우리 자신에 대한 신비스러운 내면의 평안과 고요함이 있다. 우리는 하나님께서 불확실함의 한가운데서 우리의 사명을 보여주신다는 것을 알고 있다.

5단계의 특성

하나님의 사랑과 용납에 대해 회복된 느낌

우리에게는 만약 하나님께서 우리의 진정한 모습을 아신다면 우리를 사랑하지 않을 것이라고 생각하는 경향이 있다. 4단계에서 우리는 자신의 참모습을 만나고, 용서를 발견하며, 치유를 경험한다. 그러나 이 치유의 과정과 완성은 계속되어야 한다. 5단계에서 우리는 결코 온전해질 수 없다 할지라도 하나님께서는 우리를 진정으로 사랑하신다는 것을 완전히 깨닫게 된다. 하나님께서 우리의 인간됨을 사랑하신다는 사실에는 매우 깊은 신적인 유머가 있다. 그 때문에 우리는 자신을 향해 진실로 웃을 수 있으며, 무시당한다고 느끼는 대신 사랑받는다고 느낄 수 있다. 이 유머 감각은 매우 독특하기 때문에 더 자세한 설명이 필요하다.

5단계에서 우리는 이전에는 우스워보이지 않던 것들에 낄낄거리게 되는 보편적이고도 비범한 유머를 경험한다. 그것은 다른 사람들을 빗댄 유머가 아니라 우리 자신과 연결되거나 작은 우연한 일들에 연결된 것이다. 예를 들면, 우리가 늦어서 회의를 하나님께 의탁하는 것도 잊은 채 허겁지겁 급하게 회의 장소에 들어가보니 다른 사람들도 다 늦게 오는 경우 짓는 웃음이다. 또는 고양이가 자기 주인을 부려먹는 것을 보거나, 꿈에서 매우 유머러스한 이야기를 들은 후 웃는 경우 등이다. 그 유머들은 부드럽고, 마음을 위로해주며, 따뜻하다.

우리는 하나님께서 우리를 위해 행하신 십자가의 희생과 또한 오늘날에도 계속되는 희생을 보며 우리를 향한 하나님의 무조건적인 사랑을 새롭게 느낀다. 하나님께서는 결코 우리를 떠나지 않으신다. 우리가 하나님을 떠나는 것이다. 이 단계에서 우리는 하나님을 떠났던 시간들에 대한 책임을 인식하고 인정한다. 우리는 하나님께서 우리를 온전히 사랑하고 용납하심을 느끼며, 우리의 삶에서 자아를 하나님의 뜻과 바꾸는 대신 하나님의 뜻을 행할 준비를 갖추게 된다.

이제 우리의 삶은 '최대의 가능성'을 위해 사는 것이 아니다. 우리는 좋아하지 않거나 지니고 있는지도 몰랐던 우리의 기술을 사용할 정도로 잠재력을 뛰어넘는 삶을 살아가는 것임을 깨닫는다. 예를 들면, 전혀 인내심이 없거나 일을 효과적으로 처리하는 자신의 모습을 전혀 자랑스럽게 생각한 적이 없던 사람들에게 인내심이 생기게 된다. 찰스 슐츠^{Charles Schultz}의 만화 '피너츠^{Peanuts}'에서 루시가 기도에 싫증을 느끼고 "나는 인내와 이해심을 달라고 기도했었는데 그만 두었어. 인내하고 이해하게 될까봐 두려워졌거든"이라고 찰리 브라운에게 얘기한다. 루시의 인간 본성은 우리와 너무 비슷하다.

5단계에서는 온전함이 마치 연약함처럼 보인다. 그 이유는 온전함이 우리를 강하게 만드는 것이 아니라, 우리의 연약함을 통하여 하나님께서 역사하시도록 하는 것이기 때문이다. 온전함이란 우리의 단점을 충분히 인식하면서도 그 단점들이 우리를 넘어뜨리지 않도록 하는 것이다. 또한 우리가 우리 자신을 책임지지 않고 하나님께서 우리를 인도하시도록 기다리게 한다. 온전함은 우리를 더 복잡하게 만들지 않고 우리의 단순함을 발견하도록 도와준다. 하나님께서는 우리가 깨질 때 우리를 가장 잘 사용하시는데, 그 사실은 벽을 경험하기 전에는 매우 받아들이기 힘든 진실이다.

성경의 위대한 이야기 가운데 하나는 5단계의 이런 특성을 잘 설명할 뿐 아니라 이 단계의 모든 특성을 잘 나타낸다. 그 이야기는 사무엘상 1-2장에서 찾을 수 있는 사무엘의 어머니, 한나의 이야기다. 엘가나의 두 부인 가운데 하나였던 한나는 아이를 낳지 못했다. 그녀의 이런 상태는 자녀, 특히 남자 아이의 경우 하나님의 축복이며 어머니의 지위의 잣대였던 문화에서 그녀를 매우 열등한 위치에 있게 했다. 가족 내에서 그녀의 사회적 위치는 감사 절기 때 더욱 확연해졌다. 이때마다 엘가나의 다른 부인은 한나가 한 명의 자녀도 없음을 두고 조롱했다.

절망 가운데 지내던 어느 해, 그녀는 하나님께 자녀 주시기를 간구하며 자신의 마음을 쏟아놓았다. 기쁘게도 하나님께서는 응답하셨고 한나는 잉태했으며, 이제 자신의 인생에서 모자랐던 것을 지닐 수 있었다. 하나님의 복을 받은 것이다. 그러나 자신을 위해 아이를 품고 있는 대신 아이가 젖을 떼자마자 한나는 아이를 하나님과 성전을 수종 드는 일에 바쳤다. 한나는 결국 사무엘이 하나님의 아들이며 자신의 기도의 응답임을 알았다. 그 결과 사무엘은 이스라엘의 첫 번째 왕인 사울 왕에게 기름 붓고, 그 후에 이스라엘의 이상적인 왕 다윗을 찾아내는 이스라엘의 위대한 선지자 가운데 하나로 성장했다.

그러나 하나님께서 허락하신 것을 다시 하나님께 드림으로써 감사했지만, 그 이후에도 한나는 사무엘의 어머니 노릇을 그치지 않았다. 해마다 가족이 연례 절기를 지키러 성전에 갈 때 한나는 사무엘을 위해 만든 새 옷을 가지고 갔다(삼상 2:19).

수평적인 삶에 대한 새로운 인식

내면의 여정인 4단계에서는 우리와 하나님과의 수직적인 관계가 초점이었다. 우리 내면의 세계로 들어가서 하나님과의 관계를 바르게 하기 위해 많은 대화, 투쟁, 외침, 경청, 변화와 포기를 경험해야 했다. 그 과정은 우리가 이전에 지녔던 하나님에 대한 이미지나 하나님 대용물로부터의 치유를 의미할 수도 있었다. 매우 폭 좁고 강하게 그리고 열심히 자신을 돌아보는 과정이었다. 5단계에서는 이러한 매우 힘든 집중적인 치유의 작업은 이미 지나갔다. 우리는 평생 계속 치유를 받으며 다양한 방법으로 더 생기를 얻어야 하지만 집중된 어두움은 끝난 것이다. 5단계에서의 움직임은 수평적이고, 외부를 향하며, 하나님의 사랑을 받은 자로서 이제 다른 사람들을 사랑하라는 요청에 의해 충만한 가운데 다른 사람을 향해 손을 뻗친다. 이 과정은 너무 자연스럽게 이루어지기 때문에 우리는 5단계를 거의 인식하지 못한다. 우리의 마음이 이전과 다르며, 그 마음의 변화가 우리의 삶에 반영된다. 이미 말했듯이 5단계의 사람들은 수평적인 사람들이 되기 위해 베푼 재능, 기술 혹은 자신이 소유하고 있는지도 몰랐던 자질에 놀랄 수도 있다. 사람들을 향해 수평적으로 움직이면서 자신들이 그 일에 합당하게 준비되었다는 것을 발견한다.

수평적으로 산다는 것은 우리 내면의 삶을 향한 하나님의 목적이 '많든지'(큰 명분) '한 가지든지'(한 사람 혹은 두 사람을 섬기는 것) 그 목적을 이 세상에서 실천하는 것임을 깨닫는 것이다. 하나님께서는 우리가 예상했던 참된 내적 목적과는 다르게 살아가기를 요구하실지도 모른다. 우리는 하나님의 목적이, 미처 깨닫지 못했던 깊은 갈망 그리고 우리의 목적과 부합하는 것임을 깨닫게 된다. 그 목적은 항상 존재했으나 단지 우리가 그 목적을 깨닫기에는 너무 바쁘고 정신이 없었으며, 또는 성공에 도취하여 있었을 뿐이다. 그 목적을 알게 되면 우리는 온전히 자신을 바쳐 그 목적을 위해 살기 시작하는데, 그것은 우리의 힘으로가 아니라 하나님께 더 의지하며 그분을 더 신뢰함으로써 가능하다. 이런 진전은 때로 우리가 매달리던 어떤 것, 즉 우리의 일에 관한 아이디어나 신체적 단련을 위한 열심, 자녀에 대한 집착 혹은 우리의 지적인 냉소 등을 포기할 것을 요구한다. 이런 포기도 여정의 한 부분이다.

이사야서 42장 1-4절에 보면 이런 종류의 삶을 산, 한 이름 모를 종에 대한 찬양이 나온다. 하나님께 부름 받고 성령으로 준비된 그 종은 세상의 잘못을 고치기 위해 밖으로 나아간다(42:1, "그가 이방에 공의를 베풀리라"). 그러나 그 종은 과시하지 않으며(42:2, "그는 외치지 아니하며 목소리를 높이지 아니하며 그 소리로 거리에 들리게 아니하며") 온유함으로 행한다(42:3, "상한 갈대를 꺾지 아니하며 꺼져가는 등불을 끄지 아니하고"). 그는 분명한 반대에도 불구하고 끝까지 할 일을 행한다.

소명, 직업, 또는 사역

이웃을 향해 수평적인 삶을 살기 위한 뚜렷한 움직임은, 우리를 다소 불안스럽게 하거나 안도하게 하시는 하나님의 소명을 동반한다. 하나님께서는 우리의 일하는 태도를 바꾸시든지 아니면 다른 일을 하도록 우리를 부르신다.

자녀를 양육하는 것이든지, 맡은 부서를 운영하는 것이든지, 골프를 치는 것이든지 간에 우리의 일에 자신의 대부분을 투자했다면, 우리는 일에 대한 태도를 바꾸든지 아니면 일 자체를 개혁하라는 요청을 받을지도 모른다. 예를 들어, 우리의 삶 가운데 사랑이 가장 중요한 요소가 되었다면 말하고, 의견을 제시하며, 논쟁하고, 지시하며, 위로하고, 격려하는 방법이 바뀌어야만 할는지도 모른다. 만약 직업이 우리를 너무 지치게 해서 건강한 방법으로 서서히 일에서 자유로울 수 있어야 하는데 그럴 수 없다면 아마 일을 아예 그만 두어야 할는지도 모른다. 물론 이 말이 5단계에 이르면 직업을 바꿔야 한다는 것은 아니고, 일하는 방법에서 느린 변화가 일어난다는 것을 의미한다.

5단계에서는 하나님께서 우리를 위해 선택하신 것을 우리의 사명으로 경험하기 시작한다. 우리가 책임을 지는 것이 아니고 계획을 세우는 것도 아니다. 하나님께서 우리로 이전과 다르게 살고, 다르게 일하며, 자신의 소명에 순종하도록 이끌어가심을 느낀다. 우리는 하나님을 갈망하며 사랑으로 그분과 일치되기를 원한다. 하나님께서 우리에게 원하시는 일이 너무 작거나 하찮은 일이며, 위험하거나 새로운 일이어서 의아해할 수도 있으나 하나님께서 재정적인 부분을 포함하여 그 일을 이루기 위한 수단을 공급하시리라는 것을 믿기 때문에 우리는 기꺼이 그 일을 행할 수 있다. 때로는 우리의 소명이 너무 단순하거나 일상적이면서도 얼마나 의미 있는 일인지에 놀라기도 한다. 예를 들어, 어느 일에든 쓰임 받을 준비가 되어 있는 것이 인생의 목적이라면 그 목적은 전혀 대단해보이지 않는다. 그러나 쓰임 받을 준비가 되어 있다면 이전에 전혀 몰랐던 새로운 경험을 할 수 있다. 우리의 모든 소유와 존재가 하나님의 선물이라는 것을 경험할 때 우리는 가난에도 처할 수 있으며, 그래서 더욱 하나님께 의존하게 된다.

이 단계에서는 하나님의 소명을 우리에게 해석해주는 다른 사람들(영적 거장, 영성 지도사, 친구, 교사)로부터 소명을 깨닫게 되는 것이 아니고, 하나님께로부터 직접 그 소명을 받는다. 어떻게 하나님의 부르심을 듣고 그 부르심을 다른 것과 구분하는가 하는 것이 이 과정의 일부다. 사람들은 각자 자신들을 향한 하나님의 소명을 들을 수는 있으나 다른 사람들을 향한 하나님의 소명을 들을 수는 없다. 믿음의 여정 5단계에서는 기도를 통한 대화의 훈련, 성경, 성령을 분별하기 위해 하나님과의 조용한 시간을 가짐으로써 일반적으로 우리 자신의 소원과 하나님의 소원을 구별할 수 있게 된다.

예수님을 탄생케 하는 역할의 마리아 이야기보다 더 감동적인 이야기는 없을 것이다. 선택받았고 임신에 대한 놀라운 소식을 들었을 때, 마리아는 천사에게 질문을 하여 하나님의 아들을 낳을 것이라는 사실을 알게 되었다. 자신의 삶을 완전히 망가뜨릴 그 소명에 마리아는 "주의 계집종이오니 말씀대로 내게 이루어지이다"(눅 1:38)라는 대답으로 기꺼이 응한다.

관심의 초점이 타인에게 맞춰짐

제5단계에서 승리, 패함, 과업의 성취 등은 부차적인 것이다. 이 단계에서 우리의 초점은 목적 달성이 중요한 것이 아니고 목적을 달성하는 과정과 다른 사람과의 관계에서 우리의 역할이다. 우리의 주요 관심은 우리 자신이 아니다. 건강한 자아상을 유지하고 자신을 배제시키지 않는 것을 알고 있지만, 관심의 초점이 우리 자신으로부터 다른 사람에게로 그리고 세상으로 옮겨지게 된다. 이 초점은 다른 사람을 돌보거나, 변화시키거나, 고치거나, 대리 만족을 얻거나, 우리 자신을 부인하거나, 순교해야 할 필요에 의한 것이 아니다. 오히려 우리와 다른 사람들을 향한 하나님의 사랑의 온전함에서 비롯된 것이다. 우리의 이해를 넘어서서 다른 사람을 돌보는 것이 될 수도 있고, 현재 있는 자리에서 바른 일, 즉 하나님께서 우리에게 요청하신 일을 하는 것일 수도 있다.

우리는 애써서 다른 사람을 돕고, 치유하며, 그들의 이야기를 들어주고, 그들과 함께 살거나 그들의 손을 잡아줌으로써 그들을 위해 희생한다. 이런 희생은 우리 주변에서, 또한 세계 곳곳에서 이루어질 수 있다. 우리는 자신이 하나님께서 사랑하시는, 또한 섬기며 살아가기를 원하시는 인류의 한 구성원임을 느낀다. 우리는 사람들과 함께 산꼭대기에 서서 기뻐하기도 하지만 때로 낮은 도랑에 처하기도 한다. 또한 사람들과 함께 기꺼이 고난을 받기도 한다. 하나님께서는 우리가 사람들과 함께하는 것을 원하시며, 또한 우리 자신도 그것을 원하기 때문에 그 길에 동행한다. 그 결과로 무엇인가를 잃을 수도 있지만 우리는 인내한다. 부르심 받은 일을 행하기 위해 오해와 조소, 위험 그리고 고통조차도 감당할 것이다. 한 걸음, 한 걸음이 쉬워 보이든지 어려워 보이든지 간에 우리는 하나님께서 우리를 인도하시므로 그 발걸음이 바르다는 확신을 갖고 나아간다. 그래서 이전 같았으면 희생이나 고생이라고 느낄 일도 그렇게 느끼지 않는다. 의심의 시간도 있지만 하나님을 의지하므로 이 의심조차도 하나님 앞으로 가져간다.

제5단계에서 우리는 조용히 사람들 눈에 띄지 않게 행하기 때문에 때로 사람들을 당혹스럽게도 한다. 예를 들면, 우리는 대부분의 사람들이 행해야 할 의무 이상이라고 생각하는 일들을 행하면서도 전혀 그렇게 생각하지 않는다. 실례로, 바쁜 일과에도 불구하고 삼 년 동안 이웃 여인이 매주 잘 치료받을 수 있도록 병원에 데려다주는 일, 친척이 아닌 학생의 등록금을 도와주는 일, 일과 후 더 이상 같이 일하지 않게 된 고용인의 이야기를 들어주는 일, 고아를 돌보는 일 등이 있다. 이런 행동은 의무가 아닌 사랑에서 나온 행동이며, 온전함과 충만함 가운데 행한 것으로 놀랍고 진실한 행동들이다.

이 단계에서 우리는 지치지 않는다. 정서적으로 힘들게 하는 상황이나 일하는 환경을 알아서 피하든지, 필요한 경우라면 찾아낼 수 있을 만큼 우리는 자신을 잘 안다. 하나님께로부터 정서적, 신체적인 건강과 한계를 잘 알 수 있는 통찰력과 은혜를 받게 된다. 우리는 하나님께로부터만 올 수 있는 인내심과 신선함 그리고 활력을 얻어, 받은 사명을 어떻게 이루어나갈지 배우게 된다. 성령 안에서 성령을 통해 우리는 사랑으로 다른 사람들을 섬긴다. 하나님께서 역사하시고 능하게 하시므로 우리의 제약을 넘어서 사랑할 수도 있게 된다. 예를 들면, 아무 원한 없이 과거에 우리를 속였거나 우리에게 상처를 준 사람들과도 함께 일하거나 그들을 섬길 수 있다.

창세기 36-50장에 나오는 요셉의 이야기를 보자. 그의 전 생애는 그를 멸하고자 하는 사람들로 가득한 것 같다. 그러나 사건 사건마다 요셉은 자신을 해하려는 여러 시도를 다 이겨냈다. 게다가 그는 원수를 갚을 수 있는 기회가 여러 번 있었음에도 그때마다 다른 사람의 최선의 유익을 추구했다. "당신들은 나를 해하려 하였으나 하나님은 그것을 선으로 바꾸사"(창 50:20). 그가 자신의 형제들에게 한 이 말은 하나님의 은혜에 대한 요셉의 신뢰가 빛나는 대목이다.

깊은 평온 혹은 고요함

"내 영혼아, 잠잠하라"는 5단계의 핵심 주제다. 단순히 하나님의 충만하신 임재 안에 거하고자 하는 새로운 갈망이 있다. 낮 시간에도 자주 하나님에 대한 생각이 우리에게 찾아든다. 그러면 우리는 다시 평안하고 즐거우며 활기차고 두렵지 않다. 하나님께 귀를 기울이고, 기도하며, 하나님을 뵙고, 그분과 함께하는 특별한 시간을 갖는다. 하나님의 빛이 우리 속에 흘러 넘쳐서 우리의 두려움을 쫓아내는 것을 느낀다. 우리는 하나님과의 관계를 소홀히 하지 않는 가운데 상실, 아픔, 기쁨, 슬픔, 고통 혹은 행복을 겪을 수 있다.

여정의 이 시점에서는 외부에 의해서가 아닌 우리의 내면으로부터 하나님을 하나님 되시도록 한다. 즉 내면의 고요함과 영혼과 마음의 평안으로부터 하나님께서 우리의 삶을 인도하시도록 한다. 우리는 연약하고, 과오가 많고, 불완전하고, 완벽하지 못하나 현명하고, 사랑을 받고, 자발적이고, 소명 받은 모습 그대로 우리 자신이 될 수 있다. 우리의 단점에도 불구하고 하나님으로 말미암아 우리 자신이 온전히 쓰임 받는다는 것은 기적이다. 사실상 하나님께서는 우리의 단점조차도 온전히 사용하신다. 모든 것이 우리에게는 선물이다.

제5단계에서 우리는 바쁜 세상 가운데서도 내면의 조용함과 평온함 그리고 하나님을 경청하고 기다리고자 하는 갈망을 지닌다. 우리는 과시하지 않고도 다른 사람을 감동시키는 고요함과 평안함을 지니게 된다. 종종 사람들을 친구 혹은 동료로 끌어들이는 조용하고 평안한 분위기를 갖는다. 솔직하며 정직한 동시에 사랑스럽고 친절하다. 우리는 매일 성령과 함께 동행하면서 하나님께서 우리에게 인도하신 사람이 누구든지 간에 그를 향해 열려 있다. 우리가 하나님께 사랑받는다는 것을 알기 때문에 우리의 약점을 드러낼 수 있으며, 안전하게 느낄 수 있다.

우리는 다른 사람을 사랑하는 것에 대해 안다. 이웃과의 수평적인 여정을 유지해주는 깊은 이해와 지혜가 우리의 고요함 가운데서 나온다. 사실상 하나님과의 화평에서 유래된 우리 내면의 고요함이 외면 여정의 근원이다. 몸이 불편하든지 하나님과 가까이하지 않을 때 우리는 고요함을 한동안 잃을 수 있다. 그럴 때 우리 개인의 여정은 하나님과의 관계로 다시 돌아가야 한다. 사실상 5단계에서의 우리의 여정 대부분은 하나님과 밀접한 관계에 머무르는 것이다. 우리는 "주님, 주님을 잃어버렸는데 어떻게 주님께 다가가야 할지 모르겠습니다. 주님께 돌아가게 도와주세요"라고 말할 수도 있다. 하나님을 깨닫고, 성령에 의해 능력을 받는 기도 생활에도 불구하고 하나님과의 친밀한 관계를 떠날 수도 있다. 우리의 연약함을 더욱 깨닫고 하나님과의 계속적인 친분의 필요성을 더 의식하게 된다. 우리는 개인적으로 사랑이 얼마나 자신의 약점을 드러낼 수 있는지를 안다.

사자굴 속의 다니엘은 큰 위험 속에서도 하나님의 소명과 목적이 분명할 때 지니게 되는 평온함을 잘 묘사한다. 다니엘서 6장을 보면 다리오 왕이 총리와 방백들에게 속아서 다니엘을 체포하여 사자굴에 던진 사건이 기록되어 있다. 원통하게도 왕은 자신이 정한 법을 따라야 했고, 다니엘을 걱정하며 밤을 지샌다. 이른 아침 사자굴로 달려간 왕은 "왕이여 원컨대 왕은 만세수를 하옵소서 나의 하나님이 이미 그 천사를 보내어 사자들의 입을 봉하셨으므로 사자들이 나를 상해치 아니하였사오니"(단 6:21-22)라는 다니엘의 말을 듣는다. 다니엘의 평온함은 왕의 걱정과 분명한 대조를 이룬다.

5단계 여정의 실례들

번 Verne | 믿음의 여정을 어떻게 말할 수 있을까? 비유를 드는 것이 좋을 것이다. 우리들은 휴가를 떠났다가 새롭고 만족스러운 마음으로 돌아오는 것을 즐긴다. 어떤 사람들에게는 휴가중 경험이 너무 좋아서 그 여행을 돌아볼 때, 남은 추억만으로도 충분한 가치가 있다고 말할 수 있다. 그러나 빠르게 움직이는 삶의 여정 가운데 잠시 멈추어 자기가 현재 겪고 있는 경험이 얼마나 기쁘고 마음을 윤택하게 하는지 생각하는 사람은 드물다.

오히려 우리는 짐을 꾸리고 그 좋은 순간들을 사진 찍는다. 그리고는 다음에 그 순간의 기쁨을 다시 느낄 수 있으리라고 확신하면서 일정을 살펴본 후 다음 순서를 향해 바쁘게 움직인다. 만약 당신이 여행 중에 "하나님, 제가 이 자리에 있을 수 있게 해주셔서 감사합니다"라고 말할 만큼 길게 머물렀던 시간을 기억할 수 있는 행복한 사람이라면 당신은 내 믿음의 여정을 조금은 이해할 수 있을 것이다.

내가 믿음의 여정의 비유로 사용하고자 하는 것은 태평스럽고 걱정 없는 휴가중인 사람의 삶이 아니라 현재 삶의 느낌이다.

나는 오늘을 감사드리며 내가 소유할 수 있었던 지나간 모든 시간들을 감사드린다. 이미 나는 우리 아버지보다 몇 년을 더 살았고, 아내의 사랑, 어머니의 돌봄, 자녀들의 존경, 동료들의 관심, 많은 친구 관계의 기쁨을 맛보았다. 그리고 하나님께서도 나를 알고 계시다는 확신이 있다.

오늘날 나는 성취를 위한 목표보다는 관계를 위한 목표를 세운다. 나는 목표들과 생산성 그리고 계획들로 점철된 세상에서 편안함을 느끼지만 그 것들은 나의 것이 아니다. 나의 역할은 섬김이라고 생각하므로 나는 다른 사람들 그리고 궁극적으로 하나님을 높이기 위해 목표, 생산성 그리고 계획을 사용해서 일할 것이다.

내게 아쉬움이나 야망이 있는지 궁금한가? 물론이다. 그러나 당신의 동정을 필요로 하지는 않는다. 이 시간에 나는 하나님의 손안에서 아주 편안하게 느낀다. 하나님의 은혜로 시간이 더 주어진다면 나는 더 일을 할 것이고, 더 볼 것이며, 아쉬움을 더 남길 것이다. 나는 아직 은퇴할 준비가 되어 있지는 않으나 오늘을 마지막 날로 사는 준비는 되어 있다.

나의 소원은 나를 알고 계신 하나님을 당신도 아는 것이다. 그래서 내가 나의 가족 친구들과 나누었듯이 당신도 가족과 친구 안에서 도움을 찾고 또 다른 사람의 도움이 되어주는 것이다.

룻Ruth | 나의 교구 목회의 첫해 사순절 기간에 나는 거의 소진 상태에 이르렀다. 부활절 후에 내 미래 사역들을 정리하기 위해 며칠간 시간을 내는 것이 중요하다는 것이 확실해졌다. 그 당시에는 몰랐지만 그 조용한 시간이 나의 전문적인 사역의 미래에 상당한 영향을 끼쳤다.

지치고 좌절을 느끼며 혼란한 가운데 나는 피정 첫날, 자신을 향해 어려운 질문을 던졌다. 내가 과연 주님의 교회 사역에 적합한 사람일까? 내게 신체적, 정서적, 심지어 영적으로도 너무 무리되는 일은 아닐까? 이 두 질문에 대한 대답은 '그렇다' 였다. 그러자 하나님의 은혜로 고려해야 할 더 중요한 질문이 떠올랐다. 지난 몇 달 동안 내가 사역한 방법이 사역의 유일한 방법이었을까? 그 질문이 그 후 며칠 동안 내 묵상의 초점이 되었으며, 나는 피정 기간 동안 서서히 답을 얻을 수 있었다. 빠른 속도의 프로그램으로 꽉 차고 일주일에 80시간 일하는 도시 근교의 큰 교구 사역만이 내게 유일한 방법은 아니며, 또한 가장 좋은 방법도 아니라는 것을 확실히 깨닫게 되었다.

나는 내 삶에 균형을 갈망했는데, 즉 사역의 시간뿐 아니라 존재를 위한 시간, 활동의 시간뿐 아니라 피정의 시간을 원했다. 그러나 그 한 해 동안 내내 고요한 시간과 균형의 느낌이 내 사역에서 없었던 것이다. 나는 피정 후 나 자신과 교구 사역에 대한 새로운 비전을 지니고 새로운 마음으로 집으로 돌아갔다.

그 후 사년간 나는 사역의 균형을 위해 애썼다. 나 자신의 영적 생활에 균형을 유지하는 것은 비교적 쉬웠다. 그것은 어떤 일에는 '아니오'라고 말하는 것을 의미했다. 또한 매일의 경건의 시간이나 기도 그리고 묵상에 열심인 것을 의미했다. 한 달에 며칠간의 피정을 의미하기도 했다. 나는 내 삶에 있어서 의도적으로 균형을 추구했으며, 때가 되자 내게 맞는 매일의 그리고 주간의 규칙을 실행할 수 있었다.

바쁜 교구 생활 속에서 균형을 찾는다는 것은, 특히 내가 부목사로서 누군가의 질문에 답해주어야 하는 위치에 있다는 것을 감안할 때 매우 어려운 일이었다. 큰 교회의 부목사로서 해야 할 일과 교구 사람들의 필요를 채워주는 일은 끝이 없어 보였다. '아니오'라고 말할 때 나는 종종 긴장감과 죄의식을 느꼈고, 그런 상황에서 사람들의 중요한 기대와 계속 부딪치는 것을 느꼈다. 동시에 나는 사람들과의 관계가 깊어질 시간이 없어진다는 사실에 점점 좌절감이 커가는 것을 느꼈다. 항상 새로운 프로그램과 신선한 도전이 있었으나 그것들을 음미하고 생각할 만한 시간이 없었다.

머지않아 나는 교구 사역을 떠나 영적 부흥의 특수 사역을 시작할 때라는 것을 깨닫게 되었다. 나는 교구가 달라지기를 마음 깊이 갈망했다. 격려받은 사람들이 서서히 속도를 늦추고 자신들의 삶 속에서 균형을 추구하는 장소가 되기를 바랐다. 내 소원은 교구가 빠른 속도로 살아가는 현대 사회의 사람들에게 복음이 주장하는 더 낮고 깊으며 진실한 삶의 방법을 보여주는 모델이 되는 것이었다. 그러나 마치 그것이 '광야에서 외치는 자의 소리' 같이 느껴졌으며, 나의 영적 여정을 위해서 교구를 떠나 사역할 수 있는 더 효과적인 다른 방법을 찾는 것이 중요함을 알았다.

나는 교구에서 행하고 있는 공동체 의식이 그립다. 또한 지금은 많이 참여하지 않는 교구 사역의 어떤 면들을 아쉬워한다. 그러나 현재 사역하고 있는 사람들과의 일대일의 깊은 여정과 소그룹 관계를 소중하게 여긴다. 내 개인의 믿음의 여정은 현재의 사역으로 말미암아 매우 풍성해졌다. 아마 언젠가 비전을 가진 사람들과 함께 교구 사역의 새로운 모델을 만들어내는 일에 부름을 받을 것이다. 현재로서는 교구 밖에서 일하면서 현재 존재하는 교구 사역의 모델과 동역하는 것이 내게는 중요하다.

새장에 갇힘

5단계에서 새장에 갇히는 것은 그 이전의 단계들과는 전혀 다른 모습이다. 사실상 5단계와 6단계에서는 새장에 갇히거나 꼼짝 못하고 정체되는 법이 없다. 우리는 치유 받은 사람으로서 자신의 밝은 면과 어두운 면 모두를 기꺼이 사랑하며, 우리의 삶을 향한 온전한 하나님의 목적을 이루며 살아간다. 물론 뒤로 되돌아가서 이전의 단계에서 정체될 수도 있다. 그러나 5단계에서 정체되는 것은 사실상 불가능한 일이다.

그러나 5단계에서 새장에 갇히지 않는다고 해서 다른 사람에게도 그렇게 보인다는 것은 아니다. 대부분의 경우 다른 사람들에게는 우리가 5단계에서도 정체되는 것처럼 보일 수 있다. 5단계에 있는 사람들의 행동은 다른 단계의 사람들, 특별히 2단계나 3단계의 사람들에게 매우 좌절감을 줄 수 있다. 5단계에 있다는 것 자체가 다른 사람들에게는 마치 정체되어 있는 것처럼 보인다. 왜냐하면 5단계의 특성이 그렇기 때문이다.

현실적인 것들과 거리가 멀어 보임

5단계의 사람들은 자주 비실제적이며 현실과 거리가 먼 것처럼 보인다.

타인 중심의 온전하고 이타적이며, 하나님의 부르심을 받은 사람들은 그들 주변의 세상이 움직이는 법과 서로 타협하거나 어울리지 않는다. 5단계에 있는 우리가 사회에서 비참하게 실패한 사람들을 있는 그대로 사랑하면 우리를 순진하다고 하고, 슬퍼하는 사람들과 함께하면 보호자로 간주하며, 돈을 나누어주면 재산 관리를 잘 못하는 사람으로 여기고, 양보하면 비경쟁적이라고 여기며, 포기하면 연약한 사람으로 여긴다. 우리는 생산적이고 이겨야만 하는 세상의 현실적인 기대와 전혀 맞지 않는 것이다. 심지어 이전 단계의 생산적인 기독교인들조차도 5단계에 있는 우리가 경쟁력을 잃었다고 생각한다.

사람들에게 비실제적이고 비현실적인 것이 때로 바른 일이라고 설명하는 것은 어렵다. 더구나 5단계에서 우리는 인정받거나 이해받는 것에 연연해하지 않는다. 사람들이 우리를 비현실적으로 본다는 것을 알고 있지만, 다른 사람을 향한 헤아릴 수 없는 연민이 우리를 반대하는 사람들조차도 포용하고 사랑할 수 있도록 만든다. 그들을 바꿀 필요도 혹은 우리를 다른 사람들보다 거룩하게 보일 필요도 없다. 반대로 우리는 자주 우리가 비현실적이라는 것에 동의하며 하나님과 다른 사람들을 위해서 하고 있는 일을 잠잠히 계속할 뿐이다. 우리의 초점은 포상에 있는 것이 아니고 사랑이신 하나님께 있다.

5단계에서 우리는 드러나는 표시나 결과를 나타내는 생산성 중심으로 행동하지 않는다. 결과적으로 우리는 덜 생산적이고 조금은 고립된 것처럼 보인다. 사실상 우리는 상당히 활동적이지만 주로 뒤에서 일을 하거나 일대일 기준으로 일을 하는 경향이 있다. 우리는 자신이 거의 눈에 띄지 않는다는 것을 의식하지 못한다. 이런 방식이 좀더 전통적인 방법으로 지도자 역할을 하기 원하는 사람들에게는 매우 혼동을 가져다주며, 심지어 좌절감을 줄 수도 있다.

'중요한' 것들에 대해 전혀 신경 쓰지 않음

우리는 많은 사람들에게 매우 중요한 신앙과 교회, 지역 사회의 일들에 동참하지 않을 뿐 아니라 거의 관심이 없는 것처럼 보인다. 매우 중요한 종교적 신념, 규칙, 논쟁거리, 새로운 방향, 새로운 이론, 새 회원들, 교육, 기금 모금, 음악 프로그램, 휴일의 축제, 영혼 구원 등의 문제들에 아예 신경을 쓰지 않는 것처럼 보인다. 무슨 일이든지 그 일의 중심에 참여하지 않을 가능성이 크다. 대신 우리는 자주 무대 뒤편에서 각자 부름 받은 일을 하고 있을 것이다. 우리가 부름 받았음을 알고 일을 할 때는 우리가 중심에 있게 되지만 더 초연한 자세일 것이다. 우리는 하나님 앞에서만 진정한 의미의 온전함을 느낀다.

6단계로 이동하기

내면에서 일어나는 자연스러운 움직임

5단계에서 6단계로의 이동은 외부에서 거의 알아챌 수 없다. 내면으로부터 하나님께서 더 많이 자리하시고 우리는 더 적어지는 것 같은 느낌이다. 우리 자신이 줄어들수록 하나님에 대한 갈망은 늘어난다. 그리고 모순되게도 우리가 이 움직임에 대해서 잘 모르고 신경을 쓰지 않을수록 5단계에서 6단계로의 이동이 더 많이 일어난다. 왜냐하면 더 이상 우리 자신이 초점이 아니기 때문이다. 초점은 하나님과 다른 사람들이며, 하나님께 대한 전적 의지가 열쇠다.

5단계에서 6단계로의 이동은 서서히 다가와서 영혼에 충만해진다. 결국 언제부터인지 모르게 무엇인가를 달성하고자 애쓰는 우리의 노력이 끝난 것을 느끼게 된다. 가장 큰 관심은 어떻게 그리고 언제 우리의 전 생애를 하나님께 희생할 수 있을까 하는 것이다. 기회는 손이 닿지 않는 곳에 있지만, 그것은 거기 있고 언젠가는 찾아올 것이다. 그것은 너무나 옳고 우리의 치유 받은 마음에서 우러나오는 것이므로 조금도 의심의 여지가 없다. 우리는 하나님의 자녀가 된다는 것이 무엇인지 경험하기 시작한다.

삶의 모든 면에서 하나님을 봄

6단계로의 움직임은 고요한 작은 소리, 우리의 하루하루 삶의 경험에 찾아오는 속삭임으로 가장 많이 나타난다. 그 이전의 상태와의 가장 큰 차이는 모든 일, 사건, 사람, 질병, 기쁨, 성공 그리고 삶의 변화를 통해 하나님을 드러내는 것이다. 모든 일에 하나님에 대한 친근하며 개인적인 자각이 있다. 모든 움켜쥠, 영적인 움켜쥠조차도 그치고 사랑의 삶이 시작된다. 방향 제시도 하지 않고 조정하지도 않는다. 모든 것이 단순해지고 그저 사랑만이 빛날 뿐이다.

하나님의 사람이 됨

이 사랑의 삶은 이미 시작된 과정을 더 촉진시킨다. 사랑의 삶은 하나님께서 창조하실 때 계획하신 나 자신의 모습에 더 적합하게 자라가는 것을 의미한다. 예수님을 더 많이 닮아가는 것을 의미한다. 약점을 지닌 채 그 약점이 나의 강함이 되도록 허용하는 것이다(고후 12:10, "내가 약할 그때에 곧 강함이니라"). 하나님께서 내가 알지 못할 때라도 온전히 치유 받은 사람으로서 나의 전부를 사용하셔서 다른 사람들을 어루만지시는 것을 깨닫는다. 자신을 하나님의 도구요, 선물이며, 연장선으로 보기 시작하는 것이다. 이것은 또한 어떻게 하나님의 방법을 알게 되는지 이해하는 것을 의미한다. 강한 사랑, 맹목적 사랑, 용서하는 사랑, 자신을 사랑하는 사랑의 삶을 산다. 즉, 다른 말로 말하면 무조건적인 사랑의 삶을 사는 것이다.

이동을 위한 촉매

사명에 만족함

우리 가운데 어떤 사람들은 무엇이 자신의 사명 혹은 일인지 그리고 어떻게 그 사명을 감당하게 되었는지 아는 데 너무 긴 시간이 걸렸기 때문에 새로 발견한 평안과 일관성을 당당하게 즐긴다. 하나님께서 우리를 통해 일하시며 우리가 그분의 손안에 있다는 것을 앎으로써 만족해한다. 우리는 하나님께로부터 힘을 얻으며, 맛이 있으나 너무 배부르지 않은 음식을 먹고 난 다음에 느끼는 것과 같은 만족감을 경험한다. 우리는 우리의 사명을 계속 이루어나가고 또 다른 수준의 헌신으로 지금 부름 받지 않기를 원할 뿐이다.

온전함에 대한 자족

많은 사람들에게 4단계와 벽의 경험, 또다시 찾아오는 벽의 경험을 통한 여정의 고통과 아픔은 우리의 모든 삶을 다 빼앗아갈 것이라고 생각할 정도다. 그러나 하나님의 치유하심에 우리 자신을 계속 열어 놓음으로써 우리는 더욱 온전해지는 방향으로 서서히 나아갈 수 있음을 볼 수 있게 된다. 이전에는 절대로 믿을 수 없었던 그 발견이 너무 강력하고 근사하기 때문에 우리는 삶 속에서 그런 경험을 계속하리라 기대한다. 그리고 그로 인하여 감사한다.

다시 한번 알 수 없는 곳을 향해 나아가지 않는 한, 우리는 더 많은 사랑이 다가오는 것을 볼 수 없다. 그 사랑은 모든 사랑 가운데 가장 영속하는 사랑, 즉 희생적 사랑이다.

요약 – 5단계

외면의 여정
논제: 믿음은 하나님께 항복하는 것이다.

5단계의 특성

- 하나님의 사랑과 용납에 대해 회복된 느낌
- 수평적인 삶에 대한 새로운 인식
- 소명, 직업 또는 사역
- 관심의 초점이 타인에게 맞춰짐
- 깊은 평온 혹은 고요함

새장에 갇힘

- 현실적인 것들과 거리가 멀어 보임
- '중요한' 것들에 대해 전혀 신경을 쓰지 않음

6단계로 이동하기

- 내면에서 일어나는 자연스러운 움직임
- 삶의 모든 면에서 하나님을 봄
- 하나님의 사람이 됨

이동을 위한 촉매

- 사명에 만족함
- 온전함에 대한 자족

질문

당신은 당신의 삶을 향한 하나님의 목적을 짐작하고 있는가?

5단계 경험하기

The Critical Journey

질문

1 위기, 질병, 성숙의 시기를 이겨내야 할 때 지쳐 쓰러지지 않고 더 많은 에너지 혹은 활력을 받은 적이 있는가?

2 언제 당신은 다른 사람을 위한 바른 말이나 자질을 부여받았는가?

3 당신의 삶을 향한 하나님의 목적(사명, 소명, 사역)에 대해 알고 있는가?

4 어떻게 하나님을 향한 수직적인 삶에서 이웃을 향한 수평적인 삶으로의 변화 를 경험하고 있는가?

적용

벽을 경험한 후 사명에 항복한 성경의 인물들 이야기 가운데 하나 혹은 그 이상을 골라보라. 만약 지금 하나님께서 당신을 부르신다면 이런 변화를 경험하게 되기 를 구하라.

- 한나가 하나님의 선물인 사무엘을 받은 후 사무엘을 하나님께 드림(삼상 1:1-28).
- 요나가 다시스에서 가기를 두려워하던 니느웨로 방향을 바꿈(욘 3:1-5).
- 마리아가 어떻게 그리고 누구를 임신할 것인지를 알게 됨(눅 1:26-38, 46-55절, 마리아의 송가).
- 욥이 하나님의 말씀을 듣고 하나님과 화해함(욥 40:1-42:6).
- 요셉이 형들에 의해 애굽에 노예로 팔린 후 애굽의 통치자가 되었을 때 형들을 용서함(창 45:1-15).
- 이사야와 예레미야는 선지자가 되려고 자신들의 삶이 하나님에 의해 바뀌는 것 을 허용함(렘 2:5-9, 사 6:1-8).

The Critical
Journey

9장

6단계:
사랑의 삶

"이 여정은 하나님의 여정이며, 나는 단지 승객일 뿐이다."

"하나님께서는 사랑이시며, 그것만이 중요하다."

"다른 사람이 내 삶의 목적이다."

"하나님께 순종하는 것이 나의 목적이며, 나는 날마다 새로워진다."

"내 삶을 받으소서."

사랑의 삶으로 표현되는 6단계는 쉽게 요약된다. 이 단계에서는 세상 사람들에게 이전에 가능하다고 생각했던 것보다 더 명확하고 신실하게 하나님의 사랑을 나타낸다. 우리는 하나님께서 주시는 신뢰와 감사와 같은 방법으로 우리의 빛을 비춘다. 6단계는 여러 면에서 5단계의 연장이다. 그러나 3단계가 2단계의 더 확실하고 완전한 형태이듯이 6단계에서는 5단계의 특성들이 더 온전하게 된다.

　6단계에 있을 때 우리는 자신의 일부를 잃게 되지만, 동시에 우리 자신을 진정으로 찾게 된다. 우리는 사심이 없게 되며, 그로 인해 가장 색다른 일들을 할 수 있게 된다. 우리는 비유적으로 다른 사람들의 발을 씻길 수도 있고, 하나님을 섬김으로써 우리의 생명을 바칠 수도 있다(때로 이것은 우리 자신에 대해 죽는 것을 의미하고, 때로는 문자 그대로 우리가 죽는 것을 의미할 수도 있다).

　하나님의 뜻대로 지음 받은 피조물임을 충분히 의식하므로 자기 자신과 평화를 유지한다. 밭, 학교, 집, 회사, 감옥, 이웃 어디서나 하나님의 일에 깊이 빠져 있기 때문에 쉽고도 자연스럽게 하나님께 순종한다. 성령 안에서 우리가 지닌 모든 것을 항복이나 희생이라는 느낌 없이 하나님께 드린다. 우리의 생각이며 마음이신 하나님과 하나가 된다. 때로 3단계의 사람들이 6단계의 사람들과 혼동되는데, 두 단계에 있는 사람들 모두 자신을 희생하며 하나님께 순종하기 때문이다. 그러나 3단계에 있는 사람들은 자신이 드릴 수 있는 시간, 재능, 소유 그리고 돈을 드리지만, 6단계의 사람들은 희생이라는 생각 없이 자신이 드릴 수 있는 것 이상의 것, 즉 자신의 모든 것을 드린다.

다른 사람들은 6단계에 있는 사람들을 이해하는 것이 매우 힘들 수 있으나 그들과 기쁨이나 어려움 속에 함께하는 것만으로도 영혼의 힘을 얻을 수 있다. 6단계의 사람들은 자기 보호를 필요로 하지 않기 때문에 다른 사람들과 솔직하게 자신의 약점을 보이며 함께 살아갈 수 있다. 결과적으로 이 단계에서는 하나님께서 우리에게 보여주신 다른 사람들의 삶에 친근하게 연관되어 있다. 하나님과의 끊임없는 대화 속에 우리의 삶은 무조건적인 사랑으로 충만하게 된다.

6단계의 특성

하나님께 절대 순종하는 예수님을 닮은 삶

6단계에서는 예수님의 삶이 그저 좋은 본보기 가운데 하나에 그치는 것이 아니라 실제 모델이 된다. 우리는 하나님의 부르심에 기꺼이 순종하며, 불가피하다면 죽음의 자리까지도 순종한다. 우리를 인도하며 유지시키기 위해 하나님께서 주시는 지혜를 소유하며, 예수님 생애의 고통과 모순을 깊이 이해하기 시작한다.

하나님과의 조용한 시간은 경건의 시간뿐 아니라 매일의 끊임없는 대화 속에도 찾아온다. 우리는 잘 알려지고, 부유해지며, 성공하고, 주목할 만하며, 목표 지향적이거나 '영적'인 것에 대한 욕망이 거의 없다. 우리는 마치 하나님께서 성령을 쏟아부으셔서 항상 넘쳐흐르는 그릇과 같다. 성령으로 충만하지만 조용하고 겸손하다. 삶 속에 성령님의 임재가 매우 충만하므로 성령의 일을 하고 있다는 것을 의식하지 못할 수도 있다. 우리는 성령을 의식하지 않게 되는데, 왜냐하면 하나님께서 우리의 삶을 통해 매우 자연스러운 방법으로 뜻밖에 확실히 역사하시는 것에 익숙해지기 때문이다. 결과적으로 우리는 진정으로 겸손하며, 자신의 삶과 목적에 대해서 매우 단순하게 말하게 된다.

삶의 어려움을 통해 얻는 지혜

6단계에 있을 때도 우리는 여전히 우리를 지치게 하며 분노하게 하는 고통이나 충격을 경험하지만, 고통의 한가운데서도 동시에 하나님의 은혜와 유머 그리고 위로를 경험한다. 하나님께서 함께 계셔서 우리를 인도하시므로 고통이나 충격, 실망, 심지어 죽음까지도 두려워하지 않는다. 6단계의 사람들에게 삶의 어려움은 지혜의 근원, 더 많이 배우게 하는 계기 그리고 새로운 발견의 수단을 제공한다. 기쁨을 통해서보다 고통을 통해서 더 자주 기적이 일어난다는 것을 알며, 삶 자체를 선물인 동시에 기적으로 경험한다.

많은 경우 우리는 하나님께서 맡기신 일을 감당하기에 자신이 너무 왜소하고 보잘것없으며 부적당하다고 느낀다. 그러나 하나님께서는 그분의 일을 이루시기 위해 우리의 연약함을 사용할 것을 약속하신다. 우리가 더 이상 자신의 능력이나 힘에 의해 움직이지 않기에 주위의 사람들이 우리의 살아가는 모습을 보고 깜짝 놀란다. 우리는 하나님의 소유며, 그것으로 족하다. 우리가 무엇을 하는지, 어디 사는지, 어떻게 보이는지 혹은 무엇을 먹는지는 전혀 중요한 것이 아니다. 우리는 하나님께서 들의 백합과 공중의 새를 돌보시듯이 우리를 돌보신다는 사실을 전적으로 신뢰한다.

비록 많은 사람들이 예수님께서는 모든 것을 다 아시는 이점이 있으므로 처음부터 결과가 어떨 것을 다 아신다고 생각하지만, 복음서의 예수님께서는 친히 성장과 발달을 겪으셨다. 예수님께서는 히브리서에 예시된 자신의 모습을 정복하는 영웅보다는 고난 받는 종으로 보셨다. 그분은 종교 지도자들과 친구들 그리고 가족의 거부를 통해 배우셨다. 자신의 제자들의 불충성에도 놀라지 않으셨다. 죽기 전날 밤 예수님께서는 하나님께 다른 길을 달라고 기도하셨다. 그러나 하나님의 뜻이라면 따르기로 결정하셨다.

사람들을 위한 긍휼의 삶

6단계에서 우리는 모든 것이 하나님께로 말미암으며, 우리가 하나님의 사랑을 받는다는 것을 알기 때문에 우리의 능력을 훨씬 넘어서서 이웃과 동료들을 깊은 연민을 지니고 사랑할 수 있다. 예수님께서 겟세마네 동산에서, 심문당하시면서 그리고 십자가 위에서조차 긍휼을 베푸셨듯이 우리도 극심한 어려움 가운데서도 긍휼을 베풀 수 있다. 우리는 만나기 원하지 않던 사람들과 함께 살며 함께 일할 수 있다. 간디의 자서전을 보면 간디가 무슬림 교도에게 그가 정말 하나님께로부터 흘러나오는 용서와 사랑을 원한다면 자신의 집에서 자기의 아들을 죽인 힌두 남자의 아들을 키워야만 한다고 말한다. 그뿐 아니라 더 힘든 일은 그 아이를 힌두교도로 키워야 한다는 것이었다. 그 말을 들은 무슬림 교도는 충격을 받고 떠나갔다. 6단계에 있는 사람은 하나님께서 주시는 긍휼로 원수의 아이를 키울 수 있다. 결코 긍휼이 신념이 부족하다거나 분노를 느끼지 않는다는 것은 아니다. 긍휼이란 분노 가운데서도 여전히 다른 사람을 위해 기꺼이 사랑하고, 도와주며, 함께하는 것이다.

물론 6단계에서도 우리가 좋아하는 사람들을 섬기고, 그들과 함께 살 수 있다. 또한 상처받고 거절당하며, 심지어 우리를 증오하는 사람들의 삶 속에 우리 자신을 몰두할 수도 있다. 이런 일을 도전으로 받아들이기보다는 우리 속에 흘러넘치는 하나님의 사랑으로 행한다.

예수님께서는 가난한 자, 굶주린 자, 병든 자 그리고 귀신들린 자들을 향해 긍휼을 나타냄으로써 이런 삶의 본을 보이셨다. 가까운 친구들에게 거부당하셨음에도 예수님께서는 거듭해서 그들을 용납하셨다. 십자가 처형이라는 야만적인 고문의 희생자로서 자신을 둘러싼 군중들의 조롱 속에 한낮에 돌아가시면서도 예수님께서는 그들의 용서를 위해 기도하셨다. 심지어는 문둥병자나 죽은 사람처럼 만질 수 없는 사람들에게도 치유의 손길을 뻗치셨다. 예수님께서는 "인자가 온 것은 섬김을 받으려 함이 아니라 도리어 섬기려 하고 자기 목숨을 많은 사람의 대속물로 주려 함이니라"(막 10:45)고 말씀하셨다.

물질이나 스트레스로부터 초연함

6단계에서 우리는 하나님을 더 많이 지닐수록 다른 모든 것을 덜 필요로 한다는 점을 깨닫게 된다. 물질의 소유 자체를 부인하는 것이 아니라, 단순히 물질을 덜 필요로 하는 것을 배우며 사람이나 물질에 기대고 의지하는 것으로부터 초연해진다. 우리의 내면으로부터 과장할 필요가 없는 열심을 품게 된다. 심지어는 건강이 좋지 않을 수도 있으며, 세상의 기준에 따라 아름다울 필요도 없으나 하나님의 기준으로 보면 우리는 훌륭한 사람들이다. 은혜로 삶을 수용하며, 외면으로 볼 때 소유한 것이 적더라도 그것과 상관없이 내면의 만족을 지닌다. 사실상 자신이 얼마나 많이 지녔는지, 아니면 적게 지녔는지를 생각조차 하지 않는다.

세상의 소유에 초연하다고 해서 아름다움, 건강 그리고 행복을 감사하지 않는다는 것은 아니다. 좋은 것들에 대해 감사하지만 그런 것에 집착하지는 않는다. 우리는 거추장스러운 것들로부터 자유롭다. 즉 가벼운 차림으로 여행하는 것이다.

예수님의 나그네적 삶은 그분이 세상의 소유로부터 초연했음을 나타낸다. 가끔씩 손님으로 초대를 받거나 식사를 대접받을 때 예수님께서는 하나님의 부르심이 물질이나 스트레스로부터의 자유를 의미한다는 것을 배우셨다. 어떤 사람이 영생을 얻기 위해 무엇을 해야 하는지 물어봤을 때 예수님께서는 그에게 자신의 소유를 팔아서 그 수입을 가난한 자들에게 나누어 주고 예수님의 제자가 되라고 말씀하셨다(막 10:21). 어느 사람이 예수님을 따르고자 할 때 예수님께서는 그 젊은이에게 "여우도 굴이 있고 공중의 새도 거처가 있으되 오직 인자는 머리 둘 곳이 없다"(마 8:20)라고 상기시키셨다. 그러나 우리는 복음서 어디에서도 예수님께서 음식이나 옷이나 거처 때문에 불안해하신 것을 볼 수 없다. 오히려 산상수훈에서 제자들에게 먹을 것, 마실 것, 의복 혹은 내일 일을 염려하는 대신에 "먼저 그의 나라와 그의 의를 구하라"고 권면하신 것을 들을 수 있다(마 6:25, 33).

비천한 삶 혹은 화려한 삶

우리는 하나님께서 원하시는 일이면 그것이 가장 하찮은 일이든지 혹은 가장 존경받는 일이든지에 상관없이 어느 일이나 하기로 선택한다. 어느 쪽이든지 하나님께 가까이 갈 수 있다. 5단계에서 우리의 의지를 포기했기 때문에 실제로 하찮은 일을 하는 것을 진정으로 기뻐한다. 하찮은 일을 하는 것은 우리에게 큰 기쁨을 안겨주며 우리의 영혼을 새로운 차원으로 끌어올린다. 하나님께서 우리를 사랑으로 축복해주심으로 가장 평범한 일상의 일을 행하려 할 때 우리는 독수리같이 나는 것처럼 느낀다. 사랑으로 변기를 비우는 것이 우리가 행할 수 있는 가장 귀한 소명일 수 있다. 하찮은 일을 하든지 존경받는 일을 하든지 모든 것이 하나님께 달려 있다. 혹은 우리는 우리의 생각이나 기대와는 전혀 다르게 선교나 어떤 운동의 중심 인물이 될 수도 있다. 우리가 무엇을 하든지 우리 자신의 힘으로 하는 것이 아니라는 점은 분명하다.

우리가 너무 자유롭고, 온전하며, 하나님으로 가득 차 있으므로 놀라운 일이 많다. 죽음을 두려워하지 않기 때문에 터무니없는 말이나 행동을 할 수도 있다. 깊은 상실을 두려워하지 않고도 물질적, 신체적, 정신적 그리고 정서적으로 다른 사람들을 위해 의도적으로 우리의 삶을 희생할 수 있다. 그리고 자신을 돌보지 않으므로 우리가 누구인가 하는 것이 중요하지 않다. 중요한 것은 하나님께서 누구시며 우리를 어떻게 빚으시는가 하는 것이다.

6단계의 특성 가운데 낮은 곳에 거하는 삶의 가장 좋은 예화는 예수님께서 최후의 만찬 때 열두 제자의 발을 씻기신 일이다. 발을 씻기는 일은 그 집 하인의 일이었다. 예수님께서 제자들의 발을 씻기신 것은 그들을 향한 관심과 사랑의 행동이었다(요 13:4-10).

포기한 삶

6단계에서 우리는 자신의 필요를 소홀히 하며 우리 자신을 돌보지 않는 것처럼 보인다. 왜냐하면 우리 자신을 위한 필요는 하나님께 전적으로 순종하고 그분의 지시를 듣고자 하는 필요에 부차적으로 따르는 것이기 때문이다. 그러므로 하나님의 뜻이라면 다른 사람이나 대의 명분, 원리를 위해서 우리의 삶조차도 포기할 수 있다. 다른 사람들은 이 일을 굉장한 희생이요, 이해하기 가장 힘든 것으로 생각한다. 왜냐하면 6단계에 있는 그리스도인은 특별히 그 일을 희생으로 여기지 않기 때문이다.

다른 사람들은 이러한 우리의 삶을 보고 하나님께서 역사하심을 느낄 수 있다. 그만큼 우리의 삶을 보고 많은 사람들이 영향을 받는다. 위대한 기독교 성인 가운데 한 사람은 죽기 전날 밤에 자신이 죽을 것이라는 이상한 느낌을 받았다고 한다. 그는 자신의 계획을 바꾸지 않았으나 아내에게 특별한 이유 없이 꽃을 보냈다. 아마 그 순간에 그는 하나님께 순종하는 것이 무엇을 의미하는지 알았을 것이다.

빌라도가 자신의 권력으로 예수님을 위협하며 십자가에 못 박기로 약속했을 때 예수님께서는 위로부터 권세가 빌라도에게 주어지지 않았더라면 그가 아무 일도 할 수 없을 것이라고 응하셨다(요 19:11). 빌립보서 2장 6-11절에 나오는 초기 기독교 찬송가에서는 예수님께서 어떻게 십자가상의 죽음을 겸손하게 순종하며 돌아가셨는지를 기록한다. 예수님의 순종하는 모습은 누가복음 23장 46절의 "아버지여 내 영혼을 아버지 손에 부탁하나이다"라는 말 속에 생생하게 표현되어 있다.

새장에 갇힘

세상과의 분리

5단계에서와 같이 6단계에서도 우리는 사실상 새장에 갇히는 것이 아니지만 다른 사람에게 그렇게 보일 뿐이다. 6단계에서 우리는 현실 세계와 전혀 연관이 없는 것처럼 보인다. 삶의 중요한 것들을 고맙게 여기지 않는 것처럼 보인다. 믿음을 위해서 가족, 친구, 안전, 돈, 직장에서의 위치 혹은 목숨까지도 어느 것이든지 포기할 수 있는, 하나님께서 주신 능력이 있다. 우리에게 아이러니는 그러한 '포기'가 희생으로 보여지지 않는다는 것이다. 우리는 좀처럼 자신의 희생을 나타내지 않으며, 단순히 우리가 했어야만 할 일이라고 느낀다. 우리는 이기적인 이유에서나 자신을 위한 이유에서 그 일을 하지 않는다. 하나님과 너무 일치하기 때문에 하나님의 뜻과 하나가 되어 우리의 동기가 하나님의 동기가 되는 것이다. 우리는 단지 사랑을 실천할 뿐이다, 그런데 그것이 다른 사람들을 혼동케 한다.

자신을 소홀히 함

우리 자신에 대해 관심을 갖지 않으므로 때로는 우리 자신을 소홀히 하는 것처럼 보인다. 우리의 기쁨은 하나님께서 우리 안에서 사시도록 하는 데 있다. 종종 우리는 삶, 언어, 소유, 우정, 가족 그리고 믿음과 관련지어 볼 때 단순하다. 세상이 우리의 단순함을 이해한다는 것은 너무 어렵다.

삶을 낭비하는 것처럼 보임

다른 사람들에게 우리는 심지어 우리의 삶을 불필요하게 포기하거나 낭비하는 것처럼 보인다. 그러나 우리가 하는 일을 다른 방법으로 할 수도 있다. 예를 들면, 도심지에서 에이즈 환자와 함께 살며 그들을 수종들도록 하나님께 소명을 받았다고 느끼는 사람을 생각해보자. 그 일은 너무 두렵고 불필요한 것처럼 보인다. 돈을 기부하거나 한 달에 한 번 자원 봉사를 하거나 그들을 위해 기도하는 것도 역시 도움이 될 것이다. 까뮈의 작품「페스트 The plague」에는 흑사병에 걸린 사람들 곁을 떠나지 않고, 오히려 환자들을 돌보며 함께 머무는 의사가 나온다. 그는 자신도 흑사병에 감염될 확률이 매우 높다는 것을 알고 있었지만 여전히 환자들과 함께한다. 그는 친구를 위해 자신의 삶을 포기하는 것에서 자신의 삶의 의미를 찾았다.

이 단계에서 우리는 다른 사람들의 많은 기대를 저버렸는데, 그것은 다른 사람들에게 진정한 시험거리를 제공한다. 그러나 우리가 자신의 것을 포기하고 하나님께서 하나님 되시도록 하는 것이 무엇인지를 더욱 나타낼 때마다 우리의 행동은 그 단순함에 속에서 더욱 분명하고 깊어진다. 진정으로 우리는 사랑의 삶을 살고 있다.

사랑의 삶
논제: 믿음은 하나님을 반영하는 것이다.

● 2단계의 특성 ●

- 하나님께 절대 순종하는 예수님을 닮은 삶
- 삶의 어려움을 통해 얻는 지혜
- 사람들을 위한 긍휼의 삶
- 물질이나 스트레스로부터 초연함
- 비천한 삶 혹은 화려한 삶
- 포기한 삶

● 새장에 갇힘 ●

- 세상과의 분리
- 자신을 소홀히 함
- 삶을 낭비하는 것처럼 보임

● 질문 ●

어떻게 하나님께서 당신의 모든 것이 되실 수 있는가?

6단계 경험하기

질문

1 어떻게 하나님께서 당신의 모든 것이 되실 수 있는가?

2 아무런 대가도 없이 당신의 삶을 다른 사람을 위해 희생하라고 부름받는다면 어떻게 느끼겠는가?

3 당신은 어떻게 자신과 세상으로부터 분리되어 하나님께 속해 있는가?

적용

복음서 가운데 한 권을 골라 예수님의 생애를 읽어보라. 그리고 지금이 당신 자신을 위한 시간이라면 당신도 예수님처럼 삶을 드릴 수 있도록 인도해달라고 하나님께 구하라.

10장

믿음의 단계와
영성 형성

온전한 영성이 형성되려면 모든 믿음의 단계가 필요하다

지금까지 살펴본 믿음의 여섯 단계와 벽은 우리 영적 여정에 모두 중요하다. 각 단계가 우리의 삶에 깊은 영향을 미치며 중요한 역할을 한다. 예를 들면 1단계는 우리를 겸손하게 하고, 2단계는 우리에게 기초를 가르치며, 3단계는 우리에게 보상을 주고 높여주며, 4단계는 우리를 동요시키고, 벽은 우리의 가면을 벗기며, 5단계는 우리를 변화시키고, 6단계는 우리 자신을 초월한다. 그러므로 이 안내서를 사용할 때 비록 자신의 주거지가 이 단계 가운데 하나라 하더라도 각 단계가 우리 속에 활발하게 움직이며, 다른 단계들도 그것들이 가져다주는 선물로 인해 필요하다는 것을 명심해야 한다. 우리의 주거지는 지금 머무는 단계로서 현재의 삶 가운데 우리가 더 많은 시간과 에너지를 보내고 있는 곳이다.

여러 단계가 섞여 있는 예를 살펴보면, 자신의 주거지가 4단계로서 대답보다는 질문이 더 많은 사람의 경우다. 2단계에서의 확실함이 4단계에서는 사라지지만, 4단계에서의 너무 심한 고립은 여정을 방해할 수 있다. 따라서 2단계의 특징인 소속감과 공동체는 4단계에 있는 사람에게 아직도 매우 중요하다.

같은 활동도 믿음의 각 단계에 따라 다른 효과를 지닌다

영성 형성을 위한 다음의 제안은 각 단계를 주거지로 하는 사람들을 도와주고자 고안되었다. 현재의 단계에서 그들을 도와줄 수 있는 방법을 제시하고, 그들 속에서 발달하고 있는 그 다음 단계에 대한 의견을 주고자 하는 것이다.

각 단계에 대한 제안은 동일한 활동이 다른 주거지에 있는 사람들에게도 해당되지만, 단지 그 단계에 있는 사람에게 그 활동의 결과가 더 깊게 느껴진다는 것을 의미한다. 예를 들면, 험한 길을 걷는 것이 1단계에 있는 사람에게는 경외감을 느끼게 하는 것일 수 있고, 2단계의 사람에게는 경건한 것일 수 있고, 3단계에서는 영적 성취일 수 있고, 4단계의 사람에게는 배짱 있고 주저함 없는 경험일 수 있고, 벽에서는 무너짐과 치유의 경험일 수 있으며, 5단계와 6단계에서는 영적으로 친근한 경험일 수 있다.

단계의 발달 측면

우리가 어떤 특정한 순간에 더 앞에 놓여 있는 단계를 포함한 다른 단계 특유의 경험이나 아이디어를 경험할 수도 있지만, 현재의 주거지와 이미 지나온 단계만을 온전히 통합시킬 수도 있다. 현재 주거지의 바로 앞의 단계는 우리의 마음을 끌며 도전이 되기도 한다. 이것은 하나님께서 그 단계로 우리를 초청하시는 표시일 수도 있고, 현재 주거지에서 해결하지 못한 문제의 증상일 수도 있다. 그렇지만 우리의 주거지보다 두 단계 앞선 단계는 다가가기에 너무 생소하고, 바람직하지 않으며, 어려워 보인다.

왜 앞으로 나아가며 하나님과의 다른 관계를 탐색하는 것이 우리에게 필요하거나 도움이 되는 것인가? 그리고 왜 의도적으로 의심과 두려움과 의문을 품어야 하는 것인가?

하나님께 다가가는 것이 우리의 목표라면 단계 모델을 거쳐 나아가야 할 필요가 전혀 없다. 하나님께서는 우리 모두에게 동일하게 다가오시기 때문이다. 어떤 사람들은 자신들의 삶에 영향을 준 다른 사람들 때문에 움직이기도 하고, 어떤 사람들은 위기의 결과로 움직이며, 또 다른 사람들은 하나님과의 다른 관계를 위한 갈망에서 움직인다. 다음은 '믿음의 여정'의 이동에 대한 지혜로운 몇몇 믿음의 사람의 말이다.

존 캐시안John Cassian | "가야 할 길에 대해 계획 없는 도착은 없다."

이레니우스Irenaeus | "창조주는 언제나 동일하시지만 피조물은 시작부터 중간 단계, 성장과 진보를 거쳐야만 한다. 하나님께서 그들을 만드신 것은 이런 증진과 진보를 위함이다".

성 어거스틴St. Augustine | "이 땅에서 우리는 항상 활동하는 나그네다. 이것은 우리가 계속 앞으로 움직여나가야 함을 의미한다. 그러므로 그대가 이루고자 하는 자리에 도달하려면 항상 현재 있는 자리에 만족하지 말아야 한다. 현재의 모습에 만족한다면 그대는 이미 성장을 멈춘 것이다. 그대가 '충분하다'고 말한다면 그대는 진 것이다. 계속 걸어가고, 앞으로 나아가며, 목표를 향해 시도하라. 중도에 중단하거나 뒤로 돌아가거나 이탈하지 말라".

1단계: 하나님에 대한 인식

믿음의 정의
하나님을 발견하는 것.

믿음 생활에서 1단계의 역할
우리를 겸손하게 한다. 이 단계는 우리에게 하나님의 경이로우신 권능과 우리 인생의 유한함을 상기시킨다. 때로 우리는 이 단계에서 낮은 자존감을 겸손으로 오인한다.

영적 생활 측정(SLI)과의 연관
1단계가 점수표에서 최고 정점에 있다.

특성
• 경외감
• 도움의 필요
• 자연스러운 깨달음
• 인생의 더 큰 의미 추구
• 순진함

영성 형성을 위한 활동

주안점 | 위로, 양육, 투명함. 하나님과 다른 사람과의 관계에서 우리 자신이 누구인지에 대한 새로운 이해 시작.

책, 학습 | 성경 공부, 강의, 책 등 질문에 대한 대답을 돕고 정보를 제공할 수 있는 것과 상징이나 이야기 등 하나님에 대한 경험을 확증하는 일을 도울 수 있는 것.

활동, 그룹, 참여 | 위로, 양육, 슬픔, 자신의 이야기를 나누는 것, 용서, 개종, 재생을 위한 그룹의 도움. 치유와 기도 사역도 도움이 되는데, 특별히 종교적 상황이나 종교인으로부터 상처받은 경험이 있는 경우에 더욱 그렇다. 1단계의 사람들에게는 공동체나 소속감이 자신들을 어떻게 기다리는지, 또한 자신들에게 원하는 것이 무엇인지를 먼저 생각하는 것이 도움이 된다.

지도자, 멘토 | 우리의 질문에 답이 되는 활동을 선택하도록 도움을 주고, 우리가 어떤 사람이었으며 현재 어떤 사람인지 그리고 어떤 사람이 될 것인지를 볼 수 있도록 도와주는 '거울' 역할의 멘토와 안내자.
위로와 위안으로 도울 수 있는 스데반 사역자들(1975년 세인트 루이스에서 시작된 상처받은 교인들을 일대일로 격려하고 기도해주며 돌보는 스데반 사역 프로그램 훈련을 받은 평신도들 – 역주). 애도 상담, 치료, 치유 사역 등의 소개가 필수적일 수 있다.

여행 | 예를 들면, 성지 순례 등 우리의 신앙을 확인할 수 있는 여행. 성지 순례는 2단계와 3단계의 사람들에게 적절하지만, 1단계에서도 이런 여행이 믿음의 전통에 대해 더 구체적으로 배우고 다른 사람들과 접촉할 수 있는 방법이다.

예배, 음악 | 위안을 주는 분명하고 확실한 예배. 어떤 사람에게는 설교가 가장 중요하며 다른 사람들에게는 상징, 성찬, 신체적 활동, 고백 혹은

경건의 음악 등이 더욱 중요하다. 초월성(하나님께서는 그 무엇보다도 크시다)을 중요시한다.

주요 질문
처음 1단계를 인식하는 사람들에게는 다음과 같은 질문들이 도움이 될 것이다(추가 연습이나 참조 성경 구절은 3장 끝에 있다).

- 경외감, 자연, 더 큰 삶의 의미 추구 가운데 어떤 방법으로 하나님을 가장 많이 경험하는가?
- 삶 가운데 어떤 필요에 의해서 1단계에 왔는가?
- 어떻게 당신의 삶과 마음속에서(지적으로) 그리고 감정 속에서(정서적으로) 하나님을 인식하거나 느꼈는지 예를 들어보라.
- 삶 가운데 하나님의 존재에 대한 실제적인 상징(초, 그림, 시, 사람 등)이 있다면 그것은 무엇인가?

많은 경우 사람들은 삶의 어려운 시기에 1단계를 다시 방문한다. 이것은 정상적인 것이지만 어떤 사람들에게는 당황스럽기도 하다. 1단계로 다시 돌아가는 것은 부모의 사랑스러운 팔이나 나보다 더 크신 분이 나를 사랑한다는 깨달음으로 돌아가야 할 필요처럼 느낄 수 있다. 다시 1단계를 방문하는 사람들에게 질문할 수 있는 것들은 아래와 같다.

- 지금 당신은 어떤 하나님을 필요로 하는가?
- 하나님께로부터 무엇을 원하는가?
- 당신의 믿음의 대상에게 무슨 일이 일어났는가? 당신이 가지고 있는 하나님의 이미지가 어떻게 바뀌었는가?

교인들의 기대

1단계의 사람들이 되돌려주거나 사람들을 향해 손을 뻗치리라는 기대는 적다. 그들의 관심은 자신들의 필요와 하나님의 반응에 집중되어 있다.

고착 현상

순교자적 행동, 계속되는 패배감, 부적절함 혹은 무지함.

2단계: 제자의 삶

믿음의 정의

하나님에 대해 배우는 것.

믿음 생활에서 2단계의 역할

믿음의 근거로 제공. 2단계는 우리 환경이 어떻든지 간에 최선의 공동체를 나타냄. 공동체는 서로를 위한 사랑과 돌봄으로 사람들을 서로 묶음.

영적 생활 측정(SLI)과의 연관

2단계가 점수표에서 최고 정점에 있다.

특성

- 소속감으로부터 의미를 찾음.
- 지도자, 대의 명분, 신앙의 체계에서 찾은 해답
- 믿음과 관련하여 올바름과 안전감을 원함.

영성 형성을 위한 활동

주안점 | 공동체 의식, 소속감, 사람들과의 밀접한 관계를 조장하는 활동들.

책, 학습 | 성경 공부, 강의 추구, 바른 삶, 믿음의 체계, 신조, 훈련, 공동체의 삶, 은사 나눔, 돌려줌에 관한 책들, 성경의 깊은 연구, 믿음 단계의 연구(호기심을 보이고 믿음의 단계에 관한 자료에 의해서 불편하게 느끼지 않는 사람의 경우), 믿음과 일, 삶의 통합, 사회적 전도의 연구, 사회 정의 문제 또는 다른 사람들의 고통을 완화시키는 방법에 대한 고려.

활동, 그룹, 참여 | 연구를 위한 그룹의 후원 혹은 우리의 믿음과 삶의 여정을 다른 사람들과 나눔. 연구, 나눔, 기도를 위한 소그룹이나 가정에서의 수련회도 유익하다.

연인, 가족, 학교, 직장 등에서의 생활을 믿음과 연관시킴, 믿음을 일과 관련된 문제들과 연관시키고 평가, 재고하기 위한 강의들. 공동체, 자원 봉사, 사회 정의나 고통을 완화시키는 경험을 시도하기 위한 발돋움.

교회의 위원회, 도시 사역, 선교 여행, 다른 단체를 위한 활동에 참여.

지도자, 멘토 | 진리나 신조를 나눌 수 있는 강한 지도자나 선생님들. 예를 들면 예수님을 더 닮아가는 것.

멘토나 지도자가 믿음 안에서 누구인지, 어떻게 발달할 수 있는지 등을 자기 평가나 은사 확인 등을 통해 발견할 수 있도록 도와주는 지침. 마이어스 브릭스Myers Briggs, 영적 생활 측정Spiritual Life Inventory, 연구 조사 기관Search Institute의 성숙한 믿음 측정Mature Faith Inventory, 다른 신앙 측정 도구들. 어려운 가운데 우리에게 용기를 주고 도움을 주는 스데반 사역자들.

여행 | 지역·국내·해외 여행 등 세상에서 믿음의 사람이 된다는 것이 무엇을 의미하는지에 대한 생각을 넓힐 수 있는 활동들. 교도소, 선교 여행, 제3세계 여행, 전도에 대한 교회 컨퍼런스.

예배, 음악 | 올바른 삶, 말씀을 따르는 것, 공동체에의 소속, 자백과 용서, 세상에서 신앙으로 살아가는 것을 격려하는 예배. 상징, 향기, 시각적 이미지 모두가 신자와 공감을 일으킨다. 성경에 확실하게 기초하는 것을 신뢰한다.

익숙하며 영감을 주는 찬송, 합창을 귀하게 여긴다.

율동을 곁들인 현대 음악이 많은 사람에게 말씀을 깨닫게 한다. "하나님께서 우리를 위하시며 우리와 함께하신다."

주요 질문

(추가 연습이나 참조 성경 구절은 4장 끝에 있다.)

• 어떤 새로운 영감이 떠오르나?

• 당신이 닮고 싶은 영적 영웅은 누구인가?

• 당신에게는 믿음의 공동체가 있는가? 있다면 언제, 어떻게 믿음이나 영적 공동체를 통해 격려를 받았나?

• 당신이 속한 믿음의 공동체는 건강하며 도움이 되는가? 공동체 가운데 당신이 신학적인 갈등을 겪을 때 도움을 주었거나 당신과 하나님의 관계가 깊어지도록 인도해준 경우가 있는가? 그 사람이 어떤 일을 했으며 당신에게 어떤 영향을 주었는가?

• 만약 믿음의 공동체가 도움이 되지 않는다면 무엇 때문에 그 공동체를 다르게 혹은 건강하지 않게 느끼는가? 당신이 개인적으로 혹은 신학적으로 변했나, 아니면 당신이 속한 공동체가 변했나?

때로 2단계에서의 사역은 사람들로 하여금 자신들이 속한 공동체의 건강하지 못한 면을 인식하도록 도와주는 것이다. 2단계에서는 자신들이 무엇을 믿는지 아는 것이 중요하다. 또한 자신들이 믿고 있는 것에 대해 질문하고 건강하지 않는 것은 거부할 수 있는 것도 중요하다. 이런 질문의 과정은 4단계에서도 일어난다.

교인들의 기대

이 단계의 사람들은 교회 일에 정기적으로 참여하기를 원하며, 다른 사람들에게 베풀고 그들을 돕고 싶어한다. 시간, 물질을 제공하고 사회적 활동을 추구하며 자녀들도 이런 활동들에 참여시킨다.

고착 현상

율법적·도덕적·배타적 믿음, 우리 대 그들 식 구분, 두려움.

3단계: 생산적인 삶

믿음의 정의

하나님을 위해 일하는 것.

믿음 생활에서 3단계의 역할

보상을 제공, 3단계에서는 최고의 은사와 재능을 사용하여 자신 있게 좋아하는 일을 하게 된다.

영적 생활 측정(SLI)과의 연관
3단계가 점수표에서 최고 정점에 있다.

특성
- 공동체 안에서 독특함을 존중함.
- 책임감
- 성취의 상징, 영적인 목표 달성에 가치를 둠.

영성 형성을 위한 활동
주안점 | 생산적인 삶을 살기 위해서 자신만의 독특한 은사 또는 기여할 것을 찾는다.

책, 학습 | 성경 공부, 강의들, 책들은 자신의 은사를 발견하고 그 은사가 어떻게 교회와 세상을 위해 사용될 수 있는지를 알려준다. 교회와 세상에 기여할 수 있는 자신의 독특한 부분을 발견하고 실천하며 더 나아가 다른 참여자들을 이끌기도 한다.

활동, 그룹, 참여 | 리더십을 발휘할 기회를 갖게 된다. 목표 지향적 사역, 하나님을 위한 사역과 행동 주의, 선교 여행이나 지역 사회 프로그램에 더 깊이 참여하거나 구성원들을 인도한다. 교회 당회원으로 봉사, 자선 활동, 위원회, 견신례, 책이나 성경 연구, 주일학교, 사회 정의나 전도 등 힘든 프로젝트를 도와준다.

지도자, 멘토 | 자아 평가를 위해 멘토나 안내자, 리더십 평가, 훈련, 영적 생활 측정Spiritual Life Inventory, 갤럽 신앙 평가Gallop Strength Finder나 다른 신

앙 평가 도구들, 은사 평가 등의 도움을 받을 수 있다. 다른 사람을 멘토링 하기 시작할 수 있는 단계로 이 때 예배와 더불어 집중 활동을 통해 영혼의 평안이라는 개념을 소개하는 것은 중요하다. 활동과 명상의 균형을 허락하는 기회. 다른 사람을 불편하게 하지 않으면서 고독의 개념을 소개한다.

어려운 시기에 후원하고 격려할 수 있는 스데반 사역자들.

여행 | 은사를 사용할 수 있고 믿음의 지도력을 발휘할 수 있는 여행. 선교 여행을 함께 이끌거나, 전도 그룹을 시작하거나, 특수선교하는 사람들에게 물자를 공급할 수 있다.

예배, 음악 | 예배는 사람들로 하여금 봉사할 수 있도록 하고, 자신들의 기여에 만족할 수 있게 하며, 격려하고, 하나님의 능력을 느끼게 한다. 파송 예배처럼 우리의 바른 관계를 강화시켜 주는 의식, 상징을 존중한다. 음악은 우리의 삶으로 무엇인가를 할 수 있는, 즉 섬기고, 인도하며, 인내하고, 극복할 수 있는 힘과 에너지 그리고 메시지를 준다. 예를 들어 우리의 은사를 충분히 활용하며 참여할 수 있는 뮤지컬들과 성극들이 있다.

주요 질문

(추가 연습이나 참조 성경 구절은 5장 끝에 있다.)

• 당신의 재능이나 은사 가운데 스스로 좋게 느끼며 사용하기를 원하는 것은 무엇인가?
• 삶, 직장 혹은 믿음의 공동체에서 당신의 영적 책임은 무엇입니까?
• 특정한 영적 목표를 놓고 노력하는 것이 있는가? 있다면 무엇인가?

에블린 언더힐이 말한 것처럼 때로 우리는 하나님의 일을 한다는 데에 너무 열정적이어서 하나님께서 일하시도록 하는 것을 잊어버린다. 아래 질문들은 영적인 일을 할 때 마음속으로 하나님을 기억하도록 도와줄 것이다.

- 당신이 사역을 할 때 하나님께서 어떻게 도와주시는가?
- 당신의 일이나 내적 훈련이 당신을 정기적으로 하나님께 다가가도록 하는가?
- 당신의 정체성이 하나님을 위해 하는 일보다는 하나님께 근거하는가?
- 하나님께서 당신을 통해 일하신다는 것을 어떻게 아는가?
- 당신은 지치거나 선을 행하다가 낙심하지 않기 위해서 자신을 어떻게 돌보고 있는가?

교인들의 기대

3단계의 사람들은 활동적이고 베풀며 다른 사람들을 향해 도움의 손을 뻗칠 것이라는 높은 기대를 가진다. 자신과 다른 사람들의 필요, 하나님의 응답에 주의를 기울인다.

고착 현상

선한 일을 행하다가 낙심한다. 자원 봉사, 꼭 필요한 사람 되기, 경쟁, 하나님의 역할을 자처하다가 지쳐버린다.

4단계: 내면의 여정

믿음의 정의

하나님을 재발견하는 것.

이 단계에서 등장하는 것은 질문, 탐구, 내면의 여정의 단계에 있는 사람들을 위한 교회의 역할이다. 대부분의 교회의 경우 1단계에서 3단계까지 사람들을 섬길 준비는 잘 준비되어 있지만, 4단계의 사람들이 성장하고 앞으로 나아가기 위해 필요한 조언들을 충족시킬 수 있을지는 의문이다. 만약 교회가 4단계의 사람들을 돌보기 위해 의도적으로 노력한다면 그것은 훌륭한 새 사역이 될 것이며, 그렇지 않은 경우는 다른 자원이 필요할 것이다. 시몬 찬Simon Chan이 영성 신학에서 말했듯이, 내면의 여정을 시작하는 사람은 이 여정을 촉진시키기 위한 전문적인 자원이 필요하다. 그래서 종종 지역 교회의 외부에서 피정 센터, 수도원, 영적 삶에 대한 워크숍 등을 알아보게 되는 것이다.

믿음 생활에서 4단계의 역할

우리를 불안하게 하는 4단계는 우리가 새로운 인식과 의문의 시기로 접어들었음을 나타낸다. 그 의문은 믿음과 하나님, 교회, 하나님에 대한 경험, 영적 자신감 혹은 기본적인 정체의 핵심과 가치에 대한 질문이다. 때로 4단계는 1단계와 혼동되기도 하는데, 이는 이 두 단계 모두 자존감의 문제와 연결되어 있기 때문이다. 1단계의 사람은 무가치한 느낌에서 자신을 존중하는 느낌으로 움직여나아가는 데 반해, 4단계의 사람은 새로운 수준에서 믿음을 추구한 결과, 자신을 존귀하게 여기는 느낌에서 무자격(무가치가 아님)의 느낌으로 움직여간다.

영적 생활 측정(SLI)과의 연관

여러 단계가 비슷해보이기는 하지만 4단계가 최고치를 보이는데, 그것은 혼동의 표시다.

특성

- 인생과 신앙의 위기
- 인생과 신앙에서 확실성의 상실
- 해답보다 방향을 위한 추구
- 하나님과 연관하여 개인적인 정직의 추구
- 틀에서 벗어난 하나님
- 분명한 신앙의 상실

영성 형성을 위한 활동

주안점 | 해답보다는 질문과 불확실함.

책, 학습 | 질문을 품게 하는 성경 공부, 강의, 책들은 통전적이며, 믿음, 인생, 교회 그리고 의미를 추구하는 것을 격려한다. 따라서 준비된 답은 없다. 그러나 '소명', 삶과 일에 있어서의 사명을 고려하는 자발성이 있다. 타인 중심이나 외면에 치중하기보다 내면에 집중하고 자신과 하나님께 열려 있는 상당한 양적, 질적 시간을 거의 항상 요구한다.

활동, 그룹, 참여 | 명상의 기회, 피정, 조용한 방, 명상 소식지, 내면의 여정에 대한 강의, 댄스, 독거, 복잡한 관계, 상징물, 시, 육체 노동, 성자의 삶, 일기 쓰기, 자연, 예술, 음악, 찰흙, 동화, 이야기(특별히 우리 자신의 이야기), 경청하는 기도와 대화하는 기도, 여정을 더 깊이 있게 하거나 개인의 소명이나 응답받지 못한 질문을 표현하게 하는 모든 시도.

지도자, 멘토 | 영성 지도 혹은 목회 상담, 믿음을 과정으로서 탐색할

수 있는 안전한 장소. 변화에서 중심이 되는 기도와 분별, 더 깊은 의미를 위한 자아 평가 애니어그램Enneagram, (9가지 성격 유형으로 설명되는 심리적, 영적 발달 측정 도구로서 숨은 동기, 제한된 신념 그리고 마음의 습관을 알 수 있도록 도와준다 – 역주), 정서지수 평가 혹은 상담을 겸한 영적 생활 측정.

내면의 여정에서 훈련을 받음으로써 멘토나 다른 사람의 안내자로 섬길 수도 있다. 영성 지도사로 훈련 받기를 원할 수도 있다. 자아 평가, 지도력 평가, 은사 훈련(집중하는 활동이나 예배를 통해 영혼의 평온함을 누리는 가운데 시도). 활동과 명상의 균형을 이루기 위한 목표 설정. 영적 여정을 다른 사람과 함께 하는 사람에게는 관리가 필수적이다.

여행 | 성지 순례, 명상의 장소들, 피정 센터, 국제적인 신유의 장소들.

예배, 음악 | 신비, 사랑, 희망의 병합으로서의 예배. 우리를 깊이 있게 하며, 질문하게 하고, 잠잠하게 하며, 생각하게 하는 말씀이나 음악, 영창chanting 이 한 예가 된다. 한 구절 혹은 한 소절의 음악도 예배가 되며 개인적이고 내재하시는 하나님과 연결된다. 개인적인 예식은 이 단계에서 특별한 의미가 있다.

주요 질문

(추가 연습이나 참조 성경 구절은 6장 끝에 있다.)

때로 4단계는 '두 번째의 회개'가 된다. 4단계 어느 곳에선가 사람들은 자신의 내부에 계신 하나님 혹은 예수님을 경험한다. 그런 경우에 사용할 수 있는 질문들은 다음과 같다.

• 하나님에 대해 주로 어떤 질문을 하는가? 당신이 가지고 있던 하나님

에 대한 이미지가 바뀌었나요?

- 당신이 의지하던 믿음이 깨졌다면 언제, 어떻게, 왜 그랬나?
- 당신이 하나님과 예수님을 깨닫는 방법은 각각 어떻게 다른가?
- 당신에게 믿음의 공동체나 영혼의 친구가 있는가? 그 관계 속에서 개인적인 의미를 추구할 수 있는가?
- 당신은 즐거움을 위해 무엇을 하는가?
- 당신의 삶은 균형적인가?

교인들의 기대

4단계의 사람들 특유의 방법으로 베풀기는 하겠지만 덜 활동적일 것으로 기대한다. 4단계의 사람들은 내면의 성찰에 의해 인도받으며 자신의 소명이나 사명을 추구한다.

고착 현상

다른 사람들을 지도할 수도 없고 자신의 내면에 도달하는 것도 불가능하다. 자신을 향한 질문이 계속되는 가운데 안전한 장소로 되돌아가든지, 아니면 도중하차한다.

벽

믿음의 정의

우리의 의지와 하나님의 뜻이 대면하는 것.

믿음 생활에서 벽의 역할

우리의 가면을 벗긴다. 이 단계는 우리의 어두운 부분을 치유하고 우리의 삶에 있어서 하나님의 뜻을 발견하는 깊은 여정을 나타낸다. 때로는 1단계가 벽처럼 느껴질 수 있는데, 그것은 보통 이 깊은 발견의 전조다.

영적 생활 측정(SLI)과의 연관

벽이 점수표에서 최고 정점에 있다.

특성

- 진리를 대면할 때임을 앎.
- 하나님의 뜻이 우리의 의지가 되도록 허용함.
- 우리의 깊은 비밀과 두려움, 상처를 벗김.
- 무조건적인 사랑을 고려함.
- 수렁 속에 처박힌 것처럼 느낌.

영성 형성을 위한 활동

주안점 | 어둠을 통과하는 내면의 여정.

책, 학습 | 내면의 깊은 어두움, 영혼의 어두운 밤을 변화시키는데 도움이 되는 참조 성경 구절들을 읽거나 다른 사람들의 경험담을 듣고 안내를 받는다. 때로 거의 불가능하게 느껴질지라도 포기하지 않고 어두움의 시기로부터 오는 다양의 '소명'에 기꺼이 귀 기울인다. 보통 다루어야 할 문제들은 하나님의 이미지, 어린 시절의 상처, 치유되지 않은 고통스러운 경험들, 폭력, 학대, 해결되지 않은 상실감과 슬픔이다. 이 문제들은 새로운 상처, 폭력, 학대, 질병, 상실, 슬픔의 경험을 포함한 다양한 방법으로 표출될

수 있다.

활동, 그룹, 참여 ｜ 피정, 조용한 방, 개인적이며 생각에 잠길 만한 내용의 소식지 등을 통해 명상의 기회를 갖게 된다. 다른 모든 활동은 벽을 경험하고 있는 사람이나 그 사람의 인도자에 의해, 치유하고자 하지만 더 깊은 논점이나 해답을 얻지 못한 질문을 다루기 위한 의도로 조심스럽게 고안되어야 한다.

옛 상처를 묻어버리는 예식, 용서 예식, 이혼 예배, 관계 회복의 편지, 상실을 슬픔을 나누는 예식 등. 치유 과정에서 예식이 매우 효과적이다.

지도자, 멘토 ｜ 한 개인이 4단계와 벽을 통과할 때 1~3단계에서보다는 상당한 부분에서 더 명백하게 성령의 인도하심을 받는다(요17:7, 12-13절의 의역, "내가 떠나는 것이 너희에게 좋으니 내가 가르칠 것이 더 많으나 너희가 아직은 이해할 수 있는 경지에 이르지 못했음이라. 그러나 근심하지 말 것은 내가 너희에게 성령을 보내리니 너희가 준비될 때 성령께서 너희를 진리 가운데로 인도하시리라"). 그런 맥락에서 특정한 형태의 동반자가 이 단계에서 거의 보편적인 요소다. 예를 들면, 영성 지도나 목회 상담과 치료는 안전한 변화를 위해 도움이 되며 종종 필수적이다. 그것들은 믿음을 한 과정으로, 기도를 변화의 중심으로 탐색하며, 더 깊은 의미에서 자기 평가를 하기 위한 안전한 장소를 제공해준다.

당신과 같은 시기에 4단계와 벽을 통과하고 있는 동료들이 또 다른 형태의 중요한 동반자다. 아직 4단계 이전의 주거지에 있는 당신의 친구들은 당신이 하나님과 함께 당신 내부에서 경험하게 될 모든 것을 받아들일 준비가 되어 있지 않을 뿐이다.

사람들은 이 치유의 과정을 거치면서 좋은 멘토와 다른 사람을 위한 안내자 혹은 훈련된 영성 지도사로 성장한다. 또한 평가 활동을 인도할 수도 있다. 이러한 영적 지도는 매우 중요하며 영적인 깊은 체험으로 다른 사람을 인도하는 누구에게나 필수적이다.

여행 | 성지 혹은 명상의 장소로 떠나는 순례가 획기적인 진전을 촉진할 수도 있다. 벽을 통과할 때 다양한 관점에서 예식을 사용하거나 개발하는 것이 매우 도움이 된다.

예배, 음악 | 벽을 경험하는 동안에 예배는 별 의미를 지니지 않을지도 모른다. 때로 벽을 경험하는 사람들은 자신들이 속한 믿음의 공동체가 아닌 다른 곳에 가는 것, 특별히 자신들과 다른 영적 전통을 지닌 곳에 가는 것이 예배를 경험하는 데 도움이 된다는 것을 발견할 수도 있다.
그들은 스스로 기도를 할 수 없기 때문에 다른 사람들에게 기도해달라고 부탁할 수도 있다. 특별히 치유를 위한 음악이나 위로의 음악이 도움이 된다. 어깨에 두른 숄이나 우리의 발을 씻어주는 어떤 사람, 영혼을 채우는 안아줌, 기도 중 잡는 손 등의 접촉이 따뜻한 위로가 될 수 있다.

주요 질문

(추가 연습이나 참조 성경 구절은 7장 끝에 있다.)

- 당신이 하나님의 뜻에 의한, 하나님의 삶의 길에 서 있다는 것은 어떤 뜻인가?
- 당신이 붙들고 있는 것은 무엇인가? 하나님과 더 친근해지기 위해서 앞으로 나아갈 때 포기해야 할 것은 무엇인가?
- 혹시 하나님께서 당신을 버리신 것처럼 느낄 때가 있는가? 그럴 때 자신을 어느 정도 비난하거나 죄책감 속에 숨는가?
- 벽의 한가운데서 하나님을 어떻게 경험하고 있는가? 하나님의 은혜

를 볼 수 있는가?

- 벽을 통과할 때 당신을 도울 수 있는 사람은 누구인가? 당신의 변화를 위한 팀이 되어달라고 누구에게 도움을 청하는가?

우리가 어떻게 상처를 받았는지 이해하고, 스스로 깨지는 과정에 이르는 것은 벽을 경험하는 데 있어서 핵심이 된다. 어떤 상처로 괴로워하고 있는가? 그 상처의 결과 당신의 인격이 어떻게 변화되었는가? 또한 그 상처의 결과로 주로 어떤 부분이 깨졌는가? 가능하다면 수치심을 갖지 말고 그것들을 말해보라.

그러나 그 깨진 자리에서 앞으로 움직여나가는 것도 매우 중요하다. 그 다음 단계는 후회와 진실의 파편들이다. 이 과정에서 우리는 자신의 상처를 끌어안으며 그것을 진리를 말해주는 것, 즉 우리를 겸손하고 강하게 해주는 경험으로 보게 된다. 당신의 특성이나 타고난 성향 가운데 관리하지 않을 경우 자신과 다른 사람에게 위험할 수 있는 것들을 말해보라. 하나님께서 그 특성을 사용하셔서 어떻게 당신을 가르치고 치유하며 구속하셨는지를 알 수 있었던 전환점은 무엇이었나?

마지막 단계는 그림자와 빛을 지닌 모습 그대로의 자신을 받아들이고 존중한 결과로 하나님께서 당신을 놀라운 방법으로 사용하시도록 허용하는 것이다. 당신의 깨짐이 자신의 삶을 지배하도록 허용하지 않으면서 어떻게 그것을 용납하고 존중했는가? 삶의 유머는 당신을 어떻게 치유하고 있으며, 계속 치유되는 데 도움이 되고 있는가? 벽을 경험한 결과로 어떤 성령의 은사가 당신에게 가장 강하게 나타났는가? 당신이 자신의 온전한 자아를 존중하고 하나님께 속한 삶을 살아갈 때 어떤 사명들이 나타났는가?

교인들의 기대

교회 활동에 많이 참여하지 않으며, 참여한다고 하더라도 가끔씩이고, 종종 치유 활동, 멘토링 혹은 영적 지도자와 연결 활동을 한다.

고착 현상

부인, 안전으로의 복귀, 끝없는 정서적 소용돌이를 겪을 수 있으며 심할 경우 믿음까지 저버릴 수 있다.

5단계: 외면의 여정

믿음의 정의

하나님께 굴복하는 것.

믿음 생활에서 5단계의 역할

우리를 변화시킨다. 5단계는 4단계에서 싹트기 시작하여 벽을 통과하면서 분명해진 우리의 사명에 의해 일하는 것을 나타낸다. 사랑과 치유와 용서가 가져온 자유에 너무 감격해서 다른 사람들과 함께 사랑, 치유, 용서의 삶을 살 방법을 모색한다. 때로 5단계의 사람들은 포기 문제 때문에 2단계의 사람들과 혼동되기도 한다. 2단계의 사람들은 알고 있는 것을 (하나님께서 자신들을 상담하고 가르칠 바른 지도자를 보내주실 것을 확신하며) 하나님께 맡기는 반면, 5단계의 사람들은 알 수 없는 것까지(그 결과에 상관하지 않고 하나님께서 자신의 마음의 가장 깊은 소원을 이루실 것을 확신하며) 하나님께 의뢰한다.

영적 생활 측정(SLI)과의 연관
5단계가 최고 정점을 나타낸다.

특성
- 하나님의 용납에 대한 새로운 느낌
- 수평적인 삶에 대한 새로운 느낌
- 소명감, 사명감 혹은 사역
- 타인의 최선의 유익에 중점, 관심
- 깊은 평온 혹은 고요함

영성 형성을 위한 활동

주안점 │ 내가 아닌 다른 사람에게 초점을 맞추고 소명, 사명을 따라가는 수평적 삶.

책, 학습 │ 개별화 된다. 하나님과 자신을 연결하는 것이 무엇인지 배우고, 우리 삶의 일부가 되어 내면의 평안과 투명함을 증진시킬 수 있는 영성 훈련을 개발한다. 매일의 삶 속에서 하나님의 사랑과 사역에 집중하며 자연스러운 치유자가 된다. 기도의 삶을 살며 용서와 화해의 본보기가 된다. 소명이 확실해질 때 지나간 상처에 대한 분노와 슬픔들을 놓아버린다.

활동, 그룹, 참여 │ 영성 형성 센터들은 5단계에 있는 사람들을 가능한 한 많이 찾아내고 후원하며 활용해야 한다. 그들은 중요한 센터의 활동과 지도자 훈련에 있어서 지속적인 발전의 기초가 될 것이다. 5단계의 사람들, 특히 지도자의 위치에 있는 사람들에게 영성 지도사의 관리는 필수적이다.

지도자, 멘토 | 멘토링, 즉 다른 멘토를 훈련하고, 다른 사람의 영성 지도사 또는 관리자의 역할 담당을 잘한다. 또한 일대일의 사역이나 다른 사람들이 일을 잘 하도록 후원하는 프로젝트 등 배후에서 돕는 일을 잘한다.

필요한 경우 다른 사람에게 부드럽게 도전하며 치유자로 활동하고 다른 사람을 영적 치유자로 훈련시키거나 후원자로서 다른 지도자들과 함께 믿음의 여정을 돕는다. 치유의 예식을 계획하는 것을 즐길 수도 있다.

여행 | 어떤 여행에서든지 뛰어난 지도자나 참여자의 역할을 한다.

예배, 음악 | 예배는 각 개인에게 독특한 의미를 지닌다. 공동체적 예배보다 친밀함이 더 중요하며 친밀한 공동체/단체를 존중한다. 개인의 삶이 예배의 수단이 되기 시작한다. 하나님과 하나가 되기 위해 음악의 한 소절을 계속 반복하며 연주하거나 부른다. 하나님께서는 친밀한 분이시다.

주요 질문

(추가 연습이나 참조 성경 구절은 8장 끝에 있다.)

사람들이 5단계에 접어들 때 대부분의 영성 지도는 직업이나 사역의 분별에 맞춰진다. 좋은 질문은 다음과 같다.

- 당신의 깊은 갈망은 무엇인가?
- 일상생활 속에서 하나님의 목적, 사명, 소명 혹은 사역을 어떻게 알 수 있는가?
- 하나님과의 수직적 삶에서 이웃과의 수평적 삶으로의 전환을 어떻게 경험하고 있는가?

5단계에서는 고통을 덜 받는 것이 아니라 어떤 어려움을 겪는다 할지라도 의지할 데가 더 많아진다. 당신이 죽음, 질병, 사회적 충격 등 위기의 한가운데 처해 있을 때 하나님께서 평화, 사랑, 치유 혹은 평온함을 주셨던 때를 이야기해보라. 하나님의 은혜가 넘쳤을 때와 다른 사람이 하나님의 은혜를 필요로 할 때 당신을 통해 부어주신 경우를 이야기해보라.

하나님께서 필요한 순간에 다른 사람에게 전해줄 말이나 이미지를 당신에게 바로 주셨는지, 당신이 그와 같은 강박감을 느낄 때 누군가에게 유용한 길을 열어줄 수 있었는지를 이야기해보라.

5단계에 있는 사람들을 지도하는 또 다른 방법은 그들이 다른 사람들과 다르다는 점을 잘 극복해나가도록 돕는 것이다. 이 단계의 사람들은 사람들이 좋아하는 오락을 좋아하지 않고, 영적으로는 친구들이 주로 좋아하는 기도나 예배 형식을 사용하지 않는 등 다른 사람들과 같은 문화에 속하지 않음으로써 갈등할 수 있다. 이 단계 동안 사람들은 하나님의 계획 안에 있는 자신들의 독특한 사명을 삶으로 실천하기 시작한다. 하나님께서 계획하신 모습으로 점점 더 변화되어 가는 것은 점점 더 겸손해지며 하나님께 의존하는 것을 의미한다. 자신들이 하나님의 특별한 일을 위해 따로 세움을 받았다는 것을 알지만, 처음에는 이전에 함께 시간을 보냈던 일부의 사람들에게서 분리되는 것처럼 느낄 것이다.

그 긴장을 수용한다면 진정한 공동체가 가능하게 된다. 성경적 공동체는 자신과 다른 사람의 독특함을 끌어안고, 이땅에서 하나님의 팔, 다리, 손이 되고자 하는 다양한 사람들이 모여 조화를 이뤄내는 곳이다. 우리가 항상 서로를 이해할 수 있는 것은 아니다. 하지만 함께 살아가면서 성령 가운데 자신의 독특한 개성을 공동체 구성원과 조화시키며 하나님께 충성된 것이 무엇인지를 서로 나눌 수 있다.

5단계에 있는 사람들을 지도하는 사역자들은 5단계의 사람들이 그 단계의 선물들을 볼 수 있도록 도와주고, 그것을 인정해줌으로써 5단계에서 안전감을 느끼도록 해 주어야 한다.

교인들의 기대
계속적인 소명을 후원하는 개별적 방법으로 깊은 신앙 생활에 참여한다.
고착 현상
비현실적이며 중요한 일에 상관하지 않는 것처럼 보인다.

6단계: 사랑의 삶

믿음의 정의
하나님을 반영하는 것.

믿음 생활에서 6단계의 역할
우리 자신을 초월한다. 6단계는 우리의 일, 소명, 삶을 드러내는 것이 아닌 우리가 하나님 안에서 살아가는 삶을 나타낸다. 하나님께 뿌리를 두고 우리 자신을 넘어서서 살아가는, 초월적인 삶을 말한다. 때로 6단계와 3단계는 믿음과 삶의 통합이라는 문제를 두고 서로 혼동된다. 6단계의 사람들은 다른 사람들의 눈에 보이지 않은 것, 즉 자신들의 전 생애를 포기하는 데 반해, 3단계의 사람들은 자신들이 지닌 시간, 돈, 에너지를 포기한다.

우리의 주거지에서 앞을 향해 움직여갈 때 전체 여정의 중요한 움직임은 용서에서 용납으로, 받는 것에서 주는 것으로, 두려움에서 평화로, 책임감에서 단순한 반응으로 나아간다.

영적 생활 측정(SLI)과의 연관

6단계가 최고 정점을 기록한다. 6단계의 사람들은 영적 생활 측정이나 다른 어떤 테스트에도 관심이 없는데, 자신들을 돌아보지 않아서가 아니라 자신들을 잘 알기 때문에 인정받거나 확인하는 것에 관심이 없기 때문이다.

특성

- 하나님께 절대 순종하는 예수님을 닮은 삶
- 삶의 어려움을 통해 얻은 지혜
- 사람들을 위한 긍휼의 삶
- 전적인 순종(비천한 삶이나 화려한 삶)
- 포기한 삶

영성 형성을 위한 활동

중점 | 순종과 지혜

책, 학습 | 영성 형성 활동에 책, 학습을 사용한다. 스스로 개발한 영성 훈련이 있으므로 훈련을 위한 프로그램에 의지하지 않으나 서로 연락하며 자신들의 이야기를 나누고, 베풀며, 가르치고, 그저 그 자리에 있도록 배려해줄 필요가 있다. 6단계 사람들의 가장 큰 공헌은 그저 그들 자신과 하나님 그리고 다른 사람들이 공존하도록 하는 것일지도 모른다.

활동, 그룹, 참여 | 6단계의 사람들은 여러 면에서 하나님과의 친밀함과 긍휼의 본이 된다. 그들은 무대 뒤에서와 비공식적인 관계에서 일을 잘한다. 6단계의 사람들은 다른 단계에 있는 사람들에게서 거의 동기 부여를

받지 못하며, 심지어 의욕이 상실되기도 한다. 6단계의 사람들은 다른 사람들 눈에 자유로워보이고, 거리감이 느껴지거나 혹은 믿음의 공동체의 다른 사람들에게 가장 중요해보이는 것들(예를 들면, 설교나 음악 목회의 수준, 종교적·정치적 문제 등)에 관심조차 갖지 않는 것처럼 보일 수 있다.

6단계의 사람들을 자신들의 사역과 삶에 다른 사람이 함께 참여하도록 격려한다. 따라서 6단계의 사람들이 신앙 생활의 역할 모델이 되도록 하는 것이 좋다. 그들의 삶 전체가 사역이다. 그 사실은 6단계 사람들 옆에 있을 때만 피부로 가깝게 느낄 수 있다.

지도자, 멘토 | 6단계 사람들은 삶을 뛰어넘는 초연함과 포기의 역할 모델이다. 죽음을 두려워하지 않으므로 자아가 관련되지 않으며, 다른 사람들이 그들로부터 많은 것을 배울 수 있다.

앞장서서 일하는 사람들의 공식적 혹은 비공식적인 훈련자, 관리자 또는 후원자로 좋다.

여행 | 6단계의 사람들은 가능한 한 믿음의 여정을 들어선 사람들과 함께 미지의 영역으로 여행해야 한다.

예배, 음악 | 그들의 삶은 예배와 친밀함의 본보기다. 음악은 그들의 영혼의 언어다. 이러한 하나님과의 친밀함이나 연합은 가장 중요한 문제이자 현실이다.

(추가 연습이나 참조 성경 구절은 9장 끝에 있다.)

이 단계에 있는 사람들을 관찰하고 그들의 이야기를 듣는 것이 바람직하다. 그들 내면의 질문을 하나님께 직접 아뢴다. 그러나 당신의 마음속에서 타오르는 질문을 그들에게 묻는 것은 그들에게서 배우는 한 방법이다.

- 어떻게 하나님께서 당신의 전부가 되시는가?
- 결과에 대한 어떤 보장이나 조건 없이 당신의 삶을 다른 사람을 위해 희생하라는 하나님의 부르심에 대해 어떻게 느끼는가?
- 부정적인 영향을 받지 않는 방법은 무엇인가? 중독성 욕망에 빠뜨리지 않고 자신, 타인, 세상으로부터 분리시키는 동시에, 항상 더 친밀하기를 갈망할 수 있는가? 또한 하나님과 연합하기 위해 죽기까지 하나님을 따를 수 있겠는가?

교인들의 기대

하나님과 어떻게 친밀한 관계를 맺을 수 있는지를 보여주는 모델. 지식, 이해, 통찰력, 분별력, 신중함 그리고 지혜 등을 제공할 필요를 느끼지 못하나 원하는 사람이 있으면 기꺼이 나눌 수 있다.

고착 현상

삶의 중요한 것들을 포기하고 시간을 낭비하며 자신을 경시하는 것처럼 느껴진다.

11장

믿음과 능력의 단계별 사역과 교회의 역할

각 믿음의 단계에서 사역과 교회는 무엇을 의미하는지에 대한 질문을 자주 받았다. 따라서 이 장에서는 성경의 인물들이 어떤 단계에 있는지 등과 같은 여러 가지 흥미 있는 설명을 통해 각 믿음과 능력의 단계 그리고 사역, 교회에 대한 개요를 설명하려 한다. 서론에서 말했듯이 이 새로운 부분에서는 많은 사람의 도움을 받았으며, 다른 모든 일과 마찬가지로 이 부분은 아직도 계속 배워 나가고 있으므로 당신의 의견, 제안, 통찰을 환영한다.

우리가 믿음의 단계들이 어떻게 사역과 교회에 연결되는지를 읽으면서 고려해야 할 점은 믿음의 여섯 단계와 벽의 경험 모두가 우리의 영적 여정에 중요하다는 것이다. 각 단계가 우리의 삶에 매우 중요한 영향을 미치며, 우리 모두는 각 단계에서 활동 중이다. 그리고 우리의 거주 단계가 아니라 할지라도 개인과 교회에 가져다주는 유익을 고려할 때 다른 모든 단계에 대한 숙지가 필요하다.

능력과 믿음의 단계에 대한 공식적, 비공식적 연구를 통해서 흥미로운 경향을 발견했다. 하나는 능력 모델에서 가장 뛰어난 단계는 3단계인데 반해 믿음의 모델에서 가장 뛰어난 단계는 2단계이며, 그 다음이 3단계다. 이 결과가 제시하는 바는 믿음의 사람들은 공동체, 확실한 신념, 자신들이 배워야 할 것을 가르치는 지도자에게 끌린다는 것이다. 사람들이 믿음보다 능력에 더 앞선 진전을 보인다는 사실은 대부분 2단계 믿음인 '견신례(가톨릭에서 7성사 가운데 세례 다음에 받는 의식 – 역주)적 믿음', 즉 십대에 배우고 실천한 믿음이 여전히 많은 사람에게 지배적임을 보여준다고 할 수 있다.

교회는 일반적으로 1단계에서 3단계 사이에 있는 사람들과 가장 잘 맞게 운영되기 때문에 교회 내에 2단계의 사람들이 가장 많다는 사실은 교회가 스스로를 어떻게 생각하는지를 잘 설명한다. 그러나 교회가 어떻게 3단계 이후에 있는 사람들과 연결될 것인지에 대해서는 어느 정도 문제를 제기한다. 많은 사람들이 4단계나 벽을 경험할 때 필요한 자원이나 프로그램이 거의 없고, 그동안 스스로 가치를 부여하던 믿음이 더 이상 맞지 않을 때 분리감을 느끼기 때문에 교회를 떠난다. 그들의 붕괴된 것처럼 보이는 믿음의 상태는 성경 공부나 제자 훈련 등 믿음을 강화하는 프로그램에 더욱 중점을 사역자들에게도 역시 불편할 수 있다.

하나님의 은혜와 믿음의 단계

믿음의 주거지에 따라 다르게 경험하는 삶에서 하나님과 하나님의 개입에 대한 예로, 이 장에서 언급하는 카테고리 하나만을 택하여 모든 단계의 예들을 다 열거하려 한다. 그 카테고리는 하나님의 은혜 혹은 무조건적 사랑으로서 어느 경우에나 동일하지만 우리가 삶에서 무엇을 경험하는가에 따라 매우 다르게 보인다. 먼저 단어를 나열하고 각 단계별로 설명하고자 한다.

1단계: 경외심, 안도감

하나님의 사랑과 용납은 주로 기적적인 경험을 통해 온다. 처음으로 고통으로부터의 안도, 죄의식의 사라짐, 누군가가 내 얘기를 들어주는 느낌을 경험할 수 있다. 하나님의 사랑에 경외감을 느끼며 아름다움의 기적, 새 생명의 신비 그리고 선함과 시간의 선물 등에 경탄한다.

2단계: 용서

2단계에서 하나님의 사랑을 경험하는 것은 용서를 통해서다. 처음 느끼던 죄의식과 타락으로부터 자유로워진다. 이제 우리의 방침과 프로그램에서 성장할 수 있다. 이제 겨우 시작이지만 마치 벌써 정상에 오른 듯이 느낀다. 하나님께 감사하는 삶을 산다.

3단계: 능력 부여

하나님의 사랑은 하나님께서 우리에게 주신 은사에 대해 우리가 만족하며, 그 은사를 다른 사람들의 유익을 위해 사용하도록 하신다. 하나님의 사랑이 일할 수 있는 능력을 주시며, 우리는 그 능력을 다른 사람에게 베푼다.

4단계: 충성

4단계의 한 면으로서 기대하지 않던 우리를 향한 하나님의 무조건적인 사랑이 서서히 나타난다. 믿음을 잃거나 갈등하고 있다고 느낄 때 자주 우리는 지도자들이 불쾌할 것이라고 생각한다. 만약 이런 시기에 우리가 하나님의 사랑을 받아들일 수 있다면, 우리는 그분의 은혜와 사랑이 풍성함을 발견할 것이다. 얼마나 위대한 발견인가! 하나님의 은혜는 또한 우리로 하여금 하나님과의 관계에서 이전에는 전혀 알지 못했던 새로운 요소들을 발견하도록 한다.

벽: 변화

하나님의 은혜는 우리가 가장 기대하지 않을 때 일반적이지 않은 방법으로 나타난다. 예를 들어 우리는 실직할 수도 있는데, 그 길만이 경력을 바꾸기 위한 모험이거나 더 알맞은 일을 하게 되는 유일한 방법이었음을 발견하는 것이다. 하나님께서는 어려움을 통해 비록 우리가 이전처럼 돈을 많이 벌지 못하거나 권력을 행사하지 못한다 할지라도 우리를 더 좋은 곳으로 인도하신다. 벽에서 우리의 소망은 우리가 날마다 조금씩 점차적으로 앞으로 나아갈 것이며, 영적 성장에 필요한 하나님의 사랑을 충분히 받을 것이라는 사실이다.

5단계: 용납
자신과 타인의 용납.

6단계: 은혜의 삶
프레드릭 부크너 Frederich Buchner 가 말했듯이 "모든 순간이 중요한 순간이며 삶 자체가 은혜"다.

1단계: 무능력함(능력의 단계)
하나님에 대한 인식(믿음의 단계)

믿음
하나님을 인식하는 것.

특성

- 경외감
- 도움의 필요
- 자연스러운 깨달음
- 인생의 더 큰 의미
- 순진함

신념과 행동

1단계에서는 하나님을 크신 분으로 경험한다. 우리는 초월이라는 신학적 용어를 말한다. 하나님의 능력을 접하기 시작했으므로 다른 어느 단계에서보다 하나님에 대한 경외감을 많이 느낀다. 동시에 하나님을 향한 경외감과는 대조적으로 자신을 왜소하며 하찮은 존재로 느끼며, 자신의 삶에 대해 덜 심각하게 받아들여서 하나님께서 우리 자신을 아신다는 것조차 놀라울 정도다. 우리의 자연스러운 본능은 우리보다 훨씬 큰 이 능력을 경외하며 순종하는 것이다.

우리는 자신을 하찮게 여기고, 하나님을 향해 경외감을 가지며, 우리의 죄의 무게나 상처 때문에 스스로에게 능력이 없다고 느낀다. 따라서 우리가 할 수 있는 일이 없다고 생각해서 어린아이처럼 다른 사람들이 우리를 지도하고, 가르치며, 치유해주고, 사랑해주기를 기다린다. 삶의 질문에 대한 답을 위해 다른 사람을 의지하고, 그들을 통해 하나님을 의지한다.

목표

우리의 목표는 무엇보다 우리의 무력함을 도와주고 많은 질문에 답해줄 수 있는 사람을 찾는 것이다. 이 대답들이 고통과 죄의식, 혼란의 문제들을 해결해주고, 심지어 우리의 경외감과 경이감도 설명해줄 수 있기를 기대한다. 하나님께서는 누구시며, 우리가 어떻게 그 거룩한 존재에 다가갈 수 있을까? 1단계에서는 마치 스펀지처럼 받아들일 수 있는 한 더 많은 것을 흡수하려 한다. 그리고 죄의식, 분노, 두려움으로부터 벗어나기를 원한다.

교회, 믿음의 공동체의 역할

교회나 믿음의 공동체는 우리가 혼자가 아니라는 느낌을 준다. 상처 받은 다른 사람들이 있으며 하나님을 경외하는 마음을 당신과 나누는 사람들도 있다. 혹은 우리의 공동체는 중독이나 상호 의존증에서 회복중인 사람들의 모임인 12단계 그룹12Step Group일 수도 있다. 우리는 동료 여행자들에게 둘러싸인 것처럼 느낀다. 한 가지 주의할 것은 우리는 고통으로 너무 강하게 연결되어서 더 넓은 삶의 실체에 대한 감각을 잃을 수도 있다는 것이다.

목회자, 영성 지도사의 역할

1단계에서 지도자의 주요 역할은 사람들을 하나님께로 데려오고, 길 잃은 자를 찾으며, 무력한 자를 돕는 것이다. 지도자는 1단계 사람들과 무기력감을 나누면서 많은 고통을 느낄 수도 있다. 그럼에도 불구하고 지도자는 우리를 위로하고, 권면하며, 우리와 함께 슬퍼하고, 함께 새로운 삶을 기다린다.

신조의 역할

1단계에서 우리는 명확성과 방향성을 필요로 한다. 우리 스스로 너무 조금밖에 '알지' 못한다. 우리는 시작할 수 있도록 도와주고, 정보를 주며, 우리를 인도할, 시간적으로 입증된 전통을 필요로 한다. 하나님을 명확한 용어로 정의하고 우리에게 기대되어지는 바도 동일하게 명확하다. 교회 밖의 그룹들도 다른 이름으로 불리기는 하지만 강한 신조를 따른다.

은혜, 하나님의 무조건적인 사랑의 느낌

1단계에서 하나님의 사랑과 용납은 주로 기적적인 체험을 통해 온다. 우리는 처음으로 고통으로부터의 안도감, 죄의식으로부터의 해방, 누군가가 나에게 귀를 기울이는 것을 경험할 수 있다. 하나님의 사랑에 경외심을 느끼며, 아름다움의 기적과 새 생명의 신비, 시간과 선함의 선물에 감격한다.

개인적 참여의 형태

우리는 1단계에서 우리 자신의 이야기에 너무 둘러싸여 있고, 다른 사람의 도움을 너무 잘 받아들이기 때문에 공동체에 많은 것을 기여하지는 않는다. 우리가 원하지 않아서가 아니라 단순히 1단계에서 우리는 무능력하기 때문이다.

정체: 부적절함

지속되는 실패감, 부적절함, 영적 파산의 느낌을 가지며 기대치에 도달할 수 없다고 느낀다. 자신에 대한 부정적인 느낌을 지나치게 동일시하고 그로부터 에너지를 얻을 수 있다. 우리는 고난을 믿음 가운데 우리의 역할이나 죄에 대한 벌로 간주하면서 순교자가 될 수도 있다. 혹은 우리의 믿음의 부족에 대해서 강한 수치심을 느낄 수도 있다.

전진하는 방법

어떤 사람들은 2단계로 옮겨가는 것을 다음과 같이 묘사했다.

- 소속감을 느끼기 위해 강한 그룹의 일원으로 더 참여하는 것.
- 가르침이나 말을 잘 받아들임으로써 삶이 더 의미 있도록 허용하는 것.
- 자신의 필요와 공동체의 신념에 부합하는, 하나님께로 나아가는 방법

을 찾도록 도와주고 신뢰하며 공감해 줄 수 있는 지도자를 찾는 것.

성경의 실례, 참조
• 마태복음 19장 13-14절. 어린이를 허용함.
• 마가복음 1장 40-45절. 문둥병자 이야기
• 마가복음 5장 25-34절. 혈루병 앓는 여인
• 죄수들, 외국인들, 과부들, 고아들

예수님께서 1단계의 사람들을 대하신 방법
만약 성경의 사람들 가운데 전형적으로 가장 연약하며 상처받은 사람을 생각한다면(때로는 부자와 권세 있는 사람들도 가장 상처받은 사람들이다) 우리는 어린아이들, 가장 연약한 순간에 처한 우리 모두, 문둥병자들, 따돌림 받는 사람들, 많은 여인들 그리고 절망적인 질병에 걸린 사람들을 들 수 있을 것이다. 예수님께서는 그들을 존중하셨고, 그들의 믿음과 용기를 귀히 보셨으며, 본보기로 삼으셨고, 치유하셨고, 사랑하셨다. 그리고 자신의 기적적인 역사를 스스로의 명예로 여기지 않고 일관되게 하나님의 능력으로 돌리셨다.

1단계와 연관된 찬송가
우리 대부분에게 찬송은 예배 경험에 있어서 매우 중요한 부분이므로 각 단계에 있는 사람들에게 어떤 찬송이 호소력이 있을지 생각해보는 것에 관심이 있다. 어떤 찬송가들은 여러 단계에서 사용될 수 있을 것이다. 1단계에 적절한 찬송들은 다음과 같다.

• 이 세상은 내 집이 아니네(복음성가)
• 죄 많은 이 세상은 내 집 아니요(복음성가)

- 내 주는 강한 성이요(384장)
- 하나님의 나팔소리(168장)
- 나 같은 죄인 살리신(405장) – 이 찬송은 어느 구절에 중점을 두느냐에 따라 모든 단계에서 사용할 수 있다. 찬송가 가사의 서너 구절을 복사해서 각 단계에 가장 잘 어울리는 단어를 표시하여 사용하고 싶을 것이다. 1단계에 가장 잘 어울리는 소절은 '나 같은 죄인 살리신'이다.

2단계: 연합에 의한 능력(능력의 단계)
제자의 삶(믿음의 단계)

믿음
하나님에 대해 배우는 것.

특성
- 소속감으로부터 의미를 찾음.
- 지도자, 대의 명분, 믿음의 체계에서 해답을 찾음.
- 올바름
- 안정된 믿음

신념과 행동
우리는 이제 우리가 참여하고 있는 바른 삶의 방침이 있음을 안다. 우리의 지도자나 우리가 따르는 방침의 구조나 전통에 의지하여 사회 정의, 성경 공부, 개혁의 형태, 예배의 형태, 회복의 모델, 증거의 형태 등 어느 것이든지 어떻게 그것들을 실천해 나갈지를 배운다. 삶의 방침이 요구하는 것을 이루고자 노력할 때 보상이 따른다고 믿는다. 어떤 종파에서의 십대를 위한 견신례 의식은 교단들과 교회 밖의 단체들이 개발한 제자화 프로그램과 마찬가지로 2단계의 대표적인 본보기가 된다.

목표

2단계에서의 목표는 하나님, 우리보다 앞서 신앙의 삶을 개척해 온 사람들, 신념의 체계 그리고 지도자들을 신뢰하는 것이다. 또한 우리가 배운 모든 것에 순종하고자 노력하는 것이다.

교회, 믿음의 공동체의 역할

교회의 역할은 동기 부여다. 교회는 우리가 함께 나누는 방침에 입각하여 살아가는 데 필요한 것들을 제공하기 위해 할 수 있는 일들을 한다. 이것들은 우리에게 모범이 되고, 우리를 가르치거나 제자 훈련을 시키고, 규칙을 알려주고, 권면하거나 고쳐주고 혹은 우리에게 성경 이야기를 해주는 것을 포함한다. 여기에서 주의해야 할 점은 우리가 따르는 방침이 맞다는 확신과 그것을 나누는 데서 오는 열정 가운데 그 방침에 회의를 갖거나 혹은 그 외의 방침을 따르는 사람들을 멀리할 수 있다는 것이다. 또 주의해야 할 점은 권위를 가진 사람에 대한 지나친 강조다.

목회자, 영성 지도사의 역할

지도자의 역할은 책임을 지고 우리의 가야 할 길을 사랑으로 보여주며, 우리가 다른 것에 관심을 쏟는 것에서부터 돌아오게 하는 것이다. 그들은 우리의 질문에 답해주고, 프로그램을 인도하고 관리하며, 우리의 필요를 두루 살핀다. 우리는 지도자들에게 충성하고 그들은 우리의 인격을 형성한다.

신조의 역할

신조(규칙, 전통, 안내서)가 우리의 정체성을 말한다. 신조는 우리가 누구인지 말해주며 우리의 방침을 밝힌다. 신조의 예로는 성경, 교리 문답서, 알코올 중독 회복 지침서 등이 있다. 우리가 원하는 모든 해답을 우리의 지도자나 멘토의 해석과 함께 신조에서 찾을 수 있다. 그리고 이 신조들은 또 하나 중요한 목표가 있는데, 우리와 다른 그룹들과 우리를 구분하는 것이다. 신조의 중요성은 우리 '믿음의 가족'과 같은 입장을 취하는 것이다.

은혜, 하나님의 무조건적인 사랑의 느낌

2단계에서 하나님의 사랑을 경험하는 것은 용서를 통한 것이다. 우리는 처음의 죄의식과 타락으로부터 해방되었다. 이제 우리의 방침과 프로그램에서 성장할 수 있다. 이제 겨우 시작이지만 마치 벌써 정상에 오른 것처럼 느낀다. 하나님께 감사하는 삶을 산다.

개인적 참여의 형태

우리가 따르는 방침을 성실하게 실행한다. 교리를 받아들이기 원하고, 우리의 방침에 관한 모든 것을 배우고자 하며, 그 가르침을 삶에 적용한다. 열성적인 삶을 사는 것이다.

정체: 경직된 의로움

2단계에서의 정체는 두려움과 불안에 기인하므로 안심하기 위해서 우리는 방침에 강박적으로 매달린다. 우리의 방침과 다르다면 그것은 나쁘거나 틀린 것이다. 우리가 믿는 대로 믿지 않는 사람들과 아예 상종하지 않거나 그들에게 대항함으로써 자신을 보호한다. 이런 태도는 폐쇄적인 집단을 초래한다. 자신을 우리가 아닌 것, 즉 우리는 그들과 다르다는 것으로 규정한다. 2단계에서 정체될 경우 세상이나 그룹 가운데 힘이 없는 사람들에게 도덕적 경쟁심을 느끼거나 무시하는 행동이 자주 일어난다.

전진하는 방법

우리 자신을 하나님의 독특한 피조물로 인식하고 각자의 은사를 발견하는 것이 매우 중요하다. 받은 것을 돌려주고, 그들을 도와주며, 기여할 수 있는 기회를 받아들일 필요가 있다. 그러면 우리의 범주가 공동체 밖으로 넓어지며 더 큰 세계관이나 비전을 경험할 수 있다. 알코올 중독 프로그램의 후원자에서부터 교회의 위원회장에 이르기까지 다양한 방법으로 우리가 추구하는 대의 명분을 이끄는 지도자로 쓰임 받을 수 있다.

성경의 실례, 참조

- 사도행전 16정 25-34절. "내가 무엇을 하여야 구원을 얻으리이까?"
- 마가복음 10장 17-22절. 젊은 부자 관원
- 룻기. 룻과 나오미의 관계에 대한 이야기
- 요한복음 4장 20절. 사마리아 여인

예수님께서 2단계의 사람들을 대하신 방법

예수님께서는 2단계의 사람들을 개인적으로 대하셨다. 2단계에 있는 사람들은 각각 필요로 하는 것이 다르다. 예수님께서는 이 단계에 있는 어떤 사람들(젊은 부자 관원)을 가르치시며 도전을 주신 반면, 어떤 사람들(사마리아 여인)은 인정해주셨다. 제자들과의 관계에서는 그들을 양육하셨으며 꾸짖기도 하셨다.

2단계와 연관된 찬송가

- 예수 따라가며(377장)
- 너 시험을 당해(395장)
- 교회의 참된 터는(242장)
- 나 같은 죄인 살리신(405장) – 2단계에서 가장 잘 어울리는 소절은 '광명을 얻었네'.

3단계: 성취에 의한 능력(능력의 단계) 생산적인 삶(믿음의 단계)

믿음
하나님을 위해 일하는 것.

특성
- 공동체 안에서의 독특함.
- 책임감
- 상징적인 것에 가치 부여
- 영적 목표의 달성

신념과 행동
3단계에서 우리는 생산적이다. 세상에서 하나님의 일, 목적을 이루어나가기 위해 우리의 은사를 사용한다. 우리는 성공적이거나 성공적이기 위해 노력한다. 함께 일하고자 다른 사람들을 초대한다. 활동적이며 활발하다. 우리의 프로그램은 사람들의 필요를 채우도록 계획되었으며, 봉사의 범위를 넓히고자 노력한다. 우리 멤버들도 다른 사람들을 섬기도록 훈련한다. 하나님께서 우리의 성실한 노력에 복을 주신다.

목표
사역의 성공과 효율성을 위해 분투하며, 공동체 안팎에서 하나님을 위해 최선을 다한다.

교회, 믿음의 공동체의 역할
사람들로 하여금 행할 수 있도록 준비시킨다. 사람들이 하나님을 섬기는 데 있어서 자신의 은사를 발견하고 사용하며, 그들이 속한 단체를 세워나가고, 사람들을 향해 손을 뻗치며, 눈에 띄고, 열매를 맺으며, 성공적일 수 있도록 돕는다. 필요를 채워줌으로써 사람들을 개발시킨 후에 다시 환원하기를 요청한다. 이때 유의해야 할 것은, 지칠 줄 모르는 열성을 지녔으나 그들의 자원은 한계가 있으므로 우리가 너무 많은 것을 요구해서 그들이 지치지 않도록 하는 것이다

목회자, 영성 지도사의 역할
지도자는 자신의 은사를 나누고, 다른 사람들에게 행동의 본이 되며, 구성원들에게 동기를 부여하고, 설득하며, 참여하도록 한다. 지도자는 사람들이 다른 사람들을 섬기고 봉사할 수 있도록 양육하고, 준비시키고, 가르치는 감독에 비유할 수 있다. 자신들의 은사와 재능에 대해서 만족해하며 다른 사람을 위해 그 은사와 재능을 은혜롭게 사용하는 교인들은 교회에 유익이 된다.

각 전문 분야마다 몇 명의 담당 목회자들이 있는 교회는 3단계에 잘 어울린다. 3단계는 많은 교회들이 몇 차례에 걸친 예배, 다양한 프로그램과

기회, 교인들을 위한 정보, 넓은 공공 시설, 다수의 목회자들 그리고 큰 전도 프로그램 등을 구축하고자 애쓰는 단계다. 이는 또한 많은 목회자들이 자신들의 가치를 측정하는 기준이 된다. 많은 평신도들도 생산적인 프로그램을 성공적으로 운영하고 있는 교회에 출석하기를 원한다.

신조의 역할

우리가 믿는 신조, 교리, 신념들이 우리의 능력과 힘의 근원이 된다. 신조, 교리, 신념은 우리가 사람들과 교회, 세상을 섬기도록 동기를 부여한다. 신조는 우리를 지지하며 우리의 비전에 확신을 준다.

은혜, 하나님의 무조건적인 사랑의 느낌

하나님의 사랑은 하나님께서 우리에게 주신 은사에 대해 우리가 만족하며, 그 은사를 다른 사람들의 유익을 위해 사용하도록 이끈다. 하나님의 사랑으로 우리가 일할 수 있는 능력을 얻으며, 우리는 그 능력을 다른 사람에게 베풀게 된다.

개인적 참여의 형태

3단계가 주거지인 사람들은 활동적으로 자신들의 사역이나 교회나 영적 공동체에 참여한다. 종종 그들은 지도자 위치에 있거나 무대 뒤에서 '사역의 중추' 역할을 하는 핵심 구성원으로 있다.

정체: 지나친 성취

3단계에서는 쉽게 소진될 수 있으며 선을 행하다가 낙심할 수 있다. 우리가 꼭 필요한 사람이라고 느낄 때 그것은 좋은 신호가 아니다. 그러나 "싫어요"라고 말하거나 사역을 중단하는 것에는 죄책감이 따를 수가 있다.

우리가 어떤 부탁을 받든지 교회를 위해 일해야만 하며, 그것이 우리 자신에게도 유익하다는 생각을 갖는다. 3단계에서는 우리도 모르는 사이에 우리에게 무엇이 유익한 것인지를 하나님보다 더 잘 안다고 가정하게 된다. 그래서 삶 가운데 우리가 하나님 역할을 대신하려는 것이 큰 유혹이다. 또한 사역에 참여하지 않는 사람들에게 접근할 때 지나치게 열성적이 될 수 있다. 속담처럼 "개심보다 더 나쁜 것은 없다." 우리의 방침을 따르지 않는 사람들을 불공평하게 판단하고 비평하기 쉽다.

전진하는 방법

3단계에서 4단계로의 전환은 벽에서 5단계나 6단계로의 이동을 제외하고는 어느 단계 간의 이동보다 가장 먼 범위의 변화를 나타내므로 가장 힘든 이동이다. 안전하고 확신에 찬 느낌으로부터 깊은 의문의 장소로 움직인다. 이런 변화는 하룻밤 사이에 일어난 것은 아니지만 우리의 확신에 찬 듯한 믿음을 서서히 부식시킨다. 개인적인 혹은 믿음의 위기는 우리의 강한 신념이나 가정을 뒤흔들어서 풍랑 이는 바다에서 표류하며 스스로를 지탱하는 것처럼 느끼게 한다. 하나님에 대한 느낌이 흔들리며, 새로운 방향을 발견할 수 없고, 질문만 더 생길 뿐이다.

성경의 실례, 참조
- 마가복음 9장 13절. '누가 가장 큰가'
- 마태복음 6장 32절. '먼저 그의 나라를 구하라'
- 누가복음 10장 38-42절. 실행가, 마르다
- 출애굽기 3장 1절-4장 17절. 이스라엘을 인도하라는 모세의 사명
- 갈라디아서 5장 22-23절. 성령의 열매
- 고린도전서 12장 8-10절. 공동체 안에서 사용하는 은사

• 삭개오, 서기관, 바리새인, 교회 지도자들

예수님께서 3단계의 사람들을 대하신 방법

예수님께서는 종교 지도자들에게 제일 가는 계명을 상기시키셨다. "네 마음과 목숨과 뜻을 다하여 주 너의 하나님을 사랑하고, 네 이웃을 네 몸과 같이 사랑하라." 예수님께서는 종교 지도자들과 일반적으로 논쟁하지 않으셨으며, 구체적인 이야기나 비유를 들어 그들에게 말씀하셨다. 때로 예수님께서는 성경의 권위를 사용하셨다. 가끔씩은 그들에게 직접 맞서거나 꾸짖기도 하셨다. 예수님께서는 당시 우세하던 종교법이나 신념을 고수하지 않으시고 소외된 자들에 대한 강한 동정심을 보이셨는데, 결국 그분은 목숨을 빼앗기셨다.

3단계와 연관된 찬송가

• 믿는 사람들은 군병 같으니(389장)
• 나 같은 죄인 살리신(405장) – 3단계에 가장 잘 어울리는 소절은 '잃었던 생명 찾았고' 혹은 '해처럼 밝게 살면서 주 찬양하리라.'

4단계: 성찰에 의한 능력(능력의 단계)
내면의 여정(믿음의 단계)

믿음
하나님을 재발견하는 것.

특성

- 인생과 신앙의 위기
- 삶과 믿음에 대한 확신 상실
- 해답보다 방향을 위한 추구
- 하나님과의 관계에서 신실함의 추구
- 상자에서 벗어난 하나님
- 분명한 신앙의 상실

신념과 행동

이전에는 확신에 차 있었으나 이제는 확신이 없으며, 이전처럼 자신감이 없다. 많은 삶과 믿음에 대한 질문을 이해하거나 해결했다고 생각했으나 더 예리하며 대답할 수 없는 질문이 떠오른다. 이 질문들은 종종 어떤 사건, 즉 중요한 생일이나 어떤 사건의 기념일, 죽음이나 이혼, 지도자나 가족 등 다른 사람에 대한 심한 실망 등에 의해 생겨난다. 우리는 점차로 깊이 생각할 기회를 추구하는 것을 배우게 되는데, 이것이 우리의 질문에 접근할 수 있는 가장 중요한 방법이기 때문이다. 우리는 아마 처음으로 우리가 속한 공동체가 지지하는 것에 기초하지 않는, 내면의 영적이며 개인적인 방침을 인식하게 될 것이다.

목표

우리의 계획, 은사, 성공이 그다지 대수롭지 않게 여겨지는, 새롭고 힘든 도전적 단계에서 다소간의 위안을 찾고자 애쓴다. 다음의 단계가 다가올 때 그 단계가 어떤 것인지 알기 위한 명확성과 인내를 갖기 위해 노력한다.

교회, 믿음의 공동체의 역할

4단계를 이해하며, 이 단계에 처한 사람들을 실패자나 퇴보한 사람으로 생각하거나 사역 실패의 증거로 생각하지 않는, 교회나 단체는 4단계의 사람들에게 큰 도움이 될 수 있다. 그러나 많은 경우에 3단계를 떠나 4단계에 있는 사람들은 자신들이 조직화된 교회의 구조나 신념의 체계에 맞지 않는다는 사실을 발견하고는 장기간 동안 혹은 영영 교회를 떠난다. 어떤 사람들은 이 시기에 기독교 영성의 다른 경향이 자신에게 더 잘 맞는다고 느낀다. 예를 들면 2, 3단계를 자유주의 혹은 공의 지향적 경향의 교회에서 지낸 사람들이 4단계에 이르러서는 자신이 내면 중심 경향에 몰두하는 영적 공동체에서 가장 잘 다루어짐을 발견할 수도 있다.

교회들은 프로그램 편성에 있어서 주거지가 1, 2, 3단계인 사람들에게 가장 최선의 것을 제공한다. 교회는 그들의 필요를 채우고, 가르치며, 개발하고, 지도력을 위해 훈련하며, 더 큰 공동체를 섬기도록 격려한다. 4단계의 사람들은 이런 것들을 갈망하지 않으며, 종종 성실함으로부터 오는 위기를 경험하기 때문에 보통은 지도력에 관심이 없다. 그들은 속으로 "내가 믿지 않거나 혹은 의심을 품고 있다면, 어떻게 우리 교회가 믿고 있는 것을 다른 사람들에게 드러낼 수 있는가?"라고 말한다.

4단계에 들어선 목사, 선교사, 선교 단체 지도자들 같은 '전문적 그리스도인들'은 종종 극복할 수 없는 이중적인 구속처럼 느껴지는 것을 경험한다. 한편으로 그들은 믿음의 여정의 양면, 즉 자신들이 갈등하고 있는 매우 두려운 질문뿐 아니라 모순 되게도 깊어지는 통찰력에 관해 정직하기를 갈망한다. 또 한편으로 그들은 마음속 깊은 곳에서 그들이 이런 이중적인 것들에 대해 설교하고 가르친다면 그들은 이단으로 낙인이 찍힐 것이며, 신용을 잃고 자신의 가족들이 의존하고 있는 직업도 잃을 것이라는 것을 알고 있다.

만약 어떤 교회나 단체가 4단계에 처해 있다면, 보통은 화재나 협박에 의한 목사의 사임, 교회의 분리 같은 위기 이후의 재평가 시기에 있을 것이다. 이런 시기는 우리가 누구이며 어떤 대상인지를 보고 사람들에게 사역할 수 있는 기회를 준다. 많은 경우에 위기의 결과로 교인 가운데 일부 준비된 사람들이 자기 성찰, 화해 혹은 영적 심화의 전혀 새로운 사역을 시작할 수 있다. 그러나 대부분의 경우 우리는 '정상'으로 돌아가기를 원하는데, 이 시기가 너무 불편하므로 조직 평가 과정을 대폭 줄이고 업무 중심의 사고를 한다. 그 순간에 종종 좋은 기회를 잃게 된다.

4단계에 있는 교회들의 난점은 개인적 성찰이나 내면의 깊은 삶에의 참여를 위한 준비가 아직 되지 않은 사람들이 제외되고, 뒤처지고, 위협받거나, 다른 사람들이 자신들을 고마워하지 않는 것처럼 느낄 수 있다는 것이다.

목회자, 영성 지도사의 역할

4단계에서는 목회자나 영성 지도사의 역할이 공식적으로 줄어든다. 그들의 역할은 공동 학습자 혹은 촉진자에 더 가깝다. 이런 변화는 더 많은 개인적인 성찰을 자극할 수 있다. 4단계에서 교인들은 더 수직적으로, 즉 하나님과 직접 연결되며, 진리를 보여줘야 할 필요를 덜 지니게 된다. 우리의 믿음은 하나님과 우리 사이에서 형성되며, 그 과정에서 신조나 신념 그리고 종교적 행위가 하나님을 향해 내면이 열리는 것만큼 결정적으로 중요하지 않다.

지도자들은 우리에게 이 과정이 정확하게 어떤 것인지 말해줄 수 없으며, 그 길을 가리켜 보이거나 우리와 함께 그 길을 갈 수 있을 뿐이다. 만약 그들이 스스로 그 길을 가 본 적이 없다면, 우리의 의심과 질문 가운데 우리와 동행하는 것이 그들에게는 어렵고 심지어 위협이 될 수도 있다. 만약 그들이 하나님 앞에 열려 있고 자신의 연약함을 솔직하게 내보인다면, 4단계에 있는 사람들과 함께하는 그들의 역할은 매우 중요하고 풍성해질 수 있을 것이다.

신조의 역할

4단계에서는 의문과 의심이 일반적이기 때문에 신조, 법, 규칙 그리고 신념의 체계들이 우리를 도와주기보다는 더 많은 문제를 제기한다. 그러나 신조는 우리의 가정을 재고해보도록 우리를 강요한다. 많은 사람들에게 관건은 신조, 법, 규칙 그리고 신념의 체계들이 묘사하거나 가리키는 친밀한 관계의 하나님을 발견하는 데 있다.

은혜, 하나님의 무조건적인 사랑의 느낌

우리가 기대하지 않았던 우리를 향한 하나님의 무조건적인 사랑이 4단계의 한 면으로서 서서히 나타난다. 우리가 믿음을 잃고 있거나 갈등하고 있다고 느낄 때, 매우 자주 우리는 지도자들이 불쾌할 것이라고 생각한다. 만약 이런 시기에 하나님의 사랑을 받아들일 수 있다면 우리는 그분의 은혜와 사랑의 풍성함을 발견할 것이다. 얼마나 위대한 발견인가! 하나님의 은혜는 또한 우리로 하여금 하나님과의 관계에서 이전에는 전혀 알지 못했던 새로운 요소들을 발견하도록 한다.

개인적 참여의 형태

4단계의 사람들은 자신의 내면과 하나님께 집중하며, 의문들로 심하게 고심하고 있으므로, 교회의 프로그램이 성찰이나 의문에 연결된 것이 아닌 한 일반적으로 교회나 단체의 프로그램에 적게 참여한다. 4단계의 사람들은 교회 내에서 종종 외롭다. 그들은 더 이상 이전과 같은 예배, 읽을거리,

교제나 대화를 즐기지 않는다. 때로 그들은 혼자 있기를 더 원한다. 자신들의 사고하고 느끼는 방법이 '반문화적'인 것을 이해하려고 고심한다. 다르게 느껴지는 것을 극복하기 위해서 도움을 필요로 한다.

정체: 악순환

4단계에서 정체된 사람들은 자신들을 살펴보는 것을 감행하기 위해 내면으로 향할 수도 없고, 공동체 의식을 못 느끼므로 밖을 향해 손을 뻗을 수도 없다. 어떤 사람들은 정답을 찾기 위해 평생 노력하지만 결코 진리에 이르지 못하는 집착에 빠질 수 있다. 일반적으로 믿음을 지적 추구로 만들며, 자신들의 마음 여는 것을 두려워하는 사람들이 그런 경우에 해당한다. 어떤 사람들은 더 편안하게 느끼거나 긴장으로부터 벗어나도록 해주는 4단계 이전의 단계로 되돌아가기도 한다. 또 다른 사람들은 아예 믿음의 여정을 그만두든지 믿음의 추구를 포기한다. 어떤 사람들은 자신들의 지적 혹은 사회적인 필요를 채워주는 비신앙적 공동체로 옮겨가기도 한다.

전진하는 방법

벽이나 5단계로의 이동에서 우리의 삶 가운데 하나님께서 누구신지를 다시 발견한다. 우리가 기꺼이 하나님을 더 개인적으로 받아들이기를 원한다면 우리는 다음 단계로 이동할 수 있는 것이다. 보통 우리는 자신의 아이디어나 조정 그리고 자아를 포기할 것을 요청받게 되므로 전문적인 안내(상담자, 영성 지도사, 치료사, 영혼의 친구)를 받는 것을 생각해볼 필요가 있다. 우리가 이 과정을 잘 견디고 헌신할 수 있도록 도와달라고 하나님께 구할 수 있다면, 우리는 어떤 경우든지 벽의 다른 쪽에 있는 자신의 모습을 보지는 않을 것이다.

성경의 실례, 참조

- 요한복음 11장 20-33절. 마리아가 나사로의 죽음에 대해 예수님께 질문함.
- 요한복음 3장 1-2절. 니고데모가 밤에 의문을 품고 예수님을 찾아옴.
- 열왕기상 18-19장. 엘리야가 성공 후에 시무룩해짐.
- 예수님의 어머니 마리아가 자신의 삶의 모든 사건들을 숙고함.
- 빈 무덤의 여인, 애도와 의문의 시편을 쓴 시편 기자, 욥

예수님께서 4단계의 사람들을 대하신 방법

예수님께서는 사람들의 의문과 의심을 존중하셨다. 그분은 사람들을 상담하고, 위로하며, 나사로가 죽은 것을 발견했을 때 마리아와 마르다에게 보이셨듯이 자신의 인간됨과 심지어 때로 자신의 번민도 나타내셨다. 또한 예수님께서는 그의 제자들, 막달라 마리아, 어머니에게 연약한 면을 보이셨다. 모든 것이 소용없어 보일 때 자신과 함께한 사람들에게 자신을 더 완전하게 드러내신 것 같다. 몇 번의 경우에 예수님께서는 또 베드로처럼 두려움에 사로잡힌, 곁에 있던 사람들에게 실망하셨던 것으로 여겨진다.

4단계와 연관된 찬송가

- 오 신실하신 주(447장)
- 내 구주 예수를 더욱 사랑(511장)
- 내 기도하는 그 시간(482장)
- 나 같은 죄인 살리신(405장)

벽: 4단계와 5단계 사이의 정지 장소

벽은 4단계와 5단계 사이에서 멈추는 장소다. 그곳은 우리의 의지와 하나님의 뜻이 만나는 곳이며, 우리의 자아, 상처 그리고 하나님과 우리 사이에 있는 다른 모든 것을 포기하도록 요구받는 곳이다. 벽은 우리가 영적, 정서적으로 치유되는 곳이다. 벽은 머무르기 힘든 장소이며, 머무르고 싶지 않은 곳이다. 우리가 그렇게 느끼지 못한다 할지라도 우리가 벽에서 경험하는 모든 활동의 초대, 촉진, 가능케 함, 존중, 보상에 하나님께서는 친밀하게 참여하고 계시다.

내 경험으로 볼 때 벽은 교회를 포함한 우리 대다수에게 믿음의 여정중 가장 적게 인식되고 가장 많이 회피되는 장소다. 벽의 경험은 보통 엄청난 죄의식으로부터 형벌 신학에 이르기까지의 낡은 개인적인 보따리로 가득 차 있다. 벽에서의 작업은 우리가 지녀온 전통에 익숙하지 않은 새로운 영역을 포함하고 있다. 더 보수적인 전통의 대다수는 심리학에 대한 의혹을 지니며, 성경에 의해 지배되지 않거나 교회에 의해 조정되지 않는 어떤 여정에 대해서도 의심한다. 조금 더 진보적인 전통은 마음이나 영의 삶에 대한 관심이 적으며 기적적인 신유에 대한 불신을 지닌다. 어쩔 수 없는 이유가 아니라면 도대체 어떤 정상적인 사람이 이러한 벽의 경험을 겪기 원하겠는가?

우리는 하나님께서 우리를 위해 벽에 계실 것이라는 사실을 믿지 못해서 벽을 피하는 것일까? 그것은 흥미로운 믿음의 질문을 제기해준다. 만약 우리가 벽에 있을 때 하나님께서 우리에게 행하실 일을 두려워한다면, 우리의 믿음은 어떤 하나님의 이미지에 기초하고 있는 것일까? 인도해줄 사람이 없어서 우리는 벽을 회피하는 것일까? 그것은 우리 지도자들의 영적 성숙에 관한 의문을 제기한다. 우리는 벽이 너무 많은 희생을 치르게 한다고 생각하기 때문에 벽을 피하는 것일까? 이것은 우리 믿음의 깊이와, 내적 안정감에 대한 문제를 제기한다.

그러나 우리가 존경하는 대부분의 사람들, 즉 믿음의 선배들, 성인들, 선교사들과 많은 성경의 위대한 인물들의 이야기는 모두 그들만이 겪은 모든 것이 위태로웠던 중대한 위기의 순간을 보여준다. 그리고 이 벽을 경험함으로써만 족장들과 여성 지도자들은 그들의 삶 가운데 하나님의 사명을 성취할 수 있었다. 우리들은 그들의 이야기를 심각하게 듣거나 받아들이지 않는가? 즉 아브라함이 자신의 아들을 희생 제물로 바치라는 명령을 받은 일, 에스더가 자신의 백성을 구하려고 자신의 생명을 건 일, 엘리야가 자신을 죽이고자 하는 이세벨에게 쫓긴 일, 야곱이 천사와 씨름한 일, 나오미가 자신이 사랑하던 모든 것을 잃고 다시 시작하기 위해 떠난 일, 다윗이 자신의 살인적 행위에 대해 나단 선지자에게 책망받는 일, 다말이 유다로부터 합법적으로 허락을 얻기 위해 창녀 노릇을 한 일 등이 그 이야기들이다. 이 이야기들은 구약 성경에서만 가지고 온 예화다. 바울, 베드로, 바나바, 마리아, 예수님 등 신약의 인물들은 언급조차 하지 않았다.

내 판단에는 우리가 더욱 정중하고 적절하게 사람들과 함께 벽을 통과하지 않는다면, 그때까지는 우리 나라와 이 세상에 의미 있는 영적 회복은 일어나지 않을 것이다. 우리가 벽 앞에 정체되어 있는 주요 이유는 우리 대부분이 여전히 신봉하는 핵심적 신념 때문이라고 믿는다. 우리의 핵심적 신념은 우리가 하나님에 의해 진정으로 사랑받지 않거나, 즉 무조건적으로 사랑받고 용납 받지 않거나, 하나님의 은혜가 충분하지 않다는 것이다. 우리는 우리 자신이 사랑받기에는 너무 부족하다고 생각한다. 혹은 하나님의 사랑을 얻기 위해서 무엇인가를 해야 하는데 우리가 결코 그에 도달할 수 없다고 생각하거나, 아니면 우리 스스로 만족하기 때문에 그런 질문을 제기할 필요가 없다고 생각한다. 그러나 이미 말했듯이 우리가 하나님의 사랑을 진지하게 받아들이고 벽에서의 과제를 풀어나간다면 벽의 다른 쪽에 있는 우리 자신을 인식하지는 않을 것이다.

이 책을 읽는 모든 사람들에게 해주고픈 말은 비록 두렵게 느껴지더라도 벽의 경험을 시작하라는 것이다. 그것을 통과할 때 하나님과 충실한 안내자에게 인도함을 받고, 그 사랑을 어떻게 당신의 삶 속에 받아들일 수 있는지 보여주시기를 간구하며, 벽의 치유 경험을 통해 삶이 변화될 사람들의 친구가 되라는 것이다. 벽을 통과하는 사람 한 명을 도와주는 것은 당신의 인생 전체를 살 만한 가치가 있도록 만들 수 있다. 이제 벽의 경험과 사역에 관해 알아보자.

벽: 내면적인 선택의 장소

믿음
우리의 의지와 하나님의 뜻이 만나고, 우리가 하나님께 항복할 것인지 아닌지를 선택하는 것.

특성
- 우리의 표면적인 삶의 밑에 있는 진리를 대면해야 할 시간임을 앎.
- 하나님의 뜻이 우리의 뜻이 되도록 함.
- 우리의 깊은 비밀, 상처, 두려움, 불안을 밝힘.
- 무조건적인 사랑을 고려
- 만신창이가 된 것처럼 느낌
- 영혼의 깊은 밤

신념과 행동

벽에 있을 때 우리는 다른 쪽에서 우리의 삶이 어떻게 보일는지에 대해 전혀 아는 바가 없고, 우리가 집착하고 있는 것을 포기할 여유나 기꺼움이 없는 것에 대한 강한 두려움이 있다. 그러나 한 가지 분명해지는 것은 우리의 현재 내면의 삶을 계속 유지할 수는 없다는 것이다. 하나님에 대한 우리의 두려움을 직면하고 치유 받아야 할 때라는 것을 안다. 벽은 뭐라 이름 지을 수 없으나 강하고 수없이 많은 감정을 토로하는 '통곡의 벽'이 될는지도 모른다.

우리는 벽의 여정을 시작하기 위해 벽에서 몇 개의 돌만을 집어들 수도 있다. 그리고는 재편성을 하기 위해 조금 더 안전한 장소로 돌아간다. 몇 개의 돌을 더 끄집어내서 조금 더 치유의 작업을 할 것이다. 그것이 대부분의 사람들이 택하는 방법이다. 벽의 경험은 그 과정이 완성되고(어쩌면 결코 완전히 완성되지 않을 수도 있지만) 중심의 치유가 이루어지기까지 수년이 걸릴 수도 있다.

그러나 벽의 경험에서 우리는 자신이 치유되기에는 너무 형편없는 사람 혹은 너무 착한 사람이라고 느끼든지, 치유 받는 것을 너무 두렵게 느끼는 대신에 치유 과정에 있는 사람으로서 보는 새로운 방법에 적응된다. 한 가지 분명해진 것은 무엇을 기도할 것이며, 무엇을 기도하지 않을 것인가 하는 것이다. 우리는 성공이나 즉각적인 답변을 필요로 하지 않는다. 다만 명확성과 용기를 더 필요로 하게 된다. 하나님께서 우리에게 무엇을 원하시는지 알기 위한 명확성과 그것을 행할 수 있는 용기를 위해 기도할 수 있다.

목표

매우 경이로운 벽의 경험을 견뎌내어 우리 마음 깊은 곳에서 바라는 대로 살아갈 수 있도록 한다.

교회, 믿음의 공동체의 역할

벽에 대해 인식하고 있고, 벽 단계에 있는 사람들을 위한 자료나 참조할 만한 것들을 찾으려고 노력하는 교회는 치유의 장소다. 영성 지도사나 동료로 훈련받은 스태프들을 실제로 확보하고 있는 교회는 벽에 있는 사람들에 대해서 한층 더 동정적이다. 이상적인 것은 교회나 공동체 안에서 영성 형성 자료, 영성 지도사, 강력한 기도의 자원, 목회 상담, 스데반 사역자나 치유사 등 팀을 통한 접근이다.

교회 프로그램에 벽에 있는 사람들이 만날 수 있는 곳, 의심과 두려움을 표현할 수 있는 믿을 만한 곳이 있다는 것은 치유 측면에서 매우 고무적이다. 이 프로그램들에는 독서 토의 그룹, 후원 그룹, 또는 영성훈련 그룹이 속한다. 그러면 교인 가운데 어떤 사람들은 벽에 부딪힐 때, 그들을 위한 장소를 찾으며 교회를 떠나야만 한다고 느끼지 않을 것이다. 벽에서 주의할 점은 사람들이 벽에 처해 있거나 혹은 '오랜 모든 믿음의 여정 후'에도 아직 벽에 도달하지 않았다는 것 때문에 그들을 구하려 하거나, 비난하거나, 죄의식을 갖도록 하는 일을 피해야 하는 것이다. 오히려 그들로 하여금 벽을 직면하도록 격려해야 한다.

목회자, 영성 지도사의 역할

지도자의 역할은 지도자가 되지 않는 것이다. 우리 모두가 벽에 함께 있으므로 지도자의 역할은 교회의 역할과 마찬가지다. 지도자로서 어떤 역할을 담당하거나 혹은 그 역할과 예복과 책상 뒤에 숨을 필요가 없다. 우리는 상처 입은 치유자로서 우리 스스로 혹은 다른 사람들과 함께 벽을 대면하고 있다. 그 결과 우리는 참된 소명대로 하나님 섬기는 일을 할 수 있을 것이다. 우리의 중요한 임무는 서로 사랑하며 서로를 위해 기도하는 것이다.

신조의 역할

우리가 벽에 있을 때 우리의 믿음은 보통 보잘것없거나 연약하다. 우리로 하여금 다른 일을 할 수 있도록 다른 사람들이 종종 우리의 믿음을 짊어진다. 때로 신조를 들으며 다른 사람들이 도움을 얻는다는 것을 아는 일이 우리에게 위안이 되기도 하고, 우리를 힘들게 하기도 한다. 다른 경우에는 '반석', '신실한', '독수리 날개' 같은 한 단어나 구절을 듣는 것만으로도 그 단어나 구절에 매달리게 된다.

은혜, 하나님의 무조건적인 사랑에 대한 느낌

하나님의 은혜는 우리가 가장 기대하지 않을 때 일반적이지 않은 방법으로 나타난다. 예를 들어 우리는 실직할 수도 있는데, 그 길만이 경력을 바꾸기 위해 모험하거나 더 알맞은 일을 하게 되는 유일한 방법이었음을 발견하는 것이다. 하나님께서는 어려움을 통해 비록 우리가 이전처럼 돈을 많이 벌지 못하거나 권력을 행사하지 못한다 할지라도 우리를 더 좋은 곳으로 인도하신다. 벽에서의 소망은, 우리가 날마다 조금씩 앞으로 나아갈 것이며, 영적 성장에 필요한 하나님의 사랑을 충분히 받을 것이라는 사실이다.

개인적 참여의 형태

벽에서의 참여는 자신의 내면에 관한 것이다. 더 이상의 것에 참여할 시간이나 에너지가 거의 없다. 그러나 벽의 이면에서는 우리의 소명, 교회와 세계 안의 개인, 단체, 사회의 변화를 도모하여 인생의 목표를 이룰 기초 작업이 이루어지고 있다.

정체: 회피

벽에서 정체되는 길은 우리가 좋아하는 방법, 즉 벽을 떼어내고, 밑으로

굴을 파고, 벽 주위를 춤을 추며 돌고, 뛰어넘고, 벽에 구멍을 뚫어 벽을 피
하고자 하는 것이다. 또한 벽이 주는 위화감과 공포감으로부터 풀려나기 위
해 믿음의 초기 단계로 돌아갈지도 모른다. 혹은 우리의 믿음이 벽을 이겨
낼 수 없다는 것을 발견하고 믿음과 벽을 다함께 포기할 수도 있다. 보통 이
런 경우에는 마음이 경직되거나 씁쓸해진다든지 믿음을 대체하기 위해서
다른 곳에서 계속적인 추구를 하게 된다.

전진하는 방법

어떤 것을 해야 할지 명확히 볼 수 있는 지혜와 그 일을 할 수 있는 용기
를 위해 기도하라. 우리가 그토록 두려워하는 것을 경험하도록 허용하고,
하나님의 용서, 용납 그리고 사랑을 기꺼이 받아들이라. 우리가 앞으로 나
아감에 따라 하나님과의 친밀감은 여러 면으로 증가할 것이며, 하나님의 은
혜 안에서 더 깊은 고독을 경험하기 시작할 것이다.

성경의 실례, 참조

- 요나 2장 1-10절. 물고기 뱃속의 요나
- 욥 29-30장. 절망적인 질병 속에서의 욥
- 열왕기상 19장 4-14절. 동굴 속의 엘리야
- 창세기 16장 12절. 임신하지 못하는 사라가 여종을 아브라함에게 들
  여보냄.
- 누가복음 8장 12절. 치유되기 이전의 막달라 마리아
- 누가복음 23장 55절-24장 5절. 빈 무덤의 여인들
- 누가복음 24장. 엠마오로 가던 두 제자

예수님께서 벽에 처한 사람들을 대하신 방법

예수님께서는 벽에 있는 모든 사람들을 긍휼과 사랑으로, 어떨 때는 완강한 사랑으로 대하셨다. 예수님께서 베드로에게 "닭이 두 번 울기 전에 네가 세 번 나를 부인하리라"고 하신 말씀은 베드로의 확신하는 태도를 향한 예수님의 긍휼과 정직의 보기다.

벽과 연관된 찬송가

우리가 벽에서 느끼는 것을 표현한 찬송가는 많지 않으나 찬송 같은 시편의 애가들이 벽에 잘 어울린다. 그 예로 시편 13, 22, 61, 62, 64, 88편을 들 수 있다. 궁극적인 구원이 없는 혹독한 고뇌를 표현한 시편은 88편이다.

- 나 같은 죄인 살리신(405장) − 마음을 진정시키는 악기를 사용하면 벽에서 좋은 찬송이 될 수 있다.

5단계: 목적에 의한 능력(능력의 단계)
외면의 여정(믿음의 단계)

믿음
하나님께 굴복함.

특성
- 하나님의 용납에 대해 회복된 느낌
- 수평적인 삶에 대한 새로운 인식
- 소명감, 직업 또는 사역

- 타인의 최선에 관한 관심과 초점
- 깊은 평온 혹은 고요

5단계 사람들의 신념과 행동

주거지가 외면의 여정인 5단계일 때, 우리는 너무 많은 것을 겪으면서 하나님을 온전하게 신뢰하는 것을 배웠기 때문에 기꺼이 하나님께 순복한다. 우리는 하나님께서 우리를 있어야 할 곳으로 인도하실 것이라는 것을 알고, 하나님께서 우리에게 하라고 부르신 일을 기꺼이 행한다. 왜냐하면 그것이 우리에게 가장 유익한 것임을 알기 때문이다. 우리는 "어떤 결과가 오든지 저를 하나님께 가까이 가게 하옵소서"라는 기도를 망설임 없이 할 수 있다.

기도, 특별히 감사의 기도가 삶의 습관이 된다. 우리의 삶이 하나님과 짜맞추어져서 작은 일조차도 점점 더 하나님의 일이 된다. 우리는 명확성과 용기를 구하는 기도를 통해 기도가 응답받는다는 것을 배웠기 때문에 세상에서 우리의 소명을 실행해 나가기 위한 더 큰 용기를 구할 수 있다.

목표

우리의 목표는 하나님과의 친밀함과 모든 사람들을 위한 깊은 치유다. 우리가 벽에 있는 동안 하나님과의 친밀함이 밖으로 나타나기 시작하지만, 5단계에서는 평온함, 유머 감각, 분노하지 않고 대면할 수 있는 기꺼움, 우리의 어두운 면을 보고 웃을 수 있는 능력, 중독적 습관을 포용하고 치유 받을 수 있는 자발성, 긍휼, 사랑 그리고 한계 등 우리가 하나님과 친밀함을 보이는 증거들이 더 많은 사람들 앞에 명백하게 드러난다.

교회, 믿음의 공동체의 역할

5단계에서 교회가 섬길 수 있는 방법은 두 가지다. 한 가지는 사람들이 5단계로 들어설 수 있도록 도와주는 것이다. 다른 하나는 전 교인 모두를 5단계로 가게 하는 대신(사실 그것은 불가능하고 바람직하지도 않다) 교회 내의 소그룹의 사람들이 스스로 자유롭게 5단계로 발달해가도록 양육하는 것이다. 교회의 은사는 교인들을 그들 각자의 여정중에 양육하며, 언제 목회자가 필요하고, 언제 성도들이 하나님께서 그들을 개인적으로 인도하시도록 허락할 수 있는지를 이해하는 것이다.

교회는 사람들의 마음이 치유되도록 도와주어서 그들이 자신들의 참된 소명을 자유롭게 듣고, 자신들의 삶에서 하나님의 인도하심을 더 따를 수 있도록 한다. 교회는 사람들이 하나님의 소명을 듣고 더 깊게 알 수 있는 기회를 제공하는 자료를 제공한다. 우리 모두는 서로에게 배우고, 우리의 인간됨을 나누며, 용서의 삶을 살고, 서로 다른 점에 대해 인내하는 삶을 실천한다. 사역으로는 서민들을 위한 주택 건설, 매일 직장에서 하나님의 임재를 실천하기, 다른 사람의 치유, 사랑의 공동체를 창조해야 할 사명으로 사업을 운영하기, 쉬지 않고 기도하기 등이 있다.

목회자, 영성 지도사의 역할

목회자의 역할은 평신도 지도자나 은사를 지닌 교인들과 별반 다르지 않다. 우리는 모두 '만인 제사장'의 삶을 사는 사역자들이다. 목회자는 여러 사람들과 사명을 함께하는 동역자다. 목회자들은 자신들의 마음 깊은 치유를 바탕으로 살아간다. 그리고 그들은 권력을 나누는 것에 대해 두려워하지 않으며, 사실상 권력을 나누기를 원한다. 우리는 하나님께서 계획하시고, 구속하시며, 치유하시고, 변화시키신 것처럼 사랑하고, 치유하며, 우리 자신이 되기 위해서 부름 받았다.

신조의 역할

보통 이 단계의 사람들은 하나님께로부터 자신들의 삶을 인도하는 개인적인 신조를 받았다. 이것은 역사적인 기독교 신조를 부인하는 것이 아니고, 실제적인 영적 수준에서 날마다 능력을 부여받는 것과 같은 일이다. 이런 개인적인 신조는 단순하고 친밀하며 모든 사람에게 다 적용될 수 있다. 예를 들면, 다음과 같다. "모든 것이 합력하여 선을 이룬다, 하나님 한 분이면 족하다, 네 마음과 혼과 힘을 다하여 주 너의 하나님을 사랑하라, 너희는 가만히 있어 내가 하나님 됨을 알지어다, 모든 것이 다 하나님의 선물이다."

은혜, 하나님의 무조건적인 사랑에 대한 느낌

자신과 타인을 용납함.

개인적 참여의 형태

5단계 사람들은 전통적 교회의 지도자로서 활발하게 사역하지는 않더라도 직장, 가정, 교회, 회복 모임 등 어디서든지 인생의 목적이나 소명을 실천한다. 다른 사람을 돕는 일에 동참한 사람이 그 일이 자신의 사명임을 발견한다면, 그들은 그 일을 기뻐할 것이다. 대부분의 교회들은 5단계에 있는 사람들이 자신의 은사를 사용할 수 있도록 초대하지 않음으로써 귀한 기회를 놓친다. 슬프게도 5단계 사람들의 거룩함 혹은 하나님과의 친밀함이 사람들에게 질투와 두려움을 불러일으켜서 그들이 더 참여할 수 있는 사역에의 초대를 막는다. 이것이 가장 불행한 일인데, 일반적으로 5단계의 사람들은 하나님이나 다른 사람들로부터의 직접적인 권유를 기다리기 때문이다.

정체: 표면상 접촉하지 않음

5단계에서의 정체는 실재와 다른 모양이다. 우리의 주거지가 5단계일 때 우리는 비현실적이며, 생산적인 면에서 볼 때 이해되지 않는 일들을 하는 것처럼 보인다. 우리는 가장 생산적인 것보다는 사소한 일에 신경 쓰는 것처럼 엉성해보일 수 있다. 혹은 교회의 입장에서 '중요하지' 않은 일에 더 많은 관심을 갖는 것처럼 보일 수 있다. 예를 들면, 5단계 사람들은 프로그램을 개발하는 일보다는 한 개인의 치유에 더 많은 관심을 가질 수 있다.

전진하는 법

5단계에서는 하나님께서 직접 움직이시도록 하는 것이 유익하다. 애쓰고 노력할 필요가 없으며, 그저 당신의 삶이 계속 발달하고 더 깊어지도록 놓아두면 된다. 지혜와 하나님과의 더 깊은 친밀함을 구하라. 그리고 예수님 같다는 것이 무엇을 의미하는지 생각하고, 예수님께서 자신의 삶에 하나님을 허용한 것만큼 당신의 삶에 하나님을 허용하라.

성경의 실례, 참조

- 사무엘상 1장 1-28절. 한나가 하나님의 선물로 사무엘을 받고 그를 하나님께 드림. 특별히 사무엘을 위해 매년 새 옷을 만들어준 사랑의 행위
- 요나 3장 1-5절. 요나가 방향을 바꿔서 다시스로부터 가기 싫어하던 니느웨로 감.
- 누가복음 1장 26-38, 46-55절. 마리아가 어떻게 예수님을 임신할 것인지를 알았을 때 혹은 예수님의 십자가와 부활 사건 이후 그녀의 삶.
- 창세기 45장 1-15절. 요셉이 형들에 의해 애굽의 노예로 팔리고 애굽의 총리가 된 후, 그의 형들을 용서하고 도운 것.
- 예레미야 2장 5-9절, 이사야 6장 1-8절. 이사야와 예레미야는 하나님으로 하여금 자신들을 선지자로 세우셔서 자신들의 삶을 바꾸시도

록 허용함.

- 요한복음 15장 15-16절. 예수님께서는 하나님께서 자신에게 알리신 모든 것을 우리에게 알게 하심으로 우리를 친구라고 부르심. 이제 예수님께서는 우리에게 가서 과실을 맺고, 필요로 하는 것을 구하라고 말씀하심.

예수님께서 5단계에 있는 사람들을 대하신 방법

예수님께서는 그들을 사랑하고 그들로부터 사랑을 받으며, 그들에게 자신의 참 모습을 나타내셨다. 예수님께서는 그들을 떠난 후 그들에게 능력을 주시기도 했다.

5단계와 연관된 찬송

- 살아계신 성령님 내게 오소서(복음성가)
- 잠잠하라 내 영혼아(복음성가)
- 주께 더욱 가까이(복음성가)
- 성령의 은사를(174장)
- 하나님의 성령이여 내 마음에 임하소서(복음성가)
- 나 같은 죄인 살리신(405장) – 5단계에 맞는 소절을 고른다.

6단계: 지혜에 의한 능력(능력의 단계)
사랑의 삶(믿음의 단계)

6단계는 우리가 자신을 더 분명하고 깊게 하나님의 마음에 합하게 한다는 점에서 사실상 5단계의 연장이다.

믿음

하나님을 반영하는 것.

특성

- 하나님께 절대 순종하는 예수님을 닮은 삶
- 삶의 어려움을 통해 얻는 지혜
- 사람들을 위한 긍휼의 삶
- 물질이나 스트레스로부터의 초연함.
- 전적인 순종(비천한 삶이나 화려한 삶)
- 포기한 삶

신념과 행동

6단계에서 우리의 일과 사역은 사랑이다. 우리의 사랑의 사역은 사람들을 치유하고, 치유 받은 그 사람들은 또 다른 사람들을 치유한다. 우리는 하나님의 눈으로 바라보고, 하나님의 귀로 들으며, 하나님의 마음으로 느끼는 지혜를 실천한다. 우리 자신의 내면의 상처를 품고 치유했으며, 치유의 길을 계속 걷는다. 하나님과의 친밀함과 내적인 자유를 경험한다. 그 결과로 다른 사람의 내면의 상처와 동일시할 수 있고, 예수님처럼 혼돈을 경험할 수 있으며, 하나님의 성령으로부터 조명과 직관에 의해 인도함을 받도록 우리 자신을 내어드릴 수 있다.

목표

우리의 목표는 예수님께서 하나님의 능력 아래 삶을 사셨듯이, 우리도 하나님의 능력 아래서 예수님처럼 사는 것이다.

교회, 믿음의 공동체의 역할

교회는 단순히 사랑의 공동체다. 내부와 외부의 구조 다 중요하지 않다. 그룹들은 서로의 사역을 도와준다. 가족, 교회, 직장, 지역 사회, 세계 어느 곳을 불문하고 기도, 치유, 각자의 사역을 격려하는 것이 중요하다. 초점은 교회가 어떻게 성도들에게 세상에서 하나님의 사람이 되도록 능력을 부여하는가 하는 것이다.

목회자, 영적 지도자의 역할

목회자나 영적 지도자의 역할은 다른 사람들과 다를 바가 없다.

신조의 역할

우리는 역사적인 신조에서 확인된 우리의 믿음이 내포하는 것을 실천한다. 우리의 삶은 이 신조들의 확신이다. 하나님께서는 우리에게 전부가 되신다.

은혜, 하나님의 무조건적인 사랑에 대한 느낌

프레드릭 부크너가 말했듯이 "모든 순간이 가장 중요한 순간이며 삶 전체가 은혜"다.

개인적 참여의 형태

6단계의 사람들은 자신들의 삶을 사명을 실천하는 데 투자한다. 그들은 하나님과 너무 가깝고 자신들의 삶에서 하나님의 사랑을 너무 기대하기 때문에 죽음을 두려워하지 않는다. 그러나 그들에게 묻는다면 죽음에 대해 자연스럽게 이야기하지 않을는지도 모른다.

정체: 세상과 분리된 것처럼 보임

5단계에서와 같이 6단계의 사람들도 다른 사람들에게는 정체된 것처럼 보인다. 그들의 삶이 문화와 너무 반대되기 때문에 이해할 만한 일이다. 이 책의 서론 부분에서 이미 우리가 처한 주거지보다 두 단계 이상 앞의 단계에 있는 사람들을 이해하는 것은 매우 어렵다는 점을 말했다. 그러므로 4단계나 그 이전의 단계에 있는 사람들은 6단계가 주거지인 사람들을 진정으로 이해할 수 없다.

우리 모두는 스스로에게서 6단계의 행동을 얼핏 보지만, 온전히 그렇게 살아가는 것은 너무 희생적으로 보인다. 6단계의 사람들은 우리 모두가 매어달리는 가족, 성공, 물질적 소유, 일, 관계, 인정받는 것, 안전, 공의, 돌봄, 독특함, 지식, 전통, 지도력, 분노 혹은 자기 기만 등을 기꺼이 포기하는 것처럼 보인다. 일부 사람들에게 그들은 하나님을 위해 자신들의 삶을 낭비하거나 자신들을 소홀히 하는 것처럼 보일 수 있다.

전진하는 법

하나님과 먼저 앞서간 자들과의 재회인 죽음을 고대하는 것.

성경의 실례, 참조

- 빌립보서 1장 21절. "내게 사는 것이 그리스도니 죽는 것도 유익함이니라."
- 누가복음 23장 46절. 예수께서 큰 소리로 불러 가라사대 "아버지여 내 영혼을 아버지 손에 부탁하나이다."
- 사도행전의 사도들, 스데반의 삶.
- 복음서에 나타난 예수님의 생애를 읽고 성경이나 삶에서 예수님의 모델로 떠오르는 사람이 누구인지 생각해보라.

예수님께서 6단계의 사람들을 대하신 방법

예수님께서는 하나님과 긴 침묵의 시간을 보내셨다. 우리는 복음서에서 "예수님께서 산에 기도하러 가셨다"는 많은 문장을 빠뜨리는 것 같다. 예수님께서는 자신의 삶을 최대한으로 값있게 사셨으며, 자신의 삶을 하나님께 드리기로 선택하는 사람들 안에 살아계신다.

6단계와 연관된 찬송가

시편 121, 138, 139편 같은 많은 찬양의 시편이 어울린다.
영혼의 음악에 영감을 받은 우리의 삶이 곧 찬양이다.

12장

능력의 단계와
청지기직

몇 년 전, 나와 나의 동료는 국가적인 교회 단체 내에서 능력의 단계, 믿음의 단계 그리고 청지기직에 대한 사고 방법으로 일할 기회가 있었다. 나는 능력의 단계 모델을 이 문제에 적용하지 않았고, 그것은 흥미 있는 도전이었다.

　나는 능력 모델과 청지기직의 통합을 다른 장에서 다루기로 결정했다. 그러나 아마 당신은 내가 11장에서 사역과 교회를 믿음의 단계와 통합했듯이 청지기직과 믿음의 모델을 통합하기 원할 것이다. 우리가 연구한 내용의 개요를 세 가지 관점, 즉 능력 모델의 특성, 각 단계에서의 교인들의 관점 그리고 교회와 교회 지도자들의 관점에서 제공할 것이다.

청지기직에 관한 일언

　청지기직의 개념은 우리의 자원 사용에서 지혜로운 청지기가 되라는 성경적 명령으로부터 왔다. 우리들 대부분에게 청지기직은 교회 사역을 계획하는 특별한 시기와 연관된 것으로 이때에 우리는 교회의 사역을 위해 드릴 시간, 에너지, 돈을 서약하도록 요청받는다. 어떤 사람들은 하나님께서 주시는 은혜와 의미들에 너무 감사해서 청지기직 서약의 계절을 기다린다. 그들은 넉넉한 마음으로 드린다. 어떤 사람들은 청지기직을 믿음과 교회의 실제적인 것으로서 교회를 운영하는 방법으로 간주하는 중립적인 입장을 지닌다. 또 어떤 사람들은 청지기직에 대한 혼합된 혹은 부정적이기까지 한 견해를 지니며, 사람들로 하여금 드리도록 권하기 위해 죄의식, 두려움을 사용하며 혹은 조종까지 했던 것을 기억한다. 우리 견해의 많은 부분은 과거의 교회나 청지기직에 대한 우리의 경험에서 비롯된다.

이 장에서 나는 「진정한 능력Real Power」이라는 나의 책에 나온 능력의 단계를 청지기직과 연결시키려 한다. 내가 위에서 서술했듯이, 그런 관점에서 교회로부터 받는 도움이나 우리 믿음의 결과로 교회에 우리의 자원을 되돌려주는 것이 청지기직의 개념이다. 1단계의 무기력함, 2단계의 연합에 의한 능력, 3단계의 성취에 의한 능력은 청지기직에 대한 우리의 견해를 잘 표현하고 있다.

4단계, 벽, 5단계 그리고 6단계에서의 청지기직은 정의와 삶의 경험 면에서 각각 다르다. 우리의 삶과 삶의 현명한 청지기가 되는 것이 무엇을 의미하는지에 대해 더 성찰하게 된다. 믿음이 깊어지며 교회 밖의 삶을 우리의 신앙과 더 깊이 연결시키기 시작한다. 우리의 연약한 부분, 상처, 용서하지 못하는 부분을 탐색한다. 우리의 의지를 하나님께 순복시킨다. 서서히 우리의 자원하는 시간이나 물질 이상의 헌신으로 청지기 정신이 발달한다. 우리의 삶을 하나님을 섬기는 데 드리기로 서약하며, 그것이 무엇을 의미할지 탐구한다. 우리는 일, 역할 혹은 직업의 변화를 결정할 수도 있고 안 할수도 있지만, 겉으로 드러나는 모든 일은 우리 내면에서 일어난 일의 연장이다.

청지기직은 무엇인가의 희생을 포함한다. 우리가 믿음의 단계를 거쳐가며 포기하고 하나님과 더 친밀하게 되면서 희생에 관한 우리의 관점도 바뀐다. 서서히 우리는 더 많은 희생을 원하게 되며, 삶의 더 많은 것을 하나님께 드린다. 우리는 더 이상 청지기직을 의견이나 한 계절에 행하는 것으로 생각하지 않고 삶의 청지기직을 일년 내내 숙고한다.

이런 청지기 정신이 바로 우리 자신과 교회, 공동체 그리고 우리가 살고 있는 세상에 변화를 가져온다.

1단계: 무기력함

설명
능력이 조종하는 것처럼 느껴진다. 함정에 빠진 단계다.

특성
- 안전하게 여기고 의존함.
- 낮은 자존감을 가짐.
- 잘 모름.
- 무력함(희망이 없는 것은 아님).
- 희생자 누군가를 탓함.

방해물
두려움.

1단계에서의 청지기직
1단계에서는 교인들이 아직 자신들의 은사가 무엇인지 알 수 없거나 교회에 많은 것을 되돌려줄 수 없기 때문에, 가장 강조되는 것은 교회가 교인들에게 무엇을 제공할 것인가 하는 점이다. 교인들은 무능력하고, 두려워하며, 잘 모르고, 의존적이든지, 그런 필요 가운데 있기 때문에 교회에 다시 돌려줄 에너지가 없다. 베푸는 것은 대부분 교회에서 교인에게로 일방적으로 행해지며, 교인들은 받기만 한다. 교회는 프로그램을 운영하거나 교인들의 필요에 개별적으로 반응한다.

교인들의 관점에서 본 청지기직
주기보다는 받는 것.

개인에게 주는 의미
- 믿음의 여정에 참여하는 것.
- 교회와 하나님에 의해 경외심을 느낌.
- 자신의 삶과 일에 교회가 어떻게 도움을 줄 수 있는지 발견함(아직은 자신들이 줄 수 있는 것이 무엇인지 고려하지 않음).

교회의 관점에서 본 청지기직
위기에 처한 교인들을 돕기 위한 시간, 에너지, 물질의 제공.

1단계에서 교회 청지기직의 예
- 주일 예배
- 심방
- 프로그램들(주일학교, 청소년과 성인 프로그램, 워크숍)
- 상담

청지기로서의 교회 지도자

교인들이 개인적인 가치를 찾고 연관지을 수 있도록 도움.

교인들에게 미치는 영향

필요한 교인들은 교회로부터 받는다.

성경의 실례

누가복음 19장 2, 5, 8절. 예수님의 삭개오를 향한 사랑의 접근, 삭개오는 자신을 무가치하다고 여기면서도 예수님을 자신의 집으로 초청하여 예수님께서 자기를 섬기시도록 허락했다.

2단계: 연합에 의한 능력

설명

능력이 마술처럼 느껴진다. '요다(〈스타워즈〉에 나오는 지혜의 인물 – 역주)와 같이 되는' 단계.

특성

- 초심자 방법을 배움.
- 문화를 배움.
- 감독자 혹은 지도자에 의존
- 새로운 자기 인식

방해물

- 안전에 대한 욕구
- 자신감의 결여

2단계에서의 청지기직

2단계에서 교인들은 자신들의 개인적 은사나 가치에 대해 배울 준비가 되어 있으며, 그것들을 교회에 다시 드리기 시작한다. 그들은 자원 봉사자나 예배자로서 더 많이 참여한다. 2단계의 사람들은 신실하다. 교회의 역할은 2단계 사람들에게, 무엇을 어떻게 드리며 참여하는지를 가르치는 것이다. 2단계의 사람은 믿음과 청지기 정신이 자라는 과정과 개인적 자원의 현명한 청지기가 되는 방법을 배운다. 이것이 연합에 의한 능력인데 우리가 지도자, 믿음의 체계와 연합함으로써 그리고 청지기 정신을 실천함으로써 믿음과 능력을 얻는 것이다.

교인의 관점에서 본 청지기직

주는 것을 배우는 것.

개인에게 주는 의미

- 교회 내에서 프로그램에 참여하고 그룹에 소속되는 것.
- 자신이 속한 교회에서 신앙 생활을 배우는 데 전력하는 것.
- 교회의 활동과 전도를 후원하기 위해서 자신의 시간, 에너지, 돈을 어떻게 드리는지를 배움.

교회의 관점에서 본 청지기직

교인들에게 교회의 프로그램과 전도에 시간, 에너지, 돈을 드리는 것에 대해 가르침.

2단계에서 교회 청지기직의 예
- 교회 프로그램들
- 지역 사회 전도
- 세계 선교

청지기로서의 교회 지도자
교인들이 개인적인 자질을 개발하도록 도움.

교인들에게 미치는 영향
교인들은 교회 내에서 자원하며 성실한 예배자로서 받은 것을 교회에 환원한다.

성경의 실례
마가복음 12장 41-44절. 예수님께서는 제자들에게 자신의 전부인 동전 두 렙돈을 헌금한 과부의 예를 들면서, 풍성한 가운데 드리는 것이 아닌 신뢰와 감사로 드리는 것의 부요함을 가르치셨다.

예수님의 청지기 이야기는 빚진 자에게 혹독하지 않고, 하나님께서 주신 것을 현명하게 투자하면서 나누는 것에 대해 가르친다.

3단계: 성취에 의한 능력

설명
원동력의 단계. 능력은 자원과 결정을 통제하는 것이다.

특성
- 성숙한 자아
- 현실적이며 경쟁적
- 전문가
- 야심만만하며 그 상징들이 외부로 표출됨.
- 상징이 가치를 나타냄.

방해물
- 정체된 것을 모름.
- 혼돈

3단계에서의 청지기직

3단계에서는 우리의 성취 때문에 힘이 넘친다. 우리가 지닌 자원을 통제하며, 세상에서 교회와 하나님의 일을 더 추진할 수 있는 선을 위해 사용한다. 우리에게 중요한 문제나 프로그램을 위해 시간을 사용하는데, 특별한 프로그램을 재정적으로 돕기도 하고 사역을 확장하거나 새로운 건물을 짓는 것을 도울 수도 있다. 우리는 본을 보임으로써 사람들을 인도한다. 수입의 십일조가 중시되며, 십일조는 관대한 마음으로 실천할 수 있기를 갈망하는 특별한 도전이다. 교회의 스태프들은 우리의 은사와 자원을 교회 내에서 그리고 선교를 위한 노력에서 활용할 수 있도록 돕는다.

교인의 관점에서 본 청지기직

드리고 섬기는 것.

개인에게 주는 의미

- 모범으로 인도함.
- 지도자의 자격(가르침, 당회 인도, 선교 여행 조직)으로 성도를 섬김.
- 시간, 에너지, 물질을 정기적으로 관대하게 드림.
- 믿음의 표현으로서의 십일조(수입의 10% 혹은 '첫 열매')를 드림.
- 교회가 후원하는 지역 사회와 세계 선교에 관대하게 기증함.

교회의 관점에서 본 청지기직

교회, 지역 사회, 세계 선교를 위해 교인들로부터 시간과 물질을 받는 것.

3단계에서 교회 청지기직의 예

- 지도력
- 프로그램과 선교를 위한 기증

청지기로서의 교회 지도자

사람들이 교회 내 사역에 개인적 가치를 활용할 수 있도록 도와주는 것.

교인들에게 미치는 영향

교인들은 교회 내에서 프로그램과 선교를 위한 지도자들이다.

성경의 실례

- 사무엘하, 열왕기상, 역대상. 솔로몬 왕이 행정의 은사를 이스라엘 민

족에게 행사했다. 솔로몬은 예루살렘에 성전을 건축하고, 이스라엘의 부와 영향력을 향상시킨 신뢰받는 통치자였다.

• 열왕기상 29장. 다윗이 성전 건축을 위한 모든 자원을 모으고 하나님께 영광을 돌렸다.

4단계: 성찰에 의한 능력

설명
능력은 영향력이다. 4단계는 샌드위치 단계다.

특성
• 협력을 잘함.
• 성찰과 혼돈, 의미를 추구함.
• 통제해야 할 필요를 포기하는 반면에 강함.
• 개인적인 스타일에 편안함.
• 멘토링 기술이 있음.
• 진정한 지도력을 보임(겸손, 공평함, 바른 판단, 마무리).

방해물
• 자아의 통제
• 목적 없는 삶

4단계에서의 청지기직
성찰에 의한 능력 단계인 4단계의 청지기직은 교회로부터 자원을 받거나 주는 것을 포함하는 것이 아니라, 우리 자신 속으로 깊이 들어가서 하나님과 우리의 믿음을 재발견하는 것이다. 우리는 보통 외부 세상에서는 자신이 있으나 내면의 세상에서는 혼돈을 느낀다.

우리가 더 깊어지고, 성장하며, 우리의 믿음과 깊어지는 하나님과의 관계를, 세상에서 지내는 월요일부터 토요일까지의 외부 삶과 연합시키는 것이 무엇을 의미하는지를 숙고할 때 우리는 교회의 도움을 필요로 한다. 이 단계에서 어떤 사람들은 이때쯤에는 건강한 습관이 되어버린 자신의 믿음의 서약을 계속 지킨다. 다른 사람들은 당분간은 교회에 개인적인 자원을 드리는 것에 대해서 책임을 덜 느끼는데, 하나님께서 자신을 청지기로 부르신 것이 무엇인지 재고하기 때문이다.

교인의 관점에서 본 청지기직
개인의 내면 세계를 성찰하는 것.

개인에게 주는 의미
- 믿음과 삶의 연결
- 내면의 생활(기도, 금식, 피정), 가정 생활(치유와 온전함에의 헌신), 직장 생활(일, 성취, 성실함, 믿음의 통합에 대한 의미) 등에 대한 훈련 추구
- '청지기'라는 단어에 의미를 부여. 청지기는 나의 시간, 에너지, 물질, 교회 참석 이외에 다른 무엇을 의미하는가?
- 하나님과의 밀접함에 대한 갈망이 회복된 느낌, 하나님께서 나의 외면과 내면의 더 많은 부분을 차지하시도록 허용하려는 강한 노력, 완전한 복종에 대한 저항을 전보다 적게 지닌 채 하나님 앞에 섬.

교회의 관점에서 본 청지기직

교인들이 월요일부터 토요일까지의 세상에서의 삶과 믿음을 연결시킬 때 그들을 도와주는 것.

4단계에서 교회 청지기직의 예

가정, 삶, 일의 의미와 목적을 찾도록 도와주는 소그룹의 방법

청지기로서의 교회 지도자

지도자는 개인적인 가치의 더 깊은 의미를 생각할 수 있도록 다른 사람들을 도와준다.

교인들에게 끼치는 영향

교회는 교인들의 내면의 삶을 돕기 위한 기술과 자원을 제공한다.

성경의 실례

- 창세기 11장 31절-12장 3절. 하나님께서는 갈대아 우르에서 가축과 토지를 소유한 아브라함을 선택하고 찾아가신다. 위대한 새 나라를 이루기 위해 아브라함이 지닌 모든 것을 가지고 알지 못하는 다른 곳으로 떠나라고 명령하신다. 그 꿈이 분명하다 할지라도 이 요청은 너무 큰 것이었다. 우리는 하나님께서 약속하신 3절 말씀과 아브라함이 순종한 4절 말씀 사이의 짧은 망설임을 상상할 수 있다.
- 사무엘상 1장 2절-2장 11절. 임신을 할 수 없어서 낙담한 한나는 하나님께서 아들을 주신다면 그 아들을 하나님께 드리겠다고 서원했다. 한나는 이스라엘 역사상 가장 중요한 제사장 가운데 한 사람인 사무엘을 낳았다.

벽

설명

능력은 변화다. 벽에 있는 사람들은 용감한 사람들이다.

특성

- 지적인 것을 넘어섬.
- 포기
- 자신의 어두운 면을 감싸 안음.
- 자아의 핵심으로 돌아감.
- 하나님과의 친밀함을 발견
- 지혜를 얻음.

방해물

개인의 의지

벽에서의 청지기직

벽에서는 하나님을 대면하는, 집중적으로 개인적인 내면의 여정에 집중하고 싶은 강한 욕구가 있다. 벽은 허물 벗기, 치유, 용서 그리고 회복의 시간이다. 우리는 우리의 삶과 믿음, 미래에 대해서 혼돈을 느낀다. 청지기직은 또 다른 의미를 지니며, 자신이 지닌 것을 나누어야 한다는, 사명 외의 삶의 방식으로 형성된다.

때로 우리에게는 교회 안에서 우리의 어려운 시기에 우리 말을 경청하며 함께할 사람이 있다는 것이 도움의 유일한 표시다. 우리는 하나님께 복종할 것을 준비하거나, 하나님의 더 깊은 차원의 청지기직으로의 부르심,

즉 우리의 인생의 청지기직에 복종한다. 우리의 교회가 벽의 여정중에 우리와 함께할 수 있다면 교회는 진정한 치유의 자원이다.

교인의 관점에서 본 청지기직

깊은 내면의 여정을 떠나는 것. 어떤 사람에게는 그들이 예배, 신앙, 재능의 청지기직, 봉사 등 외부 활동에 활발하게 참여하는 동안 내면의 여정이 일어난다. 다른 사람들에게 이 시기는 내면의 여정에 헌신된 시간이며, 신앙의 외적인 형태로부터의 안식이다.

개인에게 주는 의미

믿음, 삶 그리고 청지기직에 대한 질문과 혼돈

교회의 관점에서 본 청지기직

교인들이 심각한 질문을 할 때 경청하고 치유의 과정에 함께하는 것.

벽에서 교회의 청지기직의 예

- 내적 변화와 개인의 치유
- 진정한 변화

청지기로서의 교회 지도자

지도자는 사람들이 하나님께 더 깊은 청지기직으로 부름 받았음을 분별할 수 있도록 돕는다.

교인들에게 미치는 영향

교회는 성도들이 개인적인 온전함에 이를 수 있도록 영적 지도자와 치유 사역을 제공한다.

성경의 실례

- 열왕기상 19장. 이세벨이 찾아와 죽일까봐 두려워서 동굴 속에 숨어 있는 엘리야. 작은 음성이 그에게 들렸고, 그는 새로운 사역을 위해 나갔다.
- 요한복음 20장 1-18절. 막달라 마리아가 무덤에서 만난 예수님을 정원지기인 줄 잘못 알고 절망 중에 예수님께 말했다. 예수님께서 그녀의 이름을 불렀을 때 그녀의 삶이 완전히 변화되었다.
- 마태복음 26장 69-74절. 베드로가 닭이 운 후에 자기 자신과 그 두려움에 대해서 얼마나 모르고 있었는지를 깨달았다. 그는 깊은 자책의 시간을 가졌고, 가장 충성스러운 제자 가운데 하나가 되었다.

5단계: 목적에 의한 능력

설명

능력은 내면의 비전이다. 이 단계의 사람들은 이례적이다.

특성

- 자아 용납
- 안정되고 용감함.
- 단체의 양심
- 자신을 섬기지 않으며 겸손함.
- 인생의 목적에 자신감이 있음.

- 권력을 나눔, 다른 사람들로 하여금 인도하게 함.
- 영적임.

방해물
- 믿음의 결여
- 너무 많은 것들의 상실

5단계에서의 청지기직

우리의 삶은 벽에 있을 때 하나님으로부터 받은 삶의 목적에 따라 변화한다. 우리의 자아와 의지를 포기하고 우리의 소명을 향해 나아간다. 우리가 지닌 세상적인 소유를 드리기도 하지만 새로워지고 영적으로 부유해진 삶이 우리의 청지기직이다. 우리 자신의 사역을 위해 모금을 하기도 한다. 혹은 교회가 우리로 하여금 기도, 훈련, 후원, 모금을 통해서 우리 마음의 깊은 갈망으로부터 자라난 우리의 사역을 깨닫도록 도와줄 수 있다.

이제 초점은 교회가 어떻게 세상에서 우리의 일을 도와줄 수 있을까 하는 것으로 옮겨진다. 1단계에서의 방향과 마찬가지로 교회가 우리에게 베풀지만 우리가 그 자원들을 받아들이지 않을 뿐이다. 우리는 그 자원들을 다른 사람들에게 전하거나 몇 배로 더 확장시킨다.

교인의 관점에서 본 청지기직
개인의 삶과 직업의 소명

개인에게 주는 의미
- 자신의 가슴 속 깊은 곳의 바람, 곧 하나님께서 하라고 부르신 일을 따라 사는 것을 배움.

- 하나님께서 원하시는 모험을 함.
- 일주일 내내 믿음을 삶의 현장에 통합시킴.

교회의 관점에서 본 청지기직

교인들이 하나님의 일을 하기 위해 부름 받음에 따라 그들을 훈련하고, 재정적으로 도우며, 후원하기 위해 시간, 돈, 에너지를 베풂.

5단계에서 교회 청지기직의 예

개인적인 방법으로 세상을 사랑하는 것. 어떤 사람에게는 이 일이 서민들을 위해 집을 짓는 것이 될 수도 있고, 다른 사람에게는 외국의 어린 아이를 입양하는 것일 수도 있다. 어떤 사람은 교인 가운데 노인들을 돕는 것이 마음의 소원일 수 있는 반면에, 다른 사람들은 학대 받는 사람들의 치유에 마음이 끌릴 수도 있다.

우리 모두 세상에 무언가 다른 은사를 가져왔기 때문에 다양한 은사에 대한 축하와 감사가 있다.

청지기로서의 교회 지도자

지도자는 교인들에게 각자의 청지기직이 무엇인지 묻고, 다른 교인들이 그것을 도와줄 수 있는 방법을 찾음으로써 세상에서 감당해야 할 개인적인 청지기 역할을 후원한다.

교인들에게 미치는 영향

교회는 교인들의 마음속의 깊은 갈망을 후원한다.

- 누가복음 2장 22-39절. 아기 예수를 축복하기 위해 오래 살기를 원했던 시므온과 안나
- 에스더서. 자신의 백성을 구하기 위해 목숨을 걸었던 에스더

6단계: 지혜에 의한 능력

설명
능력은 자신을 포기하는 것이다.

특성
- 모순을 지닌 채 편안함.
- 온전하지 않으나 어두운 면을 통합함.
- 죽음을 두려워하지 않음.
- 무능력함.
- 조용히 봉사함.
- 그 단체의 양심
- 세상을 향한 연민

방해물
인간적 제약

6단계에서의 청지기직
우리는 자신들의 마음 깊은 갈망을 추구하기 원하는 사람들의 멘토요,

역할 모델이며, 후원자다. 조용한 결단과 은혜를 지니고 세상에서 활동한다. 우리가 감행하는 모험이 다른 사람에게는 매우 크게 보이나 그것은 우리의 소명에 깊이 헌신하는 것의 일부분일 뿐이다. 하나님과의 친밀함에서 얻은 지혜에 의해 살아간다. 우리 자원의 십일조 위에 우리가 가진 것을 다 하나님께 드린다는 의미로 삶의 십일조를 드린다. 이때 한 치의 망설임도 없다.

교인의 관점에서 본 청지기직
존재

개인에게 주는 의미
- 자신의 마음의 깊은 갈망에 따라 사는 것, 그 모습을 보고 다른 사람들도 따라 삶.
- 모든 것을 내어놓음.
- 믿음은 삶이다.
- 믿음을 통해 삶의 지혜를 얻음.
- 삶은 지혜다.

교회의 관점에서 본 청지기직
다른 사람들에게 영감을 불어넣어주기 위해 자신의 삶의 '십분의 일을 드린' 사람들의 이야기를 수집해서 나누는 것.

6단계에서 교회 청지기직의 예
- 우리의 모범으로 세상에 지혜를 가져옴.
- 우리의 모범으로 세상에 긍휼을 가르침.

청지기로서의 교회 지도자

지도자는 '삶의 십일조'의 모델

교인들에게 미치는 영향

교회가 세상을 변화시킨다.

성경의 실례

예수님의 삶, 모세, 미리암, 아브라함과 사라, 다윗과 밧세바, 야곱과 라헬, 바울, 스데반, 예수님의 어머니 마리아, 베드로 생애의 마지막 단계

The Critical
Journey

13장

벽에 대한 성찰

어둡고 신성한 장소인 벽은 하나님의 임재를 경험하는 자리다. 벽에서 우리는 다른 사람의 음성이나 뜻밖의 경험을 통해서 하나님께서 말씀하시는 것을 들을 만큼 연약하다. 어두움의 한가운데 하나님께서 우리와 함께 계시다는 것을 우리가 믿기만 하면 벽은 변화의 장소가 될 수 있다. 우리는 치료받거나 우리의 고통을 지워버리거나 성자가 될 필요 없이 어떻게 우리의 고통을 끌어안고, 어떻게 그 고통과 함께하면서 그 고통이 우리에게 가르치고자 하는 것을 배우며, 어떻게 두려움을 정면으로 바라보면서 그 가운데로 나아갈 수 있는지를 배우게 된다. 벽은 우리 각자를 치유로 초대한다.

    만일 어두움이 우리를 초대하는 대로 우리의 영혼이 일을 한다면, 비록 우리의 외면은 벽에 들어오기 전과 다를 바 없어 보일 수 있을런지 모른다. 그러나 벽의 건너편에 있는 우리 자신을 알아보지 못할 것이다. 우리의 내면이 바뀌었기 때문이다.

    벽의 경험은 우리의 열정을 발휘하게 해서 우리로 하여금 진정한 소명, 삶의 목적을 향해 앞으로 나아가게 한다. 우리가 이미 새로운 삶의 방향으로 움직이기 시작했을 수 있으나, 벽은 우리가 어떻게 우리의 삶을 살아야 하는지 더 확실하게 보고 더 직접 들을 수 있도록 도와준다. 벽은 우리가 현재 처해 있는 사람들과의 관계, 삶 혹은 직장에서 우리가 왜 달라져야 할 필요가 있는지를 명확하게 해준다. 즉, 우리가 언제 현재의 직업이나 역할을 그만두고, 더 생명을 주며 우리 마음의 깊은 갈망을 불러일으키는 다른 직업이나 역할을 수행해야 하는지 알려준다. 우리 마음의 외침은 생명을 주고 사랑을 낳는 관계를 맺어 사랑으로 의미를 가지고 대하는 사람들의 마음과 삶에 치유의 흔적을 남기도록 노력하는 것이다.

우리는 벽에 있을 때 자신의 회복과 관련하여 중요한 단계들을 언급할 기회를 갖게 된다. 그때 자신의 영적 여정을 다른 사람들이 경험한 것보다 더 힘들거나 혹은 덜 힘들어 보이게 말할 수 있다. 따라서 이 장에서는 앞서 다루지 못했던 벽을 통과하는 사랑과 치유의 방법을 설명하고자 한다.

영적 자아 통합하기

벽은 우리의 영적 자아를 우리 자신과 통합하도록 초청한다. 그리고 그 작업은 우리 자신과 다른 사람들의 악을 대면하는 것을 포함한다. 우리는 우리가 가장 두려워하는 것을 대면해야만 한다. 바로 그것이 벽의 경험이 왜 그렇게 불쾌한 것인지, 왜 그 많은 사람들이 어쩔 수 없을 경우에만 벽에 들어서는지에 대한 해답이다. 벽에서 우리는 보통 우리의 질병과 중독을 품고, 우리가 집착하거나 숭상하던 것들을 포기할 것을 요청받는다. 우리는 분노, 씁쓸함, 순교당한 것 같은 느낌, 상처 그리고 두려움으로 덮인 해결되지 않은 슬픔의 바다를 만나게 된다. 벽은 내면의 자아를 부인하거나 위장하려는 욕망에 도전하고, 참된 자아, 즉 하나님께서 우리를 위해 의도하신 자아를 멘토링하기 시작하며, 어두움의 의미를 깨닫는 장소다.

요구하기는 힘들지만 벽에서 가장 도움이 되는 두 가지 자질은 진리를

아는 명확성이나 벽에서의 소명 그리고 진리를 대면할 수 있고 앞으로 나아
갈 수 있는 용기다. 벽은 마음의 일이지만 마음이 연약한 자를 위한 것은 아
니다. 그것이 바로 우리가 벽을 피하는 많은 현명한 방법을 가지고 있는 이
유다.

하나님에 대한 이미지의 재평가

벽은 우리가 지닌 하나님의 이미지를 재평가하게 하는데, 그것은 우리
가 벽에서 사랑스러운 하나님을 만나기 때문이다. 더 이상 하나님께서 우리
를 사랑하신다는 것을 부인할 수 없으며, 우리를 향한 하나님의 사랑을 바
꿀 수 있는 그 어떤 것도 없다는 점을 깨닫는다. 이것이 우리가 직면하는 가
장 힘든 진리다. 그러나 일단 이 진리를 마음에 새기면 다른 모든 것이 다
잘 이해된다. 모든 위기, 모든 경험이 이제는 더 깊은 배움과 친밀함의 기
회, 우리의 연약함을 더 받아들이며 고통 가운데 평온을 경험하는 기회가
된다. 만약 우리가 당황스럽거나 고통스러운 경험을 향해 "내게 무엇을 가
르치려고 합니까?"라고 물을 수 있다면 하나님께서 우리의 내면 세계뿐 아
니라, 궁극적으로는 우리의 외부의 세계까지도 변화시키실 것이다. 벽은
우리의 신체적, 심리적 자아뿐 아니라 우리의 영적 자아도 통합하고 받아들
이는 장소다.

하나님께서는 우리의 마음과 몸과 영혼을 통해 우리에게 말씀하신다.
우리는 마음의 변화를 도울 만한 정보(강의, 책, 찬송가 가사 등)를 취하는 방법
을 생각할 수 있다. 또한 하나님께서 우리의 영혼을 자극하는 방법(음악, 기
도, 꿈, 상징물, 이미지, 감정, 침묵 등)도 생각할 수 있다. 보통 우리의 몸이 어떻게
치유의 메신저가 될 수 있는지를 알기란 더 어렵다. 그러나 접촉, 움직임,
운동, 댄스, 몸을 통한 기도 등은 변화의 강력한 도구들이다. 그리고 모든
신체적 증상(그것이 사소한 것이든, 아니면 삶을 위협하는 것이든지 간에 나타나는 모든 증

상)은 우리가 신체의 독특한 언어와 신체-마음-영혼의 연계에 수용적이라면 그 자체에 변화를 위한 사명이 있다.

진리로 하여금 우리를 자유케 함

벽에서 경험하는 변화 뒤에 있는 힘은 애정 어린 용서의 초연함으로 자신의 이야기 전부를 포용하는 일을 배우는 것이다. 우리는 하나님께 우리를 자유케 할 진리로 인도해 달라고 간구함으로써 이 일을 가장 잘 해낼 수 있다. 또한 그 과정이 몇 년 걸릴 수도 있으나 그 결과로 오는 내면의 자유는 기다릴 만한 가치가 있다. 이 자유를 조금만이라도 경험한다면 우리는 계속 전진할 수 있다. 그러나 당신이 구하거나 기도하는 것을 조심하라. 만약 하나님께 자유와 치유를 구한다면 당신은 상당한 모험을 감행하는 것이다. 벽은 우리가 상처를 치유하고, 다른 사람에게 비난을 투사해야 할 필요를 중단하며, 자신과 다른 사람을 용서하기 위해 필요한 개인적 책임감을 감당하기 시작할 때 우리에게 중요한 장소가 된다.

이 여정을 시작하는 한 단계는 우리가 어린아이 혹은 어른으로서 타인에게 받은 고통을 이해하고 규명 지으며, 그 경험에 연결된 분노, 수치, 죄의식을 느끼는 것이다. 우리는 이런 경험들과 그 경험에 따른 상실을 슬퍼해야 할 필요가 있다. 이 과정만도 몇 년 걸릴 수 있으나 그것은 그만한 노력의 가치가 있다. 우리의 중독증, 강박 관념, 우울증 그리고 신체적 증상의 많은 것들이 그 고통에 연결된 것일 수 있다.

또 다른 단계는 우리의 성격이 어떻게 어린 시절의 경험이나 유전적 기질에 의해 형성되었는지를 보고, 성인으로서 어떻게 어린 시절의 경험을 보상하고 있는지 인식하는 것이다. 우리가 벽에서의 작업을 이 단계에서 혹은 그 전에 중단한다면 우리는 전문적인 피해 의식에 사로잡힐 수 있다. 내적 치유를 주제로 한 지혜로운 책, 「마음의 유산Legacy of the Heart」의 작가인 웨인

뮬러^{Wayne Muller}는 "우리가 이 사람 혹은 저 사람이 어떻게 우리에게 상처를 주거나 모욕을 했는지에 골몰할 때 우리는 그 사람과 함께 추는 고통의 춤에 갇히게 된다"고 말했다. 나 자신도 애니어그램^{Enneagram}(사람들의 동기 부여와 그 동기 부여를 어떻게 자기 관리에서 생명을 주는 방향으로 바꿀 것인지를 설명하는 영성 심리학의 모델)을 연구하는 중에 나의 영성 지도사와의 친밀한 대화를 통해 어떻게 가족의 고통이 나의 발달에 반영되었는지를 발견할 수 있도록 도와주었다.

우리의 성격이 우리 자신의 고통과 어린 시절을 중심으로 어떻게 형성되었는지를 배우는 것은, 또 다른 단계인 자신과 다른 사람을 용서하는 긴 과정을 통해서 그런 고통으로부터 치유되는 것을 수반한다. 치유가 반드시 화해를 의미하는 것은 아니나 분노, 적개심 그리고 과거의 두려움을 날마다 뒤로 하는 것을 포함한다. 고통으로부터의 치유는 자신의 영역을 갖는 것, 상호 의존을 중단하는 것, 학대하거나 또는 학대당함을 거절하는 것, 아닌 것을 아니라고 맞는 것을 맞다고 정확하게 말하는 것 그리고 우리 자신의 중독성과 다른 상처들을 인정하는 것을 포함한다. 때로 용서는 우리가 자신의 고통을 좀더 깊이 조사하고 다른 사람의 깊은 죄와 상처를 승인할 때가 아니라, 이해할 때 자연스럽게 이루어진다. 때로는 기적적인 방법으로 용서를 하게 되는 종교적인 경험을 하기도 한다.

용서와 화해

가장 빈번하게 용서하기를 잊는 사람은 우리 자신이지만, 우리가 자신을 향해 연민을 지니고 고통에 포함된 우리의 복잡함이나 필요나 약점을 규명할 수 있다면 우리 자신을 용서할 수 있다. 우리는 자신을 비난하는 대신 우리의 필요, 자신에 대한 무관심, 순박함, 고독, 불안감, 낮은 자존감 혹은 분노가 어떻게 우리 자신의 최선의 유익을 위한 행동을 방해했는지를 이해하고, 가책을 느낀다. 따라서 우리 자신에 대해 동정심을 갖는 것이다. 우리는 그 상황에 대해 최선의 대처를 못했었다. 고통이 현재 우리의 모습에 이르도록 도와주었다고 할지라도 아직 하루 혹은 일 년 전으로 돌아가서 자신에 대해 깊은 후회와 동정심을 느끼고 그 감정들이 수그러들도록 해야 하는 결단의 순간들이 있다. 이것은 치유 받고 과거로부터 해방되는 강력한 방법이다.

지속적으로 고통과 고난을 부인함으로써 우리 자신을 용서하기를 거부한다면 우울증이나 자살을 포함한 다른 정신적 질병을 가져올 수 있다. 우리 자신에게 스스로를 용서할 수 있도록 하기 위해서는 고통 속에서 곪아 터져버린 내면의 분노를 화해시키기 위한 주의 깊은 경청과 동정 어린 사랑이 필요하다.

용서와 화해의 과정은 복잡하기 때문에 많은 책들이 특별히 이 문제를 다룬다. 용서의 과정 가운데 가장 중심 요인은 하나님이라는 사실을 기억하는 것이 내게는 도움이 된다. 그러므로 용서의 과정에 하나님을 초청하는 것은 매우 중요하다. 나는 의식을 사용하는 것이 용서와 치유의 도구로서 놀랄 만큼 효능이 있다는 사실을 발견했다. 의식의 사용은 우리의 문제를 다루는 전반적인 방법이다. 왜냐하면 우리의 마음(해야 할 일이 무엇인지에 대한 생각), 영혼(자유 없음의 경험, 다른 사람을 해방시키거나 자신을 용서하는 경험), 몸(실제적으로 의식을 행함)이 다 포함되기 때문이다. 의식을 사용하는 경우의 보기로는 잊어버리기를 원하는 어떤 일을 땅에 묻는 것, 집착하는 일의 상징을 태우는 것, 용서하고 해방시켜야 할 필요가 있는 사람에게 보내든지 안 보내든지 간에 편지를 쓰는 것, 또는 자신을 위한 치유의 예배를 드리는 것 등이다. 용서의 과정 가운데 가장 도움이 되는 부분은 급한 성격, 갈등에 대한 두려움, 상호의존, 속임수, 수동적·공격적 행동, 거짓말 등 무엇이든지 간에 고통에 대한 다른 사람의 책임과 당신의 책임에 대해서 정직한 자세다.

애정 어린 분리

우리가 일단 용서, 개심, 화해로 들어서게 되면 우리는 진정으로 거룩한 땅에 있게 된다. 우리가 이 용서의 과정 동안에 하나님께 눈을 고정시키고 우리의 치유 경험에 기초한 채 머물 수 있다면, 깊은 내면의 세계에 대해 저자들이 말하는 '애정 어린 분리' 혹은 '적극적인 무관심'을 느낄 것이다. 다른 사람들의 행동을 관찰하고, 그 행동에 대해 슬픔과 비애를 느끼며, 우리의 문제와 한계를 확실히 알고, 그들의 고통이나 치유되지 않은 세계로 빠져들던 것에서부터 애정 어린 태도로 변화될 수 있다. 우리는 집착하지 않고 사랑할 수 있는 것이다. 우리는 분명하고, 정직하며, 두려움 없이 사랑할 수 있다. 아무도 돌보지 않는 것 같은 사람에게 연민을 가질 수 있다. 우리의 원수도 사랑할 수 있다. 우리가 지닌 열정을 지치지 않고 실행할 수 있다. 하나님으로부터의 순전한 선물인 것이다. 일단 이 선물을 느끼면 그것을 받기 위해 겪은 모든 일과 고통이 가치가 있다.

우리가 이미 해결했다고 생각한 후에도 우리의 주의를 끌기 위해 계속 아우성치는 것들로부터 자신을 분리시키는 놀랍고도 단순한 방법은 '우리 삶의 중심에 감사의 마음을 유지하는 것'이다. 훈련의 한 방법으로, 특별히 당신이 지닌 문제들로 압도당한다고 느낄 때, 당신이 감사할 수 있는 모든 것을 다 적어보도록 하라. 더 작고, 더 사소한 일을 기록할수록 좋다. 그것은 당면한 문제를 해결하는 것을 중단하라는 것이 아니다. 단지 감사하는 모든 목록을 볼 때 당신의 문제가 덜 중요하게 된다는 의미다.

또 하나의 간단한 연습으로 성 이그나티우스St. Ignatius가 내면 생활의 훈련으로 가르치는 성찰Examin이라고 부르는 것인데, 매일 당신이 감사하는 것(그의 용어로 '위안')이 무엇이며, 감사하지 않는 것(그의 용어로 '황폐함')이 무엇인지를 묻고 그 결과로 당신의 사명을 찾는 것이다. 또 다른 연습은 매일 아침잠에서 깨어나서 처음 떠오르는 마음을 기쁨으로 차오르게 하는 성경 구절을 계속해서 암송하는 것이다. "여호와 나의 하나님, 주의 이름이 온 땅에 어찌 그리 아름다운지요", 또는 "주께서 내 영혼을 소생시키시며" 같은 구절들은 매우 간단하지만 오랜 시간에 걸쳐 우리의 영혼에 깊은 영향을 미친다.

다시 세상으로 나아가기

벽에서 내면 작업의 필연적인 결과는 내면에 온 신경을 집중하던 것으로부터 벗어나서 우리의 가족, 친구, 삶, 직장 그리고 공동체에 보다 의미 있는 방법으로 임하는 것이다. 우리는 자주 알코올 중독자 치료 프로그램의 후원자, 청소년 활동 지도자, 유방암 후원그룹 지도자, 빈곤 지역 선교 지도자같이 우리 자신의 고통과 직접 혹은 간접적으로 연결된 일들에 종사함으로써 우리 자신의 치유 과정을 더 진전시키라는 사명을 느낀다. 어떤 경우 우리는 직장에서 보수를 받고 일하는 방법을 바꾸는데, 예를 들면 직장에서 더 많은 동정심을 갖고 일한다든지 혹은 다른 프로젝트에 집중하기도 한다. 그리고 어떤 사람들은 벽에서 자신들의 치유와 관련되었던 전임직을 찾기도 한다. 우리는 벽을 통과한 후 더 깊어지며, 더 동정심이 많아지고, 겸손해지며, 다른 사람들의 고통을 더 의식하고, 더 사랑하게 된다. 그것은 놀라운 선물이며, 우리 대부분에게 있어서 상당한 변화다. 우리의 삶은 더 이상 우리의 것이 아니다. 우리는 이제 하나님의 소유다.

내면의 삶에 대해 재능 있는 20세기 작가인 에블린 언더힐은 그녀의 책, 「실천적 신비주의Practical Mysticism」에서 내면으로 깊이 들어갔다가 새로운 관점을 가지고 세상으로 다시 나아가는 것에 대한 원리를 썼다.

벽에서 일어나는 일들에 대해 조금 설명했는데, 이제는 나 자신의 벽에서의 경험을 묘사하려 한다.

자넷의 벽 이야기

나와 밥이 「더 깊은 믿음으로의 여정」의 초판을 썼을 때, 우리는 간단한 설문을 통해서 믿음의 여정에 관한 수련회나 강의에서 참석자들이 최고의 감동을 경험할 때는 자신의 믿음의 여정을 서로에게 말하는 기회를 갖는 때임을 알았다. 당신의 25세 이전과 25세 이후의 가장 중요한 종교적 혹은 영적인 경험은 무엇이었는가? 대부분의 사람들은 이런 질문에 대해 생각해볼 기회가 전혀 없었을 것이다. 그래서 아주 소수의 사람들만이 질문을 하거나, 중단시키는 일 없이 듣기만 하는 두세 사람에게 자신들의 이야기를 말할 기회를 가져보았다. 자신들의 믿음의 여정을 나눈다는 것은 매우 뜻 깊은, 아마도 모든 사람들에게 가장 중요한 경험일 것이다.

나와 밥, 둘 다 세미나를 통해 서로 믿음의 여정을 나누었다. 그 경험은 매우 의미 있었기 때문에 우리는 책을 통해 우리 자신들의 이야기를 공개하기로 결정했다. 우리의 이야기를 나누는 것은 또한 사람들에게 자신들이 잊고 있었거나 갈등하고 있었을 그들의 진리, 경험, 의심들을 되찾거나 기억할 수 있도록 자극할 수 있는 두 가지의 보기를 제공한 것이었다. 이 새로운 장을 쓰고 내 이야기의 나머지 부분을 첨가하면서 나의 유일한 후회는 내 이야기만 나눌 수 있었다는 점이다. 내가 서문에서 썼듯이 밥은 미네소타 북부에 있는 그의 오두막집에서 1991년 7월 심장마비로 세상을 떠났다. 초판에서 말한 그의 이야기를 기억한다면, 의사들은 그가 고등학교 이후 생존할 수 있을지 걱정했는데, 그는 51세까지 꽤 정상적인 삶을 살았다. 그는 자신을 하나님 손에 의탁했던 첫 번째 수술 이후 죽는 것을 결코 두려워하지 않았다. 그는 자신의 전 생애를 선물로 여겼다.

이제 내가 1989년에 썼던 「더 깊은 믿음으로의 여정」의 초판에서 내 여정을 나누었던 시점으로 되돌아가려 한다. 나의 이야기를 하는 것은 아직도 느낄 수 있는 수치심 때문에 그저 당황스러운 것 이상이지만, 내 이야기를 함으로써 다른 사람들도 자신들의 이야기를 할 수 있도록 하는데 도움이 되리라 생각한다. 프레드릭 부크너가 그의 책, 「비밀 말하기Telling Secrets」에서 다음과 같이 매우 잘 표현하고 있다.

> 나는 대체로 그 비밀을 말하는 것이 매우 놀라운 효과를 가져오며, 또 모든 사람들이 매우 중요한 똑같은 비밀을 가지고 있다고 믿게 되었다. 그 비밀은 우리의 가장 중요한 모순, 즉 우리가 다른 무엇보다 원하는 것은 우리가 온전한 인간다운 모습대로 알려지는 것이지만, 그 사실이 다른 무엇보다 우리가 가장 두려워하는 것이기도 하다는 의미에서 놀라운 효력이 있다.
>
> 우리가 우리 자신에게만 말한다 할지라도 때로 자신이 진정으로 어떤 사람인지의 비밀을 말하는 것은 중요하다. 왜냐하면 그러지 않을 경우 우리 자신이 진정 어떤 사람인지 잊어버리고, 그 대신 실제의 모습보다 세상이 더 용납하기 쉬워 보이는 아주 많이 꾸며진 모습을 점차로 받아들일 위험이 있기 때문이다.
>
> 또한 우리의 비밀을 말하는 것은 우리가 어디에 처해 있는지 그리고 어디로 가고 있는지를 쉽게 알 수 있도록 하기 때문에 중요하다. 또 우리가 비밀을 말함으로써 다른 사람들도 자신들의 한두 가지 비밀을 말하기 쉬워지고, 그렇게 서로 비밀을 나누는 것은 가족이라는 것이 무엇인지 그리고 사랑이라는 것이 무엇인지와 많은 연관이 있다.
>
> 마지막으로 나는 우리의 비밀이 있는 우리 내부의 깊은 곳에 들어감으로써 다른 어느 곳에서보다 우리가 인식하든지 못하든지 우리의 모든 비밀 되시며 이야기해 드려야 하는 가장 소중한 분에게 더 가까이 갈 수 있다고 생각한다.

첫 번째 이야기: 벽에 들어감

초판에서의 내 이야기의 마지막 문장은 다음과 같았다.

나는 이제 겨우 문제를 해결하기 시작했고, 다른 단계들에서 벽의 경험에 또다시 들어갈 것이라고 느낀다. 내 삶 가운데 다가올 다른 새로운 일들을 발견한다는 것이 흥분되기도 하고 두렵기도 하나 내가 준비되고 기꺼이 감당할 수 있기를 기도한다.

이 두 문장이 나에게 얼마나 예언적이었는지 모른다. 「더 깊은 믿음으로의 여정」의 초판이 출간된 1989년 이후의 대부분을 나는 벽 안에서 혹은 벽 주위에서 보냈다. 나는 매우 경이로운 장소인 벽에 대해서 깊은 경외심을 갖게 되었다. 나는 벽에서 내 인생의 가장 어려운 순간과 가장 자유스러운 순간을 맛보았다. 벽이야말로 하나님께서 우리를 가장 깊이 녹이시고, 치유하시며, 사로잡는 장소라고 믿는다. 그러나 다른 사람에게 벽을 권할 수 있을지는 미지수다. 내 친구가 말하듯이 눈을 반짝이며 얼굴에 짓궂은 웃음을 띤 채 권할 수는 있을 것이다.

내가 저술한 다른 두 책에서 내 이야기의 일부를 다른 관점으로 말한 바 있다. 하지만 내 삶의 진실을 다루는 과정에서 하나님과의 친밀함과 내가 얻은 용기가 내 삶을 아주 바꾸었기 때문에 이번에는 가장 중요한 관점, 즉 영적인 관점에서 내 이야기를 나누려 한다.

벽을 향한 내 발걸음은 내가 이 책을 저술하는 동안에 벽에 대해서 점점 친근하게 느끼게 되면서 시작되었다. 나는 하나님께 더 가까이 가고자 하는 강한 갈망을 지니고 있었으나 또한 하나님께 가까이 가는 것이 내게 무엇을 의미하는지에 대한 두려움도 있었다. 그러나 1990년 여름에 했던 경험이 뒤돌아설 수 없는 궤도에 나를 들어서게 했다.

예술가요 작가인 내 여성 친구들이 우리 도시에서 다발적으로 발생하는 가정 폭력에 우리가 어떻게 대응할 것인지를 의논하기 위한 모임에 나를 초대했다. 3주 동안에 다섯 명의 여성이 가까이 지내던 사람들에 의해서 피살되었다. 그 모임을 통해 그 한 해 동안 미네소타 주에서 가정 폭력으로 살해 당한 27명의 여성들을 나타내는 빨간색 실물 크기의 나무 실루엣을 만들어 전시함으로써 가정 폭력을 알리자는 계획이 나왔다. 우리는 그 실루엣을 '침묵의 증인'이라고 불렀다.

5개월 후 미네소타 수도에서 침묵의 증인 전시가 열린 첫날 아침에 나는 옆구리에 움직일 수 없을 정도로 매우 강한 통증을 느끼며 일어났다. 결국 인근 병원의 응급실로 가게 되었다. 몇 시간 후에 확실한 진단 없이 통증이 가라앉았고, 나는 몸이 떨리는 채로 행진에 참여할 수 있었다. 한 달 후에 내가 가정 폭력에 대해서 다시 얘기할 때 나는 옆구리에 이전보다는 덜하지만 그때와 비슷한 통증을 느꼈다. 무엇인가가 잘못되었다고 생각하고 나는 나의 통증과 내가 폭력에 대해서 말하는 것 사이에 무슨 연관이 있는지 의아하게 여기기 시작했다. 친구들과 전문가들의 도움으로 그 둘 사이의 연관에 대해 다루기 시작했다. 그것은 매우 어려운 작업이었으나 나는 그 일이 미래의 내 정신 건강의 열쇠라는 것을 알고 있었다.

두 번째 이야기: 판도라의 상자

몇 주 후, 나는 판도라의 상자를 여는 꿈을 꾸었다. 꿈속에서 나는 무한대의 상징인 8자 모양의 길 위로 서서히 움직이는 문 잠긴 화차Boxcar 속에 있었다. 그 화차는 불에 타고 있었고, 화차 밖에는 나와 어머니의 이름이 적힌 간판이 있었다. 나는 겁에 질린 채 떨면서 꿈에서 깨었다. 내가 살아가는 방식을 고치지 않는다면 우리 어머니처럼 일찍 죽게 될 것이 확실해졌다(어머니는 55세에 돌아가셨다).

그 이후로 나의 내면의 작업이 내 삶의 초석이 되었다. 상담과 영성 지도를 받으며 나는 나의 꿈과 내 옆구리의 통증을 내가 충분히 인식하지 못하고 있던 진실과 연관시켰다. 내 통증은 학대 문제가 나의 가정과 너무 밀접하므로 학대 문제에 대해서 일하지 말라는 내 육신이 주는 하나의 경고였다. 내 꿈은 내가 나의 인생과 또 세상에 있는 이 학대 문제에 대해서 해결하지 않는 한 내 가정의 문제를 치유할 수 없다는 영혼의 메시지였다. 나는 친구들, 임상 치료사들, 영성 지도사, 기도 그리고 치유하고자 하는 깊은 갈망을 사용해서 학대에 관한 문제를 해결하기로 결심했다. 그 결정은 내게 아름답지는 않지만 최소한 진실한, 새로운 세상을 열어주었고, 더 이상의 비밀은 없었다.

세 번째 이야기: 양파 껍질 벗기기

진리를 발견하는 작업은 마치 양파 껍질을 벗기는 것처럼 한 층 한 층 껍질을 벗길 때마다 각 껍질이 그전 것보다 더 무거운 채 새로운 발견을 하는 것 같았다. 먼저 나는 언어로 혹은 성적으로 폭력적이었던 직장에서의 몇 가지 사건들과 관계들에 대해서 기억해내고 내 치료사에게 말했다.

우연히 그와 거의 비슷한 시기에 나는 사촌과 점심을 먹게 되었는데, 그 사촌은 우리 아버지가 내가 태어나던 해 전까지 알코올 중독자였으며, 종교적 회심 후 술을 끊었다고 말해주었다. 불행하게도 그 당시에는 아무도 알코올 중독의 회복 단계의 다음이 무엇인지 몰랐고, 그래서 우리 가족은 현재 우리가 '금단 현상'이라고 부르는 언어 폭력과 폭발적 성격을 보며 살아야 했다. 우리 집안의 분위기는 긴장되어 있었다. 아버지는 건실한 사업가로서 돈을 잘 버셨고, 모든 사람이 존경하는 교회의 기둥이셨으나 집에서는 행동을 예측할 수 없었고, 자주 피곤해하고 분노를 폭발해서 우리는 늘 살얼음판을 걷는 것처럼 긴장해 있었다. 우리 가족 모두는 아버지를 기쁘게 해드리려고 애썼고, 아버지를 두려워했으며, 아버지와의 관계에서 각자 다른 역할을 맡았다. 어머니는 열심히 일하며 가족들을 섬겼으나 많이 우셨고, 특히 아버지가 화가 나 있을 때 많이 우셨다. 오빠는 반항했고 자주 화가 나 있었다. 그리고 나는 학교에 다니면서 늘 바빴고, 그 상황에서 도피하며 인정받기 위해서 기대 이상의 좋은 성적을 올렸다.

나는 우리 가족에 대한 이 새로운 사실에 충격을 받았다. 우리 가족의 유형에 대해서 알고 있었으나 알코올 중독이라는 제목을 붙인 적은 결코 없었다. 사촌이 내게 말하자마자 나는 그것이 사실이라는 것을 알았다. 그리고 이제 정서적으로 그리고 영적으로 해야 할 많은 일이 생겼다.

네 번째 이야기: 치유된 하나님의 이미지가 더 깊은 진리로 인도함

영성 지도를 받으면서 나는 하나님과 더 친밀해지기를 원한다고 말하면서도 사실상은 하나님을 두려워하고 있었고, 하나님을 향한 신뢰가 적었기 때문에 하나님께 가까이하고 싶은 갈망에 어려움이 있었다. 나의 하나님에 대한 이미지는 아직도 우리 아버지에 대한 이미지에 묶여 있었다. 나는 그 문제를 해결했다고 생각했는데 다른 차원의 치유가 필요했던 것이다. 나는 하나님께 내가 지니고 있는 하나님에 대한 이미지를 버리고 신뢰와 사랑에 기초한 새로운 이미지를 갖게 해달라고 기도했다. 양파 껍질을 벗기듯 한 층 한 층 진리를 발견한 것처럼 치유도 단계적으로 이루어졌다. 우리가 그 당시 감당할 수 있는 만큼 껍질을 벗겼고, 또 나중에 더 깊은 치유를 위해 한 껍질을 더 벗겼다. 우리 가족의 학대에 대한 사실이 드러났고, 나는 내가 지니고 있던 하나님에 대한 이미지를 버리고 더 깊은 차원에서 하나님에 대한 이미지로 치유할 수 있었다.

나는 내게 상처를 준 사람들의 이름을 말할 수 있었고, 내게 어떤 일이 있었는지에 대해 솔직할 수 있었다. 나 자신을 탓하지 않고 내게 있었던 일들을 사실대로 규명하는 것은 치유의 과정에서 중요한 부분이었다. 그들이 내게 행한 일이 잘못된 것일 뿐 아니라, 어떤 경우는 법에 위촉되는 것이었음을 깨닫는 것조차도 시간이 걸렸다.

그 후 나는 기도하면서 내 자신의 생활 양식으로 더 깊이 들어가라는 부르심을 느꼈고, 그 다음 단계는 내가 이해하기에 더 어려운 것임을 발견했다. 내가 이 달갑지 않은 진리로 천천히 들어가면서 나는 명확성과 용기를 위해 기도했다. 내가 실제적으로 하나님께서 나로 하여금 보기를 원하시는 것을 해결하기 전에 그것을 생각하는 데 일 년이 걸렸다. 그러나 나는 어쨌든 벽에 처해 있었다. 지금은 하나님께서 그때 나와 함께 그 자리에 계셨고, 내가 든든한 후원을 받고 있었음을 안다. 내가 벗겨낸 더 깊은 진리는 이 모든 관계와 경험에 있어서 내가 연루되었다는 것이다. 나는 똑똑하고 유능한 직장 여성이었고, 전국에서 활동하던 지도자였으며, 활동적인 교회 지도자, 여러 책의 저자였음에도 정서적, 심리적 그리고 때로는 성적인 학대로 끝나는 업무적, 직업적 그리고 개인적 관계에 계속 빠져들고 있었다.

내가 배운 것은 처음에는 이 사람들에게 매우 끌려서 그들이 내게 어울리는 사람이라고 확신했다는 것이다. 어떻게 그렇게도 틀린 판단을 내릴 수 있었을까? 그 대답은 매우 간단했다. 내가 나의 상처의 핵심을 그때까지 다루지 않았기 때문에 나는 눈이 멀어 있었다.

나의 어린 시절의 상처가 치유되지 않았기 때문에 나는 재미있고, 카리스마 넘치며, 흥분하게 만들거나 능숙하게 착취하는 사람들에게 끌렸고, 그들과의 교제를 추구하기도 했다. 하지만 사실은 그들에게 저항할 수 없던 것이다. 나는 내가 이 사람들을 만났을 때 느끼는 흥분되며, 도전적이며, 강렬한 느낌은 믿을 수 없는 것이라는 사실을 배우게 되었다. 이제는 그것을 초청이라기보다는 분명한 경고의 신호로 본다. 이 경험은 내 일생에 있어서 가장 중요한 깨달음이었다. 그런데 내 탓으로 돌리거나 개인적인 마녀 사냥(원래 의미는 초기 현대 기독교에서 행해지던 마녀나 마술을 행하는 사람의 색출이지만, 현대적 사용은 극단적인 편견을 지니고 사실에 상관없이 심한 조사를 하는 것을 의미 – 역주)으로 돌리지 않고는 그런 관계에 내가 연루되었음을 인정한다는 것이 너무 수치스러웠으므로, 그것은 하나님의 도우심으로 벽에서만 경험할 수 있는 것이었다.

다섯 번째 이야기: 벽에서의 열정의 시작

나는 하나님께서 이제 가까이 오심을 느낄 수 있었다. 내 영혼 안에 얼굴을 맞댄 투쟁이 일어날 것이었다. 내 안에서 무엇인가 강력한 것이 자라나고 있음을 알 수 있었다. 내 삶에서의 열정인 '침묵의 증인' 발의를 위해 일하는 동안 나의 벽에 관한 문제를 해결하는 것을 잠시 중단하고 있었다. 그래서 가정 폭력의 치유에 관한 내 열정을 추구할 수 있었다. 나는 동료와 함께 우리 주에서와 같이 다른 주에서도 '침묵의 증인' 전시회를 하고 미국 내의 가정 폭력 치료를 위한 국가적 행진을 위해 워싱턴으로 사람들을 모으기 위해 4년을 지냈다. 내 안에 열정이 일어남을 진정으로 느꼈고, 그 일이 내 인생의 영적 소명이라는 것을 알았다. 나는 그저 가정 폭력 운동에 참여할 수만은 없었고, 그 운동 속에 치유자로 있어야 했다. 가정 폭력에 연결된 여러 어려운 경험을 통해서 어떻게 포기하고 내 지도력이 하나님에 의해서 변화되도록 해야 할지를 배웠다. 나는 하나님께서 이 일 가운데 그리고 지금 내 삶 가운데 계시다는 것을 배웠고, 나의 삶, 일, 신뢰도가 깊어지는 것을 느낄 수 있었다.

'침묵의 증인' 발의를 위해 더 오래 일할수록 이 놀라운 일을 하는 동기의 일부는 우리의 제도 속에 엉킨 나 자신의 결혼 생활의 분노, 두려움, 위협 그리고 상호 의존을 치유하고자 하는 것임이 더 분명해졌다. 기도를 통해 나는 이것을 깨달았다. 사실상 내 삶의 대부분의 영감은 매일의 기도 시간 동안에 떠올랐다. 기도가 내 삶의 가장 위안이 되며 의욕을 주는 시간이었다. 하나님께 투명함과 용기를 달라고 기도했으며, 기꺼이 하나님을 더 신뢰하고 그분 앞에 나의 연약함을 보일 수 있었다. 벽에서 편안했다고 말할 수는 없지만 벽이 더 친숙해지고, 더 나를 자유롭게 하며, 덜 무서워지고 있었다. 내 안에서 무엇인가가 바뀌고 있었다. 나는 처음으로 진리에 이르고 있었으며 진리가 나를 자유롭게 하고 있었다.

여섯 번째 이야기: 하나님을 향한 전환점

남편과 나는 이 기간 동안 임상 치료와 영성 지도를 받고 있었다. 이 몇 년간은 격렬하고, 자신을 들추어내는 고통스러운 기간이었다. 나는 우리 가족 간의 일들과 나를 학대했던 사람들과의 과거를 다루었고, 남편은 자신의 문제들을 다루고 있었다. 우리는 또한 자신들의 고통을 해결하고 결혼 생활의 변화를 이루기 위해 노력하고 있었다. 이런 여러 해에 걸친 내면의 작업 후에도 우리의 관계에는 정기적으로 폭발하는 사건들과 함께 고질적인 긴장이 있었다. 우리를 치유할 아무 중요한 일도 일어나고 있지 않는 것처럼 보였다.

어느 날 아침 기도 시간에 나는 남편과의 관계에서 인내심의 끝에 다다랐다. 나는 하나님께 무엇인가 혹은 아무 일이라도 하시든지 아니면 왜 우리의 결혼 생활에 아무 일도 일어나고 있지 않은지 설명해달라고 고함을 질렀다. 그 결과로 두 가지 놀라운 일이 일어났다. 하나님께서는 내게 응답하셨고, 그 이후 세미한 음성으로 내게 말씀하기 시작하셨으며, 나의 기도 생활에서 의미 있는 깊이를 경험했다.

내가 하나님께 결혼 생활에 있어서 모든 노력을 기울였음에도 왜 아무런 중요한 것도 바뀌지 않는지 말해달라고 구했을 때 하나님께서 "너는 이 시간 역시도 거룩하다는 것을 모르겠니?"라고 대답하셨다. 나는 그 대답이 마치 '신학적인 지성 게임Theological Mind Game' 같다고 말씀 드렸다. 우리들 가운데 어떤 사람들은 하나님을 향한 나의 솔직함에 의아해할지도 모르지만 나는 하나님께서 우리의 겉치레보다 우리의 진정한 감정을 더 존중하신다는 것을 발견했다. 하나님께서는 차분하게 "내가 세상에서 너를 위해 준비하는 것을 위해서 너는 5~6년 이상 걸려서 얻게 되는 장기간의 용기를 필요로 할 것이다"고 말씀하셨다. 나는 그 대답을 좋아하지는 않았지만 적어도 내 안에서 무슨 일이 일어나고 있는지를 이해했으므로 안도감을 느꼈다.

그런 후에 나는 더 깊고 더 심오하며 친밀한 기도의 은사를 경험하게 되었다. 여기서는 그 은사에 대해 자세하게 설명하지 않으려고 하는데, 그 이유는 하나님께 가까이 오라는 초청에 응하는 것이 중요하지, 그 경험을 묘사하는 것이 중요하지 않기 때문이다. 이 기도의 은사와 함께 성경 한 구절을 받았다. 그것은 마른 뼈에 관한 장인 에스겔 37장 14절 말씀이었는데, 나는 그 이후 몇 년간 매일 그 구절을 갖고 기도했다.

내가 또 내 신을 너희 속에 두어
너희로 살게 하고
내가 또 너희를 너희 고토에 거하게 하리니
나 여호와가 이 일을 말하고
이룬 줄을 너희가 알리라 나 여호와의 말이니라.

나는 이 한 구절을 갖고 그 진리가 내 영혼 속에 스며들 때까지 거의 일년 동안 기도했다. 그 몇 년에 걸쳐서 내 속에 점진적인 변화가 일어남을 알수 있었다. 나는 사랑받고 있음을, 조건 없이 사랑받고 있음을 느꼈다. 하나님과 연결된 것과 안전하다는 것을 느꼈다. 하나님을 훨씬 더 신뢰했다. 깊은 차원에서 과거로부터 치유되고 있는 것을 알았다. 또한 하나님께서 나를 위해 무엇인가를 더 준비하고 계신 것도 알았다.

워싱턴에서의 국가적 행진 바로 전에 거의 기적에 가까운 정서 조절 모델이 가정 폭력 운동 내에서 나타났다. 어린 시절 학대당했던 어느 교수가 최신 두뇌 이론에 기초해서 이 새로운 방법을 개발했다. 그 방법은 많은 연구와 실험을 거쳤다. 초기에 이미 가해자의 학대적 행동을 중단시키는 뛰어난 기록을 남겼다. 또한 이 모델은 높은 수준의 걱정, 두려움 그리고 분노를 지닌 남녀 학대 경험자에게도 유용했다. 그러나 이 모델이 너무 새롭고 우리가 추진하던 운동에서 이미 개발한 것과 너무 대조적이어서 나는 회의적이었다. 나는 전문적으로 그 모델을 사용하기 전에 매우 조심스럽게 그 모델을 살펴보았다. 내가 발견한 것은 그 모델이 효과적이며, 성공적으로 되풀이되었고, 비용도 저렴하다는 것이었다. 이제 우리가 이 모델을 적용하여 가해자들이 자신의 배우자를 학대하는 것을 중단시킬 수 있다면, 사실상 가정 폭력 치료에 새 장을 열 수 있다는 것을 알았다.

일곱 번째 이야기: 집착하던 것을 놓아버림

나는 새로운 희망으로 가득 찼다. 또한 내 결혼 생활 내에서의 분노와 상호 의존 체계를 고칠 수 있으리라는 기대로 가득 찼다. 우리 두 사람이 정서 조절 모델을 사용했다면 자신들의 결혼 생활을 유지하기 원하고, 치유를 믿으며, 임상 치료적으로 또 영적으로 결혼을 위해 노력하던 사람들을 치유하고 그들에게 희망의 모델이 될 수 있었을 것이었다. 이제 우리는 정서를 조절하는 데 사용할 수 있는 입증된 모델을 얻게 된 것이다.

모든 일이 잘 되어가는 그 다음 몇 년 동안 내 기도 생활이 깊어졌고, 매일의 삶에서 하나님과의 친밀함이 더 실재적으로 다가왔다. 그리고 이 새로운 정서 조절 모델을 사용했으며 남편과 나는 그 모델을 가르쳤다. 나의 정서적 생활은 온전히 새로운 차원으로 들어섰다. 나의 분노 밑에 있는 상처나 신념을 처리함으로써 다른 사람의 분노나 나 자신의 분노에 이전처럼 얽매이지 않았다. 새로운 세상이 열린 것을 느꼈고 치유나 사죄, 종결을 필요로 하는 오래된 원한과 관계들의 회복을 위해 노력했다.

그런데 새로운 황금시대에 들어선 지 몇 주 지나지 않아 나의 결혼 생활이 급속하게 분리되기 시작했고, 몇 달 안 되어서 우리는 이혼 수속을 밟게 되었다. 나는 상처를 입었으며, 속았고, 버림을 받았다고 느꼈으며, 무엇보다도 수치스러웠다. 몇 년간에 걸쳐 내가 믿고 그렇게 열심히 노력한 결혼 생활의 치유가 실패로 끝난 것이다. 그 모든 것이 바로 내 앞에서 내가 결혼 생활을 고칠 수 있다고 믿은 그때 무너져 내렸다. 강했던 내 믿음이 이 충격으로 흔들렸다. 나는 지금도 이 어두움의 시기에 나를 지탱해준 매우 현명한 친구들, 도움을 준 사람들, 전문가들에 대해서 하나님께 감사한다. 기반 있는 기독교인 임상 치료사와 내 영성 지도사가 하나님, 기도와 함께 나의 주된 안내자가 되었다. 그들은 내가 이혼의 경험을 처리하고, 올바른 견해를 지니며, 내면의 조용하고 신성한 장소에 머무를 수 있도록 도와주었다. 내 치료사는 내게 그 고요한 장소, 헤시케즘hesychasm, (원어는 평온, 고요함을 뜻하며 동방정교에서 행하던 속세를 떠난 기도의 전통 - 역주), 내가 하나님을 만나는 조용한 중심의 이름을 가르쳐주었다. 그는 일 년 동안 스님들과 공부했으며 자신이 어떻게 그 고요한 장소에서 살아가는 것인지를 배웠다.

여덟 번째 이야기: 고통으로부터 얻은 동정심

이혼을 겪으면서 내가 경험한 가장 중요한 변화 가운데 하나는 이전에 경험했던 것보다 훨씬 예민한 새로운 느낌의 동정심이다. 나는 잘못된 것을 바로잡을 방법이나 치유책을 찾기 위해 모든 방법을 동원했지만 결국 실패를 경험한 사람들에게 연민을 느낀다. 우리는 그저 과정에 있어서 노력을 기울일 뿐이지 결과를 보장할 수 없다는 것을 발견했다. 이 사실은 내가 이해하기에 매우 어려운 일이었는데, 왜냐하면 어린 시절부터 가정에서 우리가 열심히 하면 원하는 것을 모두 할 수 있다는 강한 메시지를 들으며 자랐기 때문이다. 그 말이 얼마나 틀린 것인지를 그때서야 알게 되었다.

나는 불치병에 걸려서 모든 것을 다 시도해보았지만 치유되지 않은 사람들, 반항하는 십대 자녀의 변화를 위해 성실하게 상담을 받았으나 자녀들이 집을 나가버린 가정들, 중독증에 걸렸다가 회복되었으나 결혼은 유지할 수 없는 중독자들, 목회를 열심히 했으나 그 사역을 망쳐버리는 깊은 상처가 있는 목회자들을 생각한다. 내 경우에는 다른 사람들을 향해 새롭게 생성된 동료 의식인 동정이 나의 자신감과 교만을 대신하게 되었다. 내가 매달리던 결혼 생활의 유지와 사람들에게 본이 되고자 하던 것을 포기해야만 했다. 나는 그것들을 하나님 앞에 내려놓아야 했다.

남편과 헤어진 후 첫 한두 해 안에 나는 이 상처와 실패의 기간 동안 내 믿음이 유지되었을 뿐 아니라 더 성장하고 강해진 것을 깨달았다. 믿음이 성장한 것은 내가 무엇을 했거나 혹은 하지 않아서가 아니었다. 위기가 올 때 많은 사람들이 믿음을 잃는다는 것을 실감한다. 이혼 전에 하나님께서 주신 기도의 은사가 영성 지도사, 친구 그리고 임상 치료사의 도움과 격려 속에 이 어려운 시기를 지나가게 해 주었다. 내가 한 마디 말도 입 밖에 낼 수 없어, 그저 하나님 앞에 눈물만 흘릴 때, 기도가 나를 이끌어주었다.

이혼 과정 중에 내가 했던 가장 효력 있는 일 가운데 하나는 나의 결혼의 헌신에 끝이 왔음을 인정하고, 우리 각자의 앞길을 축복하기 위해 친구 목사님의 도움으로 고안했던 조촐한 개인 예배였다. 그 예배는 성경 낭독, 시 그리고 참회의 순서로 진행됐고, 우리 두 사람을 축복하기 위해 원래의 결혼 서약을 고쳐 썼다. 예배중 어느 시점에 결혼 반지를 제단에 다시 돌려놓았다. 참석했던 모든 사람들과 함께 성찬식을 가졌다. 나는 보통 이혼에 대해서 철저하게 침묵하든지, 아니면 수치스럽게 여기는 교회가 내가 치유받으며 미래를 바라보고 소망을 가질 수 있도록 나와 함께해준 것에 대해 깊이 감명받았다. 그 예배는 촛불과 사랑하는 사람들, 시, 성경, 포옹, 추억에 대한 말들, 성찬을 통해 고통의 한가운데 하나님의 은혜가 함께하심을 뜻 깊게 보여주었다.

아홉 번째 이야기: 나의 미래와 소망

이제 나는 하나님께서 정확하게 내가 있어야 할 곳에 있게 하심을 믿는다. 나는 이혼을 통해 이전보다 더 동정심이 많으며, 더 정직하고, 더 감사하는 여성이 되었다. 최근의 치유 경험 가운데 하나는 나 자신과 다른 사람을 향한 분노와 용서할 수 없는 것으로부터의 해방이다. 나는 내 영혼의 '후회와 번민의 방'이라고 이름 지은 곳에서 시간을 보냈다. 이 방에 들어감으로써 나는 내 인생에서 치유되지 않은 장소, 이제 내가 깊이 후회하는 장소로 돌아갈 수 있었다. 그것은 마녀 사냥이 아니었다. 나는 하나님께서 내 안에서 철저하게 행하심으로 기도를 통해 더 깊은 수준에서 어떻게 고칠 수 있는지 보여달라고 구했다. 그 후에 나는 자신의 결정들에 대한 이론적인 설명을 벗어버리고 정직한 고백으로 그 앞에 설 수 있었다. 그런 과정이 나 자신과 그 결정들을 내렸던 당시의 젊은 여성이던 내 모습에 대한 깊은 동정심을 갖게 했다. 나는 그녀를 용서했다. 그러고 나서야 내가 마음에 품고 있던 적개심으로부터 해방되고, 다른 사람들을 용서할 수 있었다.

지금 내가 지니고 있는 모순은 내가 겪은 모든 경험이 없었더라면 기꺼이 세상에서 하나님의 치유 사역이 되고자 하는, 감사로 가득 찬 여성으로서의 현재의 내 모습은 결코 없을 것이라는 점이다. 나는 또한 현재의 내 모습과 하나님께서 부르신 미래의 내 모습에 깊은 감사를 느낀다. 나는 내 자신이 헨리 나우엔Henri Nouwen이 말하는 '상처 입은 치유자'라고 믿는다. 나는 상처 입은 치유자라는 말을 좋아한다. 그 말은 진실하고 매우 정직해 보인다. 이렇게 말하기 망설여지지만 적어도 지금은 벽에 할당된 긴 기간이 끝나가고 있다고 느낀다.

이제 나는 벽에 있거나 벽 건너편의 삶의 준비가 되어 있는 사람들과 동행하고 그들에게 조언하라는 부르심을 받았다. 위협받는 환경에 있는 사람들과 내면의 자유를 향한 길을 함께 탐색하기 원하는 사람들과 함께 일하라는 부르심을 받는다. 나는 두려워하지 않고 그들과 함께 걸어 갈 수 있을 것처럼 보이는데, 왜냐하면 내 자신의 몇몇 악함을 대면했기 때문이다. 그리고 이 일이 또한 내가 감사하게 여기는 영성 형성 감독, 가르침, 글쓰기에도 적합하다.

나는 또한 무엇이 내게 유익한지에 대한 기대를 포기할 준비가 되어 있다. 내가 집착하는 것을 포기하는 것이 무엇을 의미하는지 더 많이 이해한다. 더 많은 기쁨과 내면의 자유를 느낀다. 하나님께서 하라고 부르신 일을 위해 기꺼이 더 많은 모험을 한다. 나는 아는 것이 적다. 더 많은 이야기를 하고 더 많이 질문한다. 강의하는 것을 줄이고, 하나님께 이전처럼 많이 고함치지 않는다. 하나님께서 유머 감각이 뛰어나시다는 것을 발견했으므로 하나님과 더 많이 웃는다. 그리고 나의 이야기를 나누는 것이 다른 사람들로 하여금 자신들의 말을 들어준다고 느끼게 도와주며, 그들의 벽이 무엇이든지 간에 그 벽을 깨도록 도와주고, 하나님의 도움으로 빛을 향해 움직여 가도록 도와주기를 기도한다. 내 영적 스승인 아빌라의 테레사의 말처럼 "모든 것이 선물이다"라고 믿는다.

나는 겸손한 고백으로 마치려 한다. 내 믿음의 여정의 이야기 첫 부분(2장)에서 죄의 정의에 대해 교회 지도자들에게 질문했을 때 그들의 대답은 하나님의 은혜가 족하다는 것이었고, 나는 그 대답을 이해할 수 없었으며 좌절감을 느꼈었다. 이제 몇 년간을 벽의 경험 속에 왔다갔다 하면서 나는 진실로 하나님의 은혜가 족하다고 말할 수 있으며, 그때 교회 지도자들이 하나님의 은혜라고 말한 것이 무엇인지 더 깊은 차원에서 이해한다. 아마도 하나님의 은혜에 대한 이 새로운 깨달음은 나의 어린 시절의 종교적 경험에 대해 내가 느끼는 깊은 치유와 용서의 일부분인 것 같다. 아마 은혜의 개념이 온전해졌으며, 나 자신도 더 온전해진 듯하다.

14장

믿음의 여정에 대한
질문과 해답

1. 믿음의 단계에 숫자를 붙이는 것은 계급적인 의미를 부여한다. 높은 단
   계일수록 더 나은 것인가 혹은 하나님께 더 가까운 것인가?

　믿음의 단계 모델을 위해 내가 선택한 이미지가 이 질문을 이해하는 데
도움이 될 것이다. 하나님께서 원 중앙에 계시고 믿음의 각 단계가 원 주위
에 있는 원의 모양은 각 단계가 하나님께 동등하게 다가갈 수 있음을 보여
준다. 어떤 단계들에서의 우리의 경험은 우리가 다른 단계에서보다 하나님
께로부터 멀리 떨어져 있는 것처럼 느끼게 하지만 그것은 우리가 의문을 품
거나, 개념 혹은 상징물로부터 멀어지거나, 치유의 과정 중에 있기 때문이
다. 4단계, 벽, 5단계는 성령에 의해 초대되어 하나님과의 다른 관계를 지
향하는 것이 사실이지만 하나님께서는 우리 모두를 똑같이 사랑하신다. 모
든 단계는 자아 발견과 자각으로 우리를 초대하며 각 단계 고유의 방법으로
두려움, 사랑, 혼란, 갈망 혹은 믿음을 불러오는 도전을 준다.
　또 다른 이미지는 우리 삶에 믿음의 단계가 어떻게 작용하는가 하는 것
에 특별한 의미를 준다. 영적 여정은 상향하는 나선형으로 움직이는데, 나

선 위로 한 번씩 돌아갈 때마다의 움직임은 각 단계로의 방문, 즉 하나님과의 계속 변화하는 관계를 나타낸다. 각 단계는 우리 안에 있으며, 우리가 발달해나가면서 새로운 주거지로 옮겨갈 때 재방문하는 장소다. 1단계부터 3단계까지는 더 외부 지향적으로서 우리와 믿음의 공동체 사이의 관계다. 4단계부터 6단계까지는 더 내부 지향적이며, 더 많은 부분이 우리의 하나님과의 관계와 그 관계가 다른 사람들의 삶 속에 미치는 차이에 중점을 둔다.

2. 어떤 경우에 내가 특정한 주거지에 있다고 생각하다가 다른 단계에 대한 설명을 읽으면 내가 그 단계에 있는 것처럼 생각이 된다. 내가 어느 단계에 있는지 어떻게 알 수 있을까?

각 단계끼리 서로 잡아당기기 때문에 한 단계를 다른 단계로 착각하기가 쉽다. 1단계와 4단계는 서로 쉽게 혼동이 된다. 2단계와 5단계도 서로 착각하기 쉽고, 때로 3단계와 6단계도 혼동이 된다. 여기 각 단계를 구분하는 몇 가지 방법이 있다.

1단계와 4단계 | 이 두 단계는 자존감을 다룬다. 1단계에서 우리는 자신이 무가치한 존재라는 느낌으로부터 가치 있는 존재라는 느낌으로 움직인다. 4단계에서는 자신이 가치 있는 존재라는 느낌으로부터 보잘것없는 사람이라는 느낌으로 움직이는데, 이 보잘것없다는 느낌은 우리의 믿음을 다시 발견하고 벽을 통과하는 작업에 필수적이다.

2단계와 5단계 | 이 두 단계는 공동체와 하나님께 우리 자신을 맡기는 문제를 다룬다. 2단계에서 우리는 믿음의 공동체의 보존에 자신을 양도하고 공동체의 돌봄과 양육에서 오는 안전함 안에 거한다. 믿음의 공동체가 오랜 동안 우리를 전통저인 믿음의 길로 안내할 것을 신뢰한다. 5단계에서는 우리 자신을 하나님의 팔에 맡기고 우리의 전통이나 믿음의 공동체가 어

디로 가야 할지 전혀 알 수 없고 계획되지 않은 영역으로 용감한 모험을 시작한다.

　3단계와 6단계┃이 두 단계는 삶과 믿음의 통합, 하나님을 위해 포기하는 것을 다룬다. 3단계에서 우리의 시간, 자원, 지도력 그리고 사랑의 일부분을 포기하고 하나님께 드린다. 우리가 드릴 수 있으며, 우리 삶의 다른 부분과 균형을 이룰 수 있는 것을 드린다. 6단계에서는 우리의 알 수 없는 미래, 건강, 직장과 생계, 자아와 욕망 그리고 영혼의 여정 등 모든 것을 하나님 앞에 내어놓는다. 우리가 위험에 처하게 되든지 아니든지에 상관없이 어떤 특정한 결과에 매이지 않는다. 스스로 조정하려는 것을 포기하고 하나님 손에 맡긴다. 벽을 통과했고, 이제는 우리 안에 거하시는 하나님을 신뢰할 수 있음을 알기 때문에 우리가 계획했던 모든 것을 포기한다.

3. 믿음의 단계 이외에 1단계에서 6단계의 여정에 따르는 더 깊은 움직임이 있는 것처럼 보인다. 이 움직임이 무엇인지 설명할 수 있는가?

　전체 믿음의 여정에는 네 개의 중요한 움직임이 있다. 그 네 가지는 용서에서 용납으로, 받는 것에서 주는 것으로, 두려움에서 내면의 평화로, 책임감에서 단순한 반응으로의 움직임이다. 우리의 믿음과 신뢰가 깊어지고, 우리가 집착하던 것을 포기하고 우리 자신을 하나님의 팔에 맡김에 따라 이 네 가지 움직임은 자연스럽게 이루어진다.

4. 믿음이 성장하려면 위기가 거의 필수적이라고 했는데 정말 그런가?

　나는 믿음 생활에서 충격이나 위기는 종종 우리를 움직이게 하고, 우리가 위기나 충격이 가져오는 내면의 소리에 주의를 기울인다면 결국에는 치유를 얻게 된다고 믿는다. 삶 가운데 충격은 우리가 믿음의 여정을 떠났거나 정지해버린 자리로 우리를 되돌려놓거나, 다른 주거지로 우리를 옮겨 놓는다. 이 충격들은 여러 모양으로 찾아온다. 어떤 충격은 약하고, 어떤 것들은 유머러스하며, 다른 충격들은 화산처럼 폭발해서 삶의 토양에 흘러들어 식물을 파괴하고 영혼의 지형을 바꾸어버린다. 위기는 우리에게 충격을 주는 우리 믿음의 여정에 매우 중대한 것이다. 위기에는 외적인 위기(질병, 사랑하는 사람의 죽음, 학대)와 내적인 위기(신학적, 또는 도덕적 패러다임의 변화 혹은 믿음의 위기)가 있다. 가장 큰 충격은 아마도 생산적인 삶인 3단계의 최정상에 있을 때 사람들이 겪는 충격일 것이다. 충격을 받으면 그들은 보통 동요된 채로 남는다. 그들은 소진되었거나, 자신들이 경험하지 못했던 성경적 진리에 이름으로써 신학적으로 벽에 부딪치거나, 자신들이 믿었던 지도자가 자신들의 믿음을 망가뜨리는 행동을 하는 것을 보았을 수 있다. 이 충격은 그들로 하여금 충격에 대해 반응하는 4단계로 몰아가고, 4단계에서 발견한 진리가 그들을 벽으로 인도하거나 혹은 믿음의 여정을 아주 떠나게 할 수도 있다. 때로 우리가 경험하는 비극이 너무 곤혹스러워서 우리의 믿음이 저지되거나 아예 믿음을 버리게 된다.

위기 외에도 새로운 단계로 움직여가는 다른 방법이 있다. 어떤 사람들은 더 많은 것을 향한 굶주림 혹은 자신들의 생각에 더 깊고 더 큰 도전이 되는 어떤 것을 향한 굶주림을 느낀다. 아니면 그들은(교회의 자원 봉사 일에 대해서) "나는 벌써 그것들을 다 해봤어" 혹은 "나는 그저 내 신앙 상태에 대해서 만족하지 못할 뿐이야. 나는 정상에 있고 더 많은 것을 원해. 지루해졌어"라고 말할지도 모른다.

때로 물의를 일으키는 책이나 경건 서적의 출판 혹은 영향력 있는 영화의 개봉이 사람들로 하여금 자신들의 신앙을 재평가하도록 몰아붙이기도 한다. 이런 것들은 관례상 위기가 아닐는지 모르나 우리로 하여금 믿음의 다른 단계로 움직이게 하는 우리 내부의 변화를 가져올 수 있다.

5. 벽에 부딪칠 것이라는 부담이 우리로 내면의 여정을 시작하게 하는 것인가, 아니면 내면의 여정 동안 벽에 부딪치는 것인가?

　　3단계에서 4단계로의 이동과 벽에서 5단계로의 이동은 신비로 가득 차서 이해하거나 설명하기가 어렵다. 이 움직임은 하나님께서 감독하시며 성령에 의해 인도된다. 각 사람은 이 모든 믿음의 단계를 다른 사람과 다르게 경험할 수 있으며, 각 사람은 그 길을 지나가는 데 필요한 시간을 보낼 것이다. 그러므로 어떻게, 왜 그리고 언제 벽이 시작되는지 정확하게 말한다는 것은 설명할 수 없는 것을 설명하려는 부적당한 시도를 초래할 것이다.

　　사람들이 3단계로부터 다음 단계로의 전환을 경험하는 방법들은 무엇일까? 어떤 사람들은 소진되었거나, 지도자의 행동에 대한 견디기 어려운 실망이나 자신들의 지도력의 위기의 결과로 3단계에서 벽에 부딪친 것처럼 느낀다. 이 벽의 경험이 그들을 4단계의 내면의 삶과 어려운 변화의 작업으로 몰아붙인다. 그들은 믿음의 여정의 나중에 다른 위기, 어두운 밤, 벽을 경험할지도 모른다.

　　다른 사람들은 더 많은 어떤 것 혹은 더 도전적인 어떤 것을 향한 굶주림 때문에 3단계에서 벗어나서 4단계로 움직인다. 그들은 하나님과의 다른 관계를 추구하기 위해서 4단계로의 의도적인 여정을 시작할 수도 있다. 어떤 사람들은 영성 지도나 목회 상담의 결과로 그 여정을 경험하고 내면에 집중하는 과정의 일부로써 벽으로 움직여간다.

　　어떤 사람들은 3단계에서 위기를 만나게 되고, 그로 인해 내면의 여정으로 움직여서 4단계에서 다른 직업을 찾으며, 교회를 떠나거나 사람과 헤어지고, 육체적·정서적인 병의 회복 등 위기를 해결한 것을 보고한다. 그 위기들이 완화되고 나면 그들은 무한한 안도감과 새로움을 경험한다. 일정한 시간이 지나면 권위의 욕구, 중독, 우리를 안전하고 구조를 갖춘 일상 생활로 이끈 치유되지 않은 상처, 우리를 두렵게 하고 반항하게 만드는 하나님의 이미지 등 다루어야 할 새로운 차원의 위기, 즉 표면적인 것 아래의 더 깊은 문제들이 나타난다. 이 진리들은 우리를 잡아당겨서 '영혼의 깊은 밤'인 벽으로 데려간다. 이 과정은 중독과 회복 단체에서의 단계적 회복 과정에 비유될 수 있다.

6. 동시에 한 단계 이상의 주거지에 거할 수 있는가?

동시에 한 단계 이상의 주거지에 거하는 경우는 한 단계에서 다음 단계로 움직일 때다. 이 시기에 있는 사람들은 새로운 단계에 적응할 때까지 일정 기간 동안 두 단계가 다 주거지로 느껴지지 않게 된다.

또 다른 두 가지 주거지를 경험하게 되는 경우는 내면의 경험은 한 단계에 있는데, 외적인 경험은 다른 단계를 요구하는 것 같은 상황에서다. 가령, 내부적으로는 당신이 강한 공동체의 구성원이고, 당신의 공동체가 성실한 참여자에게 기대하는 것을 배우는 2단계에 있을 때다. 공동체가 당신에게 갖는 기대는 다른 사람들에게 전하고 많이 희생하는 5단계 같은 행동일 수 있는데, 당신은 자신이 그렇게 희생적이지 못하다고 느끼는 것이다. 그럼에도 불구하고 당신이 이 믿음의 공동체의 일부이기를 원하기 때문에 당신 속에서 갈등이 발생하는 것이다. 당신은 자신의 믿음을 2단계의 특성뿐 아니라 5단계의 특성과도 동일시할 것이다.

이런 경우에 당신의 삶 속에 희생적인 삶이 무엇인지를 발견하는 장소인 4단계와 벽은 아직 알고 있지 못하므로 당신의 진정한 주거지는 아마 2단계일 가능성이 많다. 당신이 동일시하는 단계들의 간격이 2단계와 벽처럼 두 단계 이상일 때 당신 자신이 양쪽 방향으로 잡아당겨져서 거의 부서질 것처럼 느낄 수 있다.

7. 정신 질환이 있는 사람도 정상인과 동일한 영적 여정을 할 수 있는가?

나는 조울증이나 우울증 환자들과 일해본 적이 있는데, 그들도 여전히 논리적으로 사고할 수 있으므로 여정의 단계와 관련지을 수 있음을 경험했다. 이 주제에 관한 연구가 없는 상태에서 나는 환자가 논리적으로 사고하거나 감정을 처리할 수 없는 정신적 질환의 경우는 믿음의 단계로부터 얻은 경험을 말로 표현하는 것이 어렵다고 본다. 그들의 믿음의 여정은 이성적인 마음이 이해할 수 없는 수준에 있는지 모른다. 그렇지만 그들이 자신들과 하나님에 대한 새로운 자각을 얻도록 돕는 것은 매우 중요하다.

정신적 질환으로 시달리거나, 감옥에 있거나, 사회의 변두리에 있는 사람들의 영성 형성을 위해 일하는 사람들은 다른 모든 사람들과 마찬가지로 이들도 믿음의 단계를 거쳐서 발견할 수 있다고 말한다. 그들의 마음이 열려 있다면 그들이 겪은 고통의 결과로 그들은 3단계 이후, 특히 벽과 그 이후의 단계로 움직여갈 수 있는 기회가 더 많아질 수도 있다. 마찬가지로 우리 모두는 때로 이런 깊이 있는 경험이나 치유 혹은 사명이 일시적이며 영적인 고조 상태로 일정 기간 후에 사라지지만 그 당시에는 사실로 느끼며 깊은 감명을 받는다.

때로 정신적인 질환이 있는 사람이 우리들은 결코 경험할 수 없는 영적인 삶에 접하는 것처럼 보인다. 그런 것이 현실에 근거하지 않을 수도 있으나 경험을 한 사람들에게는 확실한 사실처럼 보일 것이다. 그러면 우리는 누가 더 현실을 잘 파악하고 있는지 궁금하게 여기기 시작한다. 영화 〈피셔 킹The Fisher King〉에서 미친 사람으로 여겨지던 로빈 윌리엄스Robin Williams가 그를 도와주러 온 친구에게 사실은 선생님이었고, 지혜의 인물이었던 피셔 킹Fisher King이었음을 이 밝혀지던 장면을 떠올려보라.

결론적으로 정신 질환이 있는 사람들도 하나님을 만나는가? 나는 그렇다고 믿는다. 그저 다른 사람들과 다른 방법으로 하나님을 만나는 것뿐이다.

8. 믿음의 단계 모델에서 가장 흔한 단계는 2단계인 데 반해, 능력 모델에서 가장 많은 사람이 처해 있는 곳은 3단계라고 했다. 그 현상은 우리의 믿음의 발달에 대해 무엇을 말하는가?

이 사실이 제안하는 바는 믿음의 사람들은 공동체, 확실한 신념 그리고 자신들이 무엇을 배워야 하는지 가르치는 지도자들에게 끌린다는 것이다. 사람들이 믿음보다는 능력의 단계에서 더 앞서 진행한다는 사실은 나로 하여금 거의 대부분 2단계의 믿음인 '견신례적 믿음'(우리가 속했던 교단에서 십대 시절에 배운 신념과 전통)이 여전히 많은 사람에게 지배적인 믿음이 아닌가 생각하게 한다.

일반적으로 교회는 1단계에서 3단계에 있는 사람들과 가장 잘 어울려 일한다. 그래서 가장 많은 수의 사람들이 2단계에 있다는 것은 교회가 자신을 어떻게 보느냐 하는 것과 어울린다. 그러나 그 사실은 또한 교회가 3단계 이후의 사람들과 어떻게, 무엇으로 연결될 것인가 하는 문제를 제기한다. 많은 사람들이 4단계나 벽을 경험할 때 교회를 떠나는데, 그것은 그들을 위한 자원이나 프로그램이 거의 없기 때문이며, 그들이 소중하게 여겨오던 믿음이 더 이상 효력이 없을 때 소원하게 느끼기 때문이다. 그들의 믿음이 무너져내리는 것처럼 보이는 것은 사역에서 성경 공부나 제자 훈련 같은 믿음을 강화하기 위한 프로그램에 더 집중하는 사람들에게도 역시 불편할 수 있다.

9. 자유주의, 온건주의, 보수주의 전통은 믿음의 단계를 같이하는가?

자유주의, 온건주의, 보수주의, 각 전통은 각 단계마다 자신들 고유의 경험과 전통을 가지고 있지만, 어느 특정한 전통이 하나님께 더 가깝거나 믿음의 모델에 훨씬 앞서는 일 없이 각 단계를 모두 경험한다. 예를 들면,

자기가 속한 교단의 전통을 배우는 2단계에서 자유주의자들은 정의에 관한 문제, 사회 문제, 평화 문제 등을 어떻게 다룰 것인가를 가르칠 것이다. 보수주의 전통에서는 성경 공부, 선교, 전도에 더 집중할 것이다. 그러나 이 두 가지 경우 모두 2단계의 동등한 예로서 그 믿음의 공동체의 일원이 된다는 것이 무엇인지를 보여준다.

4단계와 벽 그리고 그 이후 단계에서는 각 교단의 전통 간의 차이는 별로 중요하지 않은데, 이는 그 초점이 한 개인의 하나님과의 관계, 치유, 세상에서의 사명 등 특정한 신념의 체계에 연결된 것이 아닌 치유, 돌봄, 사랑이 중심이기 때문이다. 다른 전통을 지닌 사람들이 4단계, 벽, 5단계로 접어들면서 그들은 서로에 대해 더 관용적이게 된다. 일반적으로 각 전통 간에 더 많은 대화와 각 전통만이 제공할 수 있는 은사에 대해 더 인정하게 된다.

10. 젊고 영적인 삶에 대해 배우지 않은 사람들이 하나님과 친밀한 단계로 움직일 수 있는가?

특별히 예수님의 어머니인 마리아와 24세에 죽은 레지스의 테레스Therese of Lisieux ('the Little Flower' 이라고 알려진 프랑스의 성녀 – 역주)는 하나님과의 친밀함을 경험한 사람의 전형처럼 보인다.

이 사람들은 영적으로 발달하기에는 너무 젊었던 것으로 여겨지나 성숙한 영성의 모습을 보였다. 나는 젊은 나이에 그들의 영적인 삶을 앞으로 도약하게 만든 생존을 위협하는 질병에 걸렸거나, 보기 드문 비전을 받았거나, 삶을 변화시키는 다른 경험들을 한 여러 사람을 만났다. 나는 그들의 영성이 참으로 성숙하다고 믿지만, 그런 경우가 매우 드물며, 테레스와 마리아도 상당히 이례적이기 때문에 우리가 그들에 대해서 그렇게 많이 말하는 것이라고 생각한다. 테레스는 자신의 젊은 시절을 하나님과의 친밀함을 발견하는 데 바쳤다. 그러나 우리 대부분은 그렇게 하지 못한다. 우리는 마리아에 대해 실제로 많이 알지 못하므로 그녀가 정말 어떠했는지 판단하기란 어렵다. 우리는 힐데가드 Hildegaard 가 아빌라의 테레사처럼 젊은 나이에 삶을 위협하는 병에 걸렸던 것을 안다. 하나님께서는 힐데가드에게 "네가 낫고 싶으면 글을 쓰기 시작하라"고 말씀하셨고, 그녀는 그대로 했다. 그 이후의 이야기는 역사에 남아 있다.

나는 어린아이들도 인생의 덧없음을 많이 경험한다고 믿으며, 우리보다 어린이들이 더 하나님께 가까운 것처럼 보인다. 예를 들면, 학대당한 어린이들의 경우 동정심 많은 증인이 그들의 삶에 개입하고 스스로의 상처를 돌아볼 시간을 갖게 되면서 자주 하나님의 임재에 대한 직관적인 느낌을 갖는다.

감옥에 있는 사람들이나 사회의 변두리에 있는 사람들과 일하는 우리들은 그들의 영적 경험이 그들의 삶을 살아가는 방법이나 감옥 같은 생활 환경과는 반대처럼 보이는 것을 안다. 피상적인 것들이 벗겨질 때 우리가 나이나 인생의 행로나 수입의 수준 등에 상관없이 더 잘 하나님을 경험할 수 있는 것은 아닐까? 나는 이 사람들이 반드시 영적으로 성숙하다고 말하지는 않겠지만, 이들은 영적 변화와 성숙이 '적나라하게 보일 수 있는 장소', 즉 이쪽과 저쪽 사이의 베일이 투명한 장소를 확실히 경험했다. 그리고 사회의 변두리에 사는 사람들은 단계 모델을 알기 때문에 많은 도움을 받는 것이 아니라, 그들을 섬기기 위해 온 사람들의 사랑과 성실을 경험함으로 도움을 받는다.

11. 농촌 같은 문맹 지역의 사람들도 5단계의 사람들처럼 행할 수 있는가? 예를 들어, 제2차 세계 대전 때 오천 명의 유대인을 숨겨준 프랑스 신교도들 같은 경우는 어떤가?

내 경험으로는 교육, 특히 정규 교육은 성숙한 영적 생활과 거의 관계가 없다. 사실상 때로 정규 교육은 영적 성숙에 방해물일 수 있다. 따라서 농부들도 그들의 영적 생활이 무엇에 기초하는가, 그들의 고난을 얼마나 처리했는가 그리고 하나님에 대한 그들의 이미지는 어떠한가에 따라 쉽게 성숙한 영성을 지닐 수 있다. 지식인들은 때로 포기하는 데 어려움을 겪고 벽을 통과할 때나 하나님께서 하나님 되시도록 하는 것에 더 많은 어려움을 겪는데, 벽은 논리적이 아니라 관계적이기 때문이다.

여론 조사 기관인 서치 인스티튜트Search Institute 에 의하면 미국 남부 흑인 여성들이 미국 내 다른 어느 지역 사람들보다, 가장 성숙한 신앙의 수준, 즉 가장 높은 단계에 있는 것으로 밝혀졌다. 흥미 있는 사실이 아닌가? 만약 당신이 이 조사를 신뢰한다면 왜 그렇게 생각하는가?

12. 믿음의 단계 모델을 사용하는 것이 언제 유용하며, 어느 때 유용하지 않은가?

나는 단계 모델이 두 가지 면에서 특별히 훌륭하다고 생각한다. 단계 모델은 사람들로 하여금 믿음의 여정(당신이 부르고 싶은 대로 부를 것)중 거할 수 있는 많은 다른 장소가 있고, 그들이 처해 있는 단계가 다른 사람들과 다르더라도 괜찮다는 것을 알게 한다. 사람들이 내게 말한 다른 한 가지는 그들이 속한 믿음의 공동체에서 성찰의 단계(4단계)와 벽에 대해서 그다지 많은 논의가 이뤄지지 않기 때문에 4단계와 벽에 대한 설명을 고맙게 생각한다는 것이다.

일단 기초를 쌓고 나면 사람들과 일할 수 있는 너무 많은 비단계적인 방법이 있다. 거기에는 기도, 예배, 훈련, 선교를 위한 노력, 육체 노동 등이 있다. 나는 무엇이든지 사람들이 하나님을 더욱 경험할 수 있도록 돕는 것에 집중하겠다. 만약 단계 모델이 사람들에게 도움이 된다면 그것을 사용하라. 만약에 도움이 되지 않으면 사용하지 말라.

13. 어느 한 사람의 주거지가 어떤 단계인지 어떻게 알 수 있는가? 그들의 말인가, 아니면 그들의 행동으로 알 수 있는가? 성전에서 "주여, 내가 5단계에 있으며 영성 지도사로 훈련받았음을 감사하나이다. 주께서 나의 재능과 훈련을 사용하실 수 있음을 감사합니다. 내가 훈련된 기도의 삶을 사는 것을 기뻐합니다"라고 기도하는 바리새인은 어떠한가? 이 사람을 술집에서 비틀거리며 나오면서 "주여, 나에게 긍휼을 베푸소서"라고 말하는 세리와 어떻게 비교할 수 있는가?

이 질문은 매우 흥미 있는 질문으로서 단계의 개념에 매우 유용하다. 어느 개인이 어떤 단계에서 살아가고 있는가 하는 것은 그들의 말보다는 그들의 행위로 알아내는 것이 일반적으로 더 쉽다. 행동이 말보다 더 크게 말하기 때문이다.

바리새인 혹은 우리 시대의 잘 훈련된 사람이 무엇에 근거해서 자신의 주거지가 어디라고 말하는지를 아는 것은 어렵다. 우리가 개인 기도시 진심으로 감사하여 말한 것을 만약 다른 사람에게 큰 소리로 말한다면 매우 다르게 들릴 것이며, 우리 목소리의 말투도 차이가 있을 것이다. 우리의 은사와 재능을 사용하는 것은 대부분의 단계에서 중요하다. 영성 지도사로 훈련받는 것이 어느 사람의 믿음의 단계를 자동적으로 예견하지는 않는다. 훈련된 기도의 삶은 어느 단계에서나 있을 수 있다. 그러므로 나는 한 사람이 어느 믿음의 단계에 있는지 결정하기 전에 5단계의 다른 특성들(조용한 내면 생활, 벽에서의 경험을 묘사할 수 있으며, 친절하고 충실하며, 한계를 지킬 수 있는 것)이 그 사람에게 있는지를 보기를 원한다.

세리는 자신의 삶 속에서 무슨 다른 일이 일어나고 있는지, 어떤 도움을 받고 있는지에 따라 중독자로서 바닥을 치면서 벽을 경험 중일 수도 있고, 이제 막 여정을 시작한 1단계에 있을 수도 있으며, 아니면 믿음의 여정에서 아주 떨어져나갈 수도 있다. 그러나 그 사람이 "주여, 긍휼을 베푸소서"라고 말한다는 사실은 그가 아직도 하나님과 연결되어 있다는 것을 제시한다. 우리는 그 사람의 삶 속에 어떤 믿음이 단계가 작용하고 있는지를 말하기 위해서 그 사람의 이야기를 더 들어보아야 한다.

후기

　이제 우리의 믿음의 단계 모델을 설명했으니 여정에 있어서 가장 근본적인 것이 무엇인지 점검하고자 한다. 믿음의 여정은 하나님과 우리 의지의 역동적인 힘에 의해 움직여가는 과정이다. 우리 두 사람 다 개념적인 모델을 인정하고 필요로 하는 반면에, 우리는 역시 개념적인 모델이 우리가 설명한 과정을 가릴 수도 있다는 것에 동의한다. 모델이 과정 자체로 오해될 수도 있으며, 믿음의 여정이 특별히 그런 과오에 빠질 위험이 있다. 여정의 과정보다 모델에 더 치중함으로써 여행자는 적어도 순간적으로 '하나님께서 자신의 기적을 행하시기 위해 신비한 방법으로 행하신다'는 사실을 놓쳐버릴 수 있다.

　우리가 자신의 믿음의 여정으로 계속 움직여갈 때 여러 다른 단계의 역동적인 본질을 기억할 수 있다. 우리 둘 모두 이 책을 쓰는 동안 여러 다른 단계들을 앞뒤로 옮겨 다녔다. 특별히 우리가 벽에 다가가거나 한동안 벽으로 들어가서 휴식을 찾을 수 있는 이전 단계로 돌아가거나, 우리 믿음의 새로운 영역에서 성장을 시작할 때를 알아차릴 수 있었다.

　예를 들면, 우리가 이 초판을 거의 완성할 무렵 밥은 심장 개복 수술을 했고, 1단계와 2단계의 일부분을 다시 느꼈다. 한편으로 그는 하나님의 돌보심 안에 있는 것과 하나님으로부터 오는 치유를 깨닫게 됨으로써 감당할 수 없는 경외심과 감사를 느꼈다. 그는 다시 한번 자신이 얼마나 무능력하며 자신의 삶이 얼마나 하나님의 손안에 확실히 놓여 있는지를 인식했다.

1988년 가을에 밥은 교회에서 다시 학교로 옮겼다. 그 주요 전환기 동안 자신이 믿음의 모델 어느 곳에 있는지 확실하게 말할 수 없었다. 변화가 결과를 애매 모호하게 만드는 경향이 있다. 그러나 그는 하나님께서 그 변화 가운데 계시다는 확실한 평안과 방향감을 가졌다.

반면 자넷은 상당한 시간 동안 벽에서 보냈다. 그녀는 자신의 삶이 재조정되는 과정을 관찰했다. 이제 그녀는 다시 한번 다른 방법으로 일에 대한 변화를 모색(2단계)하고 있다. 아직도 기업계에서 일하고 있지만 그녀가 전달하는 메시지는 바뀌고 있다. 그리고 그녀는 더 많은 일대일의 만남을 갖고 있는데, 특별히 영성의 문제에 대해서다. 그녀는 세속적 환경에서 일하는 영성 지도사가 되기 위해 훈련 프로그램에 들어갔다. 출옥한 여인들과 함께 일하는 것은 그녀의 삶 속에 특별한 자리를 차지하고 있다. 그리고 그녀는 삶 자체가 모험이라는 것을 더욱 확신하고 있다.

우리 자신들에게 끊임없이 상기시키듯이 당신에게도 질 높은 삶을 추구하고, 하나님께 항복하며, 하나님의 방법을 어떤 인간의 패러다임으로도 제한시키지 말 것을 권고한다. 결국은 믿음의 단계들을 알고, 그것에 대해 불편해하지 않는 것이 아마 최선일 것이다. 그저 당신의 삶 속에서 하나님께서 하나님 되시도록 허용하라. 바로 그것이 중대한 믿음의 여정이다.

이 책을 쓰고 나서 나를 엄습하는 느낌은 감사, 즉 지난 15년간 내 삶에 계셨던, 볼 수 있기도 하고 볼 수 없기도 했던 하나님의 존재에 대한 감사다. 나의 여정을 기념하는 한 방법으로 나는 일 년이 넘도록 시편 51편으로 기도하고 있다. 시편 기자가 사용한 언어를 나의 벽에 들어가기 위한 부르심, 벽의 경험 그 자체 그리고 내 안에서 역사하신 하나님으로 인한 감사를 표현하는 구절로 독자들과 나누기 위해 사용하려 한다. 이 구절들은 시편에 나타난 순서대로가 아닌 내 삶에 나타난 순서대로다.

부르심

하나님이여, 내 속에 정한 마음을 창조하시고 내 안에 정직한 영을 새롭게 하소서. 나를 주 앞에서 쫓아내지 마시며 주의 성신을 내게서 거두지 마소서. 주의 구원의 즐거움을 내게 회복시키시고 자원하는 심령을 주사 나를 붙드소서. 하나님의 구하시는 제사는 상한 심령이라, 하나님이여 상하고 통회하는 마음을 주께서 멸시치 아니하시리이다.

벽

하나님이여 주의 인자를 좇아 나를 긍휼히 여기시며 주의 많은 자비를 좇아 내 죄과를 도말하소서. 나의 죄악을 말갛게 씻기시며 나의 죄를 깨끗이 제하소서. 나를 씻기소서. 내가 눈보다 희리이다. 대저 나는 내 죄과를 아오니 내 죄가 항상 내 앞에 있나이다.

감사

중심에 진실함을 주께서 원하시오니 내 속에 지혜를 알게 하시리이다. 나로 즐겁고 기쁜 소리를 듣게 하사 주께서 꺾으신 뼈로 즐거워하게 하소서. 주여 내 입술을 열어주소서. 내 입이 주를 찬송하여 전파하리이다. 내 혀가 주의 의를 높이 노래하리이다.

참고 자료

다음 목록은 당신이 이 책과 관련하여 사용할 수 있는 자료들이다.

영적 생활 측정 Spiritual Life Inventory: 영적 생활 측정은 자넷 해그버그 Janet Hagberg와 로버트 굴리히 Robert Guelich 의 「더 깊은 믿음으로의 여정 Critical Journey」책에 묘사된 아이디어나 행동을 보완한다. 이 도구는 한 개인의 영성 발달의 단계를 측정하고, 주거지를 확인하며, 한 개인이 어떻게 영성 발달의 단계 사이를 움직일 수 있는지를 제안한다. 영적 생활 측정은 스스로 채점할 수 있다.

개인적 능력 프로파일 Personal Power Profile: 이 도구는 조직체 내에서의 개인적 능력 단계를 평가하고, 개인적 능력의 주거지를 확인해준다. 개인적 능력 프로파일은 자넷 해그버그의 책, 「진정한 능력: 조직 내 개인적 능력의 단계 Real Power: Stages of Personal Power in Organization」에 기초하고 있다. 이 책은 다음과 같은 점진적인 6단계의 개인적 능력을 설명한다. 무능력, 연합에 의한 능력, 성취에 의한 능력, 성찰에 의한 능력, 목적에 의한 능력, 지혜에 의한 능력. 이 개인적 능력 프로파일도 스스로 채점할 수 있으며, 조직체 내에서 개인적 능력을 개발하기 위한 제안을 포함하고 있다.

갈등 해결 도구 Conflict Resolution Tool: 이 도구는 갈등 해결에 대한 네 가지 다른 접근 방법을 측정하며, 각 개인이 선호하는 갈등 해결 방법을 설명한다. 갈

357

등 해결 방법은 공격자, 과소 평가자, 도피자, 전환자가 있다. 이 도구의 독특한 특징은 정지 모델이다. 한 개인이 자신의 갈등 해결 방법을 이해하면, 이 모델은 대인 관계의 갈등을 보다 성공적으로 해결하기 위해 자신의 갈등 해결 방법을 사용하는 단계를 제공한다. 이 도구도 스스로 채점할 수 있다.

학습 방법 조사Learning Styles Inventory : 이 조사는 개인의 학습 방법을 알아내고 그 학습 방법이 어떻게 다른 학습 방법과 상호 작용하는지를 보여준다. 당신의 학습 방법은 정보를 수집하고, 분류하며, 결정하는 독특한 방법이다. 당신이 자신의 선호하고 가장 즐기는 학습 방법과 다른 사람과의 상호 작용 방법을 알 수 있다면 당신의 삶과 일에서의 의미와 만족 그리고 생산성을 찾을 수 있을 것이다. 네 가지 학습 방법은 열정적, 상상적, 논리적, 실제적으로 나뉜다. 이 조사도 당신 스스로 채점할 수 있고, 개개인의 학습 방법을 최대화하기 위한 제안을 담고 있다.

지금까지 소개한 네 가지 측정 도구에 대한 자세한 정보는 인터넷 사이트 www.Personalpowerproducts.com를 참조하라.

더 깊은 믿음으로의 여정

1쇄 발행 / 2008년 3월 21일
2쇄 발행 / 2024년 1월 20일

지은이 / 자넷 해그버그, 로버트 굴리히
옮긴이 / 변명혜
펴낸곳 / 주)도서출판 디모데 〈파이디온선교회 출판 사역 기관〉

등록 / 2005년 6월 16일 제319-2005-24호
주소 / 서울특별시 서초구 서초대로 141-25(방배동, 세일빌딩)
전화 / 마케팅실 070) 4018-4141
팩스 / 마케팅실 02) 6919-2381
홈페이지 / www.timothybook.com

ISBN 978-89-388-1366-4